면접의 법칙

당신을 뽑을 수밖에 없는
면접의 법칙

글로벌기업 CHRO가 말하는 합격을 부르는 질문 30

하워드 정(Howard Chung) 지음

최소한의 준비로
최대의 효과를 올리는 면접 전략

"면접 준비에 얼마나 시간을 쓰셨나요?"

실제 면접 현장에서 뛰어난 답변을 하는 지원자들에게 이런 질문을 던지면, 참가자 90퍼센트 이상이 2주일 정도라고 답한다. 2주일이라면 시간으로 환산해 100시간 정도 되는 셈이다. 즉 잠을 자고 일상생활을 하는 시간을 빼고 하루 8시간으로 계산했을 때 그렇다. 그 100시간의 면접 준비를 통해 3년 정도의 평균 재직기간으로 계산되는 새로운 직장생활을 준비하는 것이다.

그렇다면, 이렇게 사용되어지는 100시간 정도의 투자 시간을 좀 더 '귀하고 쓸모 있게' 보낼 수는 없을까? 여기서는 바로 다른 경쟁지원자들과 차별화되는, 최소한의 준비로 최대한의 효과를 누리기 위한 전략과 방법을 소개하고자 한다. 그것이 바로 '면접에서의 선택'을 기막히게 잘할 수 있도록 준비하는 것이다.

회사의 선택, 업무의 선택, 직종의 선택, 출퇴근 루트의 선택, 아침 출근복장의 선택, 자기소개의 선택, 상사의 질문에 대한 답변의 선택…. 이런 다양한 선택의 기로에서 가장 적합한, 자신의 선택에 부끄럽지 않은 좋은 결과를 낳기 위한 노력을 해보는 것이다. 면접은 선택이며, 그 선택은 내가 어디로 갈 것인지에 대한 방향을 담는 것이고, 그 선택과 방향으로 인해 내 미래가 결정되기 때문이다.

면접의 질문에 대한 나 자신의 답도 한 가지로 국한하지 않으면 합격률이 200퍼센트 올라간다. 그 선택 방향도 한 군데로만 지향하는 대신 다양한 길을 모색하면 합격 가능성이 더 높이 향상된다. 그리고 그 선택과 방향을 잘 잡으면 예상한 것보다 30배, 60배, 100배 더 좋은 예상외의 결과를 낳는다. 일만 원짜리 주식 한 장 값이 100배가 되어 결국에는 100만 원이 되게 하는 것과 같은 면접을 준비하자는 것이다.

그래서 바로 면접은 선택(Choice)이며, 방향(Direction)이고, 결정(Decision)이다. 이것을 확실히 이해하면 인생의 진정한 시작이라고 할 수 있는 취업의 관문을 무사히 통과해서 더 풍성한 결과를 얻을 수 있게 될 것이다.

독자들은 앞에서 이야기한 지원자들이 면접 준비에 사용한 100시간의 10분의 1인, 10시간 정도만을 투자해서 이 책을 읽게 될 것이다. 그렇게 읽은 이 책 한 권이 300배의 좋은 직장 선택의 결실을 가져오길 바라는 마음에서 이 책을 썼다.

면접을 준비하는 지원자들의 미래에 행운이 함께 하기를 소원한다.

뉴저지 허드슨 잉글우드 강변에서

2025년 연초, 하워드 정 쓰다.

PART 1 ____ 면접은 선택이다

자기진단과 선택을 위한 면접 질문 30

PART2 ____ 면접은 방향이다

면접 답변의 오해들을 파악하라

종이 한 장 차이로 달라지는 면접 결과

합격의 DNA를 파악하라

준비된 전략 안에서 움직여라

면접은
선택이다

The interview is a
Choice

면접은 질문에 대한 단순한 답변이 아니다.
면접은 주어진 여러 가지 옵션 항목에서 한 가지를 선
택해야 하는 택일의 기회인 것이다.
무엇을 선택할지는 아무도 모르지만 지원자는 선택하
여야 한다.
그 선택의 권한과 책임은 모두 지원자에게 달려 있다.
그래서 그 선택에 따라 합격과 불합격을 가르는 기준
이 되는 중요한 순간이 된다.
우리는 면접 선택의 자기진단 질문을 통해 지원자 유
형 및 합격 가능성 여부를 파악할 수 있다.

자기진단과 선택을 위한 면접 질문 30

---

1. 회사에 대한 첫인상을 묻는 질문을 받는다면 당신의 답변은?

① 좋게 느낀 점을 한 가지 지적하며 느낌을 말한다.

② 좋은 점 한 가지와 아쉬운 점 한 가지를 대비시켜 답변한다.

③ 특별히 좋은 점이 없어도 좋게 말하도록 한다.

④ 솔직히 부족한 점을 지적하며 개선사항을 추가하여 답변한다.

면접관은 지원자가 어떤 경험과 업무능력 그리고 전문성을 가지고 있는지 궁금해 하기에 앞서 같은 조직, 회사, 기관에 속한 구성원으로서 어

떤 사람, 어떤 인간인지부터 궁금해 하기 마련이다. 그래서 이력서나 입사지원서에 나와 있는 자세한 내용에 대한 질문을 하기 전에 또는 그런 질문들 중간 중간에 회사의 외형적 위상이나 내외적인 조직 이미지에 대해 지원자가 어떤 생각을 가지고 있는지 묻기 마련이다.

이런 질문을 받는다면, 면접관이 지원자가 가지고 있는 조직에 대한 생각의 범위와 방향을 알고 싶어 하고, 그에 맞춰 주어진 면접시간을 이끌어가고자 한다는 걸 짐작할 수 있다.

지원자 개인의 선호도에 관한 응답 근저에 깔려 있는 회사에 대한 기본적 인식 범위와 신뢰, 그에 따른 지원자와 조직이 얼마나 잘 어울려 시너지를 낼 수 있을지가 면접관의 평가기준이다. 면접관이 지원자의 답변에 귀를 기울이게 되는 굉장히 중요한 요소지만 실제로는 대부분의 지원자들이 이를 잘 모른다.

① 좋게 느낀 점을 한 가지 지적하며 느낌을 말한다.

튀지 않고 무난한 답을 제시하는, 일반적인 답변 경향이다. 10명의 지원자 중 7명 정도가 이와 같은 답변을 한다. 첫인상으로서 느끼는 지원회사에 대한 긍정적이고 좋은 점들 중 그래도 기억에 남을 만한 포인트를 한 가지 선정하여 답변함으로써 면접에 참가하는 지원자 스스로의 기분과 정서를 의도적으로 좋게 만드는 일종의 주입식의 '공감대 효과 (empathy effect)'를 가지고 있기 때문이다.

문제는 그런 답변에 감동하는 면접관이 그다지 많지는 않다는 점이다. 일반적인 칭찬 화법은 면접 상황에서 특별하게 난이도 높은 질문으로 인정되지 않기 때문에 평범하고 일상적으로 들리게 된다는 의미이다.

안전 전략(satefy measurement)이지만, 지원자의 섬세하고 예민한 개성을 드러낼 필요가 없는 직무에 지원하는 경우라면 무난히 다음 면접 질문으로 넘어가는 장점이 있는 반면, 면접관도 기대 이상으로 평가를 하지 않는 단점이 있다. 만약 답변을 하는 도중에 이와 같은 단점이 갑자기 뇌리에 걸린다면 재빨리 구체적인 비교 사례 또는 다른 기업의 좋은 사례와 견주어 더 훌륭하고 창의적인 측면을 내놓을 수 있어야 면접관의 반대 논리나 반대 질의를 받지 않을 수 있다.

중요한 것은 좋은 사례에 대한 지원자의 느낌을 강하게 어필할 수 있도록 단순명료하고 직접적인 단어를 사용하며 단도직입적으로 언급하는 것이다.

② 좋은 점 한 가지와 아쉬운 점 한 가지를 대비시켜 답변한다.

가장 지혜로운 답변 방법 중 하나라고 볼 수 있다. 면접관 입장에서 볼 때 일단 상황 전개에 따른 귀추를 주목할 수 있는 좋은 호재이기 때문이다. 여기서 말하는 '좋은 호재'라는 뜻은 다른 일반적인 지원자가 말하는 좋은 점과 상대적으로 비교하여 다른 논리로 말하면 더 효과적이라는 점이다. 왜냐 하면, 아쉬운 점 또는 부족한 점을 언급할 때의 지원자의 관점을 피력할 수 있고, 그 관점에서 자기주장과 논리적인 설득력으로 다른 지원자에 비해 상대적으로 200퍼센트 효과를 거둘 수 있기 때문이다. 문제는 답변시간이 충분치 않을 수 있다. 그래서 일단은 연습이 필요하다.

남다른 논리로 좋은 점과 부족한 점을 양날의 검을 다루듯 예리하게 꺼내들어야 효과적이고, 차별적인 지원자의 모습을 보여줄 수 있다. 유의해야 할 점은 서로 비교해 평가 하는 경우 그 비교 대상과 방법이 유사하고 의미성이 있어야 한다는 것이다. 독창성과 창의성, 모방성과 흡사성, 진취성과 적극성 등등 그 비교와 비유의 대상이 서로 어느 정도 연계된 공감대를 유지할 수 있어야 면접관의 머리에 쏙쏙 잘 입력되는 경향이 있다는 점을 기억해야 한다.

③ 특별히 좋은 점이 없어도 좋게 말하도록 한다.

이 답변의 경우는 사실 회의적인 답변을 피하기 위한 사전방어 작전인 셈이다. 지원한 회사에 대해 특별히 관심이 없거나 입사에 대한 열정이 들끓지 않는 경우, 회사 이미지나 첫인상은 크게 관심 대상에서 벗어나기 마련이다. 그래서 이와 같은 질문들에는 사실이 아닌 거짓말을 만들어내야 하는 부담감을 생성하기 때문에 인위적이고 부자연스러운 답변 논리가 전개될 수 있고, 그에 따라 인위적으로 가짜뉴스를 만들어낼 수밖에 없는 빌미를 준다는 점에서 막가파식 지원자들에게는 매우 불리한 질문이다.

그럼에도 일반적인 아이템이 아니라 지원한 직무와 연관성을 맺어서 기술적으로 고난도에 속하는 칭찬과 찬사를 보내주면 마냥 좋은 점만 답변하는 ①번 답변보다는 훨씬 유의미한 좋은 결과를 가져오기도 한다.

하지만 면접관들은 '뛰고 있다고 생각하며 답을 내놓는 지원자들'의 머리 위에서 내려다보며 그 답변의 진정성과 신뢰성에 점수를 매기고 있다는 점을 기억해야 한다.

④ 솔직히 부족한 점을 지적하며 개선 사항을 추가하여 답변한다.

다른 지원자들의 답변과 비교해 서로의 우열을 판가름하고자 하는 면접관의 귀를 쫑긋하게 만드는 전략적 대응 방법이다. 면접관은 대체로 수많은 지원자들을 만나고 그 지원자들이 말하는 진부한 답변에 질려 있는 경우가 대부분이다. 그래서 솔직한 답변으로 면접 현장을 신선하고 상큼한 분위기 모드로 바꾸어 주는 지원자의 창의적인 답변을 기대하기 마련이다.

이와 같은 답변은 도전적이고 경쟁적인 측면을 가진 지원자라는 이미지를 풍기며 '일반적으로 좋은 말만 하는 지원자가 아니라 바른말 하기를 좋아하는 지원자를 고대하는 면접관의 심리'를 이용하고자 하는 전략이라고 생각해서인지 요즘 많은 지원자들이 내놓는 답변 태도이기도 하다.

문제는 부족한 부분과 그에 대한 보완 사항을 사실적으로 조목조목 지적하되, 그 부분이 맞든 맞지 않든 간에 너무 따지지 않는 범위에서, 면접관이 수용할 수 있는 범위를 적절히 조절해 가면서 답변을 전개해 갈 수 있다면 지원자의 남다른 모습을 강하게 어필할 수 있는 전투적인 접근이 될 수 있지만 논리가 부족하면 망하기 쉽다는 데 있다. 중간에 깨진 논리를 만회하려고 하다가 오히려 면접관의 날카로운 압박질문에 더 어려운 상황에 몰리게 되는 경우가 있으므로 유의해야 한다.

▶ 가장 합격률이 높은 답변

① 좋게 느낀 점을 한 가지 지적하며 느낌을 말한다.

☑ 이유

① 긍정적인 태도를 유지할 수 있다.

- 면접에서 첫인상에 관한 질문은 지원자의 관찰력과 태도를 평가하는 질문이다.
- 좋은 점을 강조하면 지원자가 긍정적인 사고방식을 가지고 있으며 조직에 잘 적응할 가능성이 높다는 인상을 준다.

② 회사에 대한 관심을 효과적으로 표현할 수 있다.

- 특정한 좋은 점을 지적하면 사전조사를 했다는 것을 보여줄 수 있고, 이는 면접관에게 "우리 회사에 대해 제대로 조사하고 왔구나." 라는 신뢰를 준다.

③ 불필요한 리스크를 줄인다.

- ②번의 좋은 점과 아쉬운 점 대비나 ④번의 부족한 점에 대한 지적은 부정적인 인상을 줄 가능성이 높다.
- 면접관이 지원자의 의견을 받아들이기보다는 "우리 회사의 단점을 면전에서 지적하다니…"라고 부정적인 생각을 하게 될 수 있다.

☛ 모범 답변 예시

"처음 회사를 방문했을 때, 직원 분들이 밝게 인사해 주셔서 따뜻한 분위기를 느낄 수 있었습니다. 또한 로비의 브랜드 철학이 담긴 인테리어가 인상적이었고, 이곳이 단순한 직장이 아니라 '팀워크를 중요하게 여기는 곳'이라는 생각이 들었습니다."

▶ 왜 효과적인가?

- 회사에 대한 사전조사를 바탕으로 한 답변 → 로비 인테리어 언급
- 긍정적인 조직문화와 연결 → 따뜻한 분위기 강조
- 면접관이 듣고 싶어 하는 '우리 회사에 대한 좋은 인상' 전달

▶ 피해야 할 답변

- ③번의 특별히 좋은 점이 없어도 좋게 말하기 → 진정성이 떨어지는 답변으로 보일 수 있음.
- ②번과 ④번의 아쉬운 점, 부족한 점 지적하기 → 개선에 대한 의견을 원할 때 하는 질문이 아니므로 불필요한 부정적 인상을 남길 수 있음.

❶ 결론

면접에서는 긍정적인 첫인상을 강조하면서, 회사의 강점을 구체적으로 언급하는 것이 가장 좋은 전략이다!

- -

2. 개인적인 단점을 묻는 질문에 대한 당신의 답변은?

① 솔직히 자신의 단점을 답변한다.

② 솔직히 단점을 인정하면서 이를 만회하고자 노력하고 있다는 점을 강조

하여 말한다.

③ 분위기를 봐가며 단점을 되도록 피하도록 노력한다.

④ 장점으로 단점을 보완하고 있다고 오히려 장점을 강조한다.

이 세상에서 가장 답하고 싶지 않는 면접 질문 중 하나가 "지원자의 단점이 뭐냐?"고 묻는 질문이다.

"왜 다니던 회사를 그만두었느냐?" "왜 해고되었으냐?" "왜 이직이 이렇게 많으냐?" "왜 학점이 낮고 자격증이 없느냐?" "왜 프로젝트 경력이 부족하냐?" 등등 지원자의 힘을 빼는 질문들은 수도 없이 많지만 그래도 "본인의 단점이 무엇이냐?"라는 질문은 지원자의 어깨를 찍어 누르며 면접을 위해 힘껏 모아 두었던 에너지의 힘을 뺄 뿐만 아니라 의욕조차 사그라들게 만들기도 한다.

그래서 효과적인 답변을 위해 다양한 방법들이 제시되기도 하는데, 실제 단점에 대한 답변을 하는 것보다 더 중요한 것이 무엇인지를 알면, 그런 다양한 방법들도 필요 없다는 것을 알게 된다. 즉 단점을 단점으로 자신감 있게 밝힐 것인지, 아니면 정면 돌파가 어렵다면 피해갈 것인지, 또는 장점으로 그 단점을 잘 보완하고 있다고 말할 것인지 등이다.

면접관은 이런 답변을 들으면서 정말 이 지원자가 어떤 단점을 가졌는가보다는 그 단점에 대해 지원자가 스스로 어떻게 인식하고 있는지, 또 극복하기 위한 방법과 노력에 대해 듣고자 하는 것이다. 즉 논리와 맥락을 보고자 하는 것이지, 내용과 사실 여부를 보고자 하는 것이 아니라는 점이다.

지원자의 '자기 발견과 해명'의 방법을 통해 지원자가 자신을 어떤 인간으로 보고 있는지를 보고자 하는 것이 면접관의 의도다.

① 솔직히 자신의 단점을 답한다.

단도직입적으로 정면돌파 작전을 구사하는 답변이다. 돌려서 말하는 것을 제일 싫어하는 면접관에게는 100퍼센트 득점 포인트를 노리면서 신뢰도를 높일 수 있는 방법이라고 할 수 있지만 만약 면접관이 다소 분석적이고 계산적인 성향을 가지고 있을 경우, 이와 같은 전략은 독(poison)으로 작용해서 실패로 가는 지름길이 될 수도 있다는 점을 계산에 넣어두어야 한다.

문제는 지원자의 단점이 직무와 연관성이 많거나 팀워크에 저해가 된다거나 또는 회사가 원하는 업무성과에 막대한 지장을 초래하는 경우에는 탈락 결정의 치명적인 요인이 될 수 있다는 것이다. 그래서 일반적으로 대단히 논리적인 판단과 근거를 댈 수 없는 경우라면 반드시 피해야 할 답변이라 할 수 있고, 특별한 사전 준비가 필요하다. 왜냐하면 표정 관리와 논리적 비약을 잘 유도해야 하고 면접관이 의외의 질문으로 의도적인 도발을 할 수 있기 때문이다.

면접관들도 나름대로의 불합격 쿼터(목표 할당량)가 있고, 너무 많은 합격자를 배출하는 경우에는 그에 따른 합당한 이유가 있어야 하므로 솔직하게 자신의 단점을 노출한 지원자의 답변은 스스로 불합격 사유를 제공했다고 면접평가서에 기록할 수 있기 때문이다.

② 솔직히 단점을 인정하면서 이를 만회하고자 노력하고 있다는 점을 강조하여 말한다.

단점을 고백한 후, 면접관이 납득할 정도로 그 부족한 점을 보완하고 있다는 점을 보여주는 답변이다. 예를 들어 '대인관계에서 다소 까다롭고 시간이 걸린다.'는 단점을 말함과 동시에 이런 점을 만회하기 위해 '깊이 있는' 친목과 교우관계의 장점을 가지고 있음을 언급하며 이해를 높이는 것이다.

이런 표현들은 지원자가 자신의 단점을 스스로 고백함으로써 면접관이 자신의 단점을 인식하기 전에 먼저 이를 역이용함으로써 단점을 극복하고자 하는 의지를 피력하는 것이라 할 수 있다.

기본적으로 자신이 가진 단점을 인정하는 약점이 있지만, 오히려 사실에 입각해 정확하게 자신을 점검하는 계기가 되고, 업무를 수행하는 과정에서 잘못된 부분이 있다면 즉각 긍정적인 방향으로 고칠 의지와 능력이 있음을 보여주는 답변이다.

③ 분위기를 봐가며 단점을 되도록 피하도록 노력한다.

자신의 단점을 대놓고 자랑할 만큼 자기관리가 확실한 사람은 아무도 없다. 아무리 언변이 뛰어난 수사학의 대가라고 하더라도 단점은 단점이다. 금융기관에서 여러 금융사고 예방을 위한 위험관리를 하는 것을 '리스크 매니지먼트risk management'라고 하는데, 이 리스크를 관리하는 방법 중 하나가 바로 문제가 생겼을 때의 해결이 아닌 그런 상황이 발생하지 않도록 회피하는 것이기 때문이다.

이와 마찬가지로 단점을 피해가는 방법을 여기에 적용하는 것이 쉽지는 않지만 어설픈 변명으로 대응하는 경우 더 곤란한 압박질문을 받게 되는 문제가 발생할 수 있다.

피한다는 것은 정면으로 돌파하는 대신 질문의 맹점을 파고드는 것이다. 시간관리에 대한 단점을 사례로 들 때, 시간관리를 못하게 되는 상황들을 예로 들어 지원자 자신의 결함 요소를 피해가는 방법이다.

복잡하고 미묘한 상황이 있거나, 불가피하게 다른 우선순위가 높은 일이 발생하거나, 반드시 하지 않으면 안 되는 불가피한 상황이 겹쳐 나타났다든가 하는 예상치 못한 상황으로 인해 시간관리를 하지 못하게 된 상황을 들어 자신의 단점을 피할 수 있도록 하는 피난처를 만드는 것이다.

일시적으로는 유리한 상황을 만들 수 있지만 그런 상황에도 불구하고 성과와 결과를 기대하는 면접관이 있다면 반대논리로 압박하는 질문을 예상하고 있어야 한다. 피하는 것은 일차적으로 시간이 없는 경우 효과적이지만 초반에 이런 답변을 함으로써 더 궁색한 상황에 놓이게 될 수 있다.

④ 장점으로 단점을 보완하고 있다고 오히려 장점을 강조한다.

전략적으로 우수하다는 평가를 들을 것이라는 예상과는 달리, 면접관을 설득하는 것이 만만치 않을 수 있다. 상당히 기교가 있는 답변처럼 보이지만 면접관들이 지원자가 단점을 장점으로 보완해 전환하는 논리를 납득하지 못하거나 그 단점 해소 방식들이 뚜렷한 설득력을 갖지 못한다면 리스크 역시 감수해야 한다.

'대인관계가 협소하다'는 단점을 '깊이 있는 인간관계의 계기로 삼는다'고 한다든지, 섬세하지 못해서 일처리에 놓치는 부분이 있지만 추진력이 강해 다양한 위기 요소를 관리하고 있다든지 하는 것이 실제 예가 된다.

이와 같은 답변을 내놓기 위해서는 단점을 보완하기에 충분한 개인의 능력을 강조함과 동시에 장점을 부각시킬 수 있어야 하고, 인정받을 수 있어야 한다. 이와 같은 전략이 좋은 평가를 받을 수 있는 단계는 신입사원 채용면접에서 지원자들이 100미터 달리기를 앞두고 동일선상에 비슷한 스펙의 지원자들이 모여 있는 경우와 비유할 수 있다. 동일선상에서 동일 자격을 갖춘 지원자들이 출발신호를 기다리고 있을 경우 먹힐 수 있는 전법이라서 그 장단점의 교묘한 믹스와 매치(mix and match)가 논리적 타당성이 없으면 오히려 화를 불러일으키거나 대충 둘러대는 식의 허무한 답변으로 평가될 위험이 있다.

▶ 가장 합격률이 높은 답변

② 솔직히 단점을 인정하면서 이를 만회하고자 노력하고 있다는 점을 강조하여 말한다.

☑ 이유

- 솔직함과 개선 의지를 동시에 보여줄 수 있다.
- 면접관이 원하는 균형 잡힌 답변을 줄 수 있다.
- 단점이 업무에 미치는 영향을 최소화할 수 있다.

☛ 모범 답변 예시

"제 단점은 가끔 작은 디테일에 너무 신경을 쓰다 보니, 전체적인 일정을 맞추는 데 시간이 걸릴 때가 있다는 것입니다. 하지만 최근에는 우선순위를 정하는 연습을 꾸준히 하면서, 중요한 부분과 세부 사항을 균형 있게 관리하는 방법을 배우고 있습니다. 이를 위해 업무 리스트를 정리하고, 데드라인을 미리 설정하는 습관을 들이고 있습니다."

▶ 왜 효과적인가?

- 솔직하게 단점을 인정하지만 동시에 개선 노력을 강조.
- 지원하는 직무에 크게 부정적인 영향을 주지 않는 단점 선택.
- 구체적인 해결 방법(우선순위 설정, 업무 리스트 활용) 제시로 신뢰도 향상.

▶ 피해야 할 답변

- 솔직하게 단점만 답변하기 → 단점만 강조하면 면접관은 '이 지원자가 이 문제를 해결할 수 있을까?' 하고 의심할 가능성이 높음.
- 단점을 피하려고 노력하기 → 회피하는 태도로 보일 수 있어 신뢰도 하락.
- 장점만 강조하기 → 질문에 대한 직접적인 답변을 피하는 것으로 보일 수 있음.

❶ 결론

단점은 솔직하게 말하되, 이를 극복하려는 구체적인 노력을 포함하는 것이 가장 효과적인 면접 답변 전략이다!

3. 만약 면접에서 불합격한다면 그 이유는 무엇이라고 생각 하는지 묻는 질문에 당신의 답변은?

① 절대 떨어질 리 없다고 근거를 대며 강하게 부정한다.

② 면접관의 합리적인 판단을 존중한다고 말한다.

③ 자신이의 부족한 점을 사실대로 솔직히 지적하고 보완점을 말한다.

④ 다른 지원자들의 관점을 말하며 객관적으로 판단하여 답변한다.

면접 질문 중 지원자들을 가장 불편하게 하는 질문 유형이다. 면접을 위해 일주일, 이주일, 아니 한두 달을 오로지 이 면접을 준비하기 위해 집중투자를 하였는데, 그 지원자 앞에서 "불합격한다면 어떤 이유에서 일까?"라는 질문을 한다는 것은 지원자를 의도적으로 불편하게 함으로써 지원자의 심리적인 대응과 정서적인 반응을 보기 위함이다. 따라서 이러한 면접관의 질문 의도를 알게 된다면 그다지 불쾌하게 생각할 필요는 없을 것이다.

이 질문의 본질은 "지원자를 불합격시키겠다."라는 의도가 아니다. 이런 질문일수록 '제대로 된 지원자의 태도와 합격에 대한 강한 신념을 보고 싶다'는 반어법적 표현이라는 것이다. 면접관은 '반드시 합격하겠다.'라는 승부수로 무장된 지원자만을 합격시키겠다는 면접관의 의지가 묻어 있는 질문이고, 이와 같은 질문을 받은 지원자는 '그게 바로 나다.' 라는 자신감으로 대응하는 전투 현장인 것이다.

① 절대 떨어질 리 없다고 근거를 대며 강하게 부정한다.

이런 질문은 압박면접도 아니고 심층면접도 아닌 단순 심리적 대응을 테스트하는 질문이다. 질문 자체가 가지고 있는 위협적인 실패를 가정해 지원자 스스로 위협을 느끼도록 상황을 만들고 답변을 요구하고 있는 셈이다.

하지만 "절대 떨어질 리 없다."고 강하게 부정하는 모습을 통해 합격에 대한 의지를 보여줄 수 있을지는 모르지만 합격에 대한 논리적 근거를 다른 면접 답변으로 보여주지 못했다면 이와 같은 답변은 공허한 어필로 끝나게 될 수 있다. 합격에 대한 근거와 논리를 통해 면접관이 절대 불합격시키지 못할 것이라는 타당한 이유를 제시할 수 있다면 좋지만 그렇지 않으면 합격, 불합격을 떠나 지원자의 단순한 바람을 피력하는 정도에 불과한 답변이 되는 것이다.

② 면접관의 합리적인 판단을 존중한다고 말한다.

정답에 가까운 답변으로 이해할 수 있지만 실제로는 그렇지 않다. 면접관은 당연하게 여겨지는 질문을 하지 않는다. 즉 면접관은 지원자가 자기 자신에 대해 정확하고 객관적인 평가를 내리고 있는지 묻고 있다. 지원자가 자기 자신을 어떻게 보고 있고, 그에 따라 지원자가 내놓은 답변의 논리적 이유를 보고 싶어 하는 것이다. 따라서 이와 같은 답변은 "면접관 당신이 질문한 것이니 당신이 알 것 아니오?"라고 되묻는 것과 같다. 면접관의 질문 방향, 질문의 의도, 왜 이 질문을, 이 시점에 하고 있는지 등등을 잘 파악하는 것이 핵심인 것이다.

지원자가 답변을 잘하고 있는지 아닌지는 면접관이 판단할 문제다.

그래서 면접관의 합리적인 판단에 가려진 지원자의 소신과 철학, 논리성이 답변에 가미되면 더할 나위 없는 금상첨화의 답변이 될 수도 있지만, 무조건적으로 면접관의 판단에 순응하겠다는 답변이라면 더 이상의 좋은 결과를 기대하기는 어렵다.

③ 자신의 부족한 점을 사실대로 솔직히 지적하고 보완점을 말한다.

자신의 부족함을 스스로 고백해야 하는 상황만큼 지원자를 난감하게 만드는 경우도 드문 것 같다. 면접장이 아니라면 지원자 스스로 자신의 약점과 부족한 점을 여과 없이 내어놓게 되는 경우가 어디 있겠는가. 특히 "불합격 판정을 받는다면 그 이유는 무엇이라고 생각하느냐?"면서 '자아비판'을 요구하는 질문에 쉽게 무너지는 지원자들을 보게 되면, '아직 취업준비가 덜 되어 있는 것 같다'는 생각이 들기도 한다.

그럼에도 기억할 만한 면접 현장의 비밀이 있다. 그것은 지원자가 자신의 약점과 취약점을 진솔하게 인정하고 정직하게 답변하는 전략이 의외로 많은 면접관들의 합격에 대한 판단기준을 움직이게 한다는 사실이다. 그것은 지원자 스스로가 면접 현장에서 자신의 부족한 점을 솔직히 인정하고, 자신의 단점을 보완하고, 더 나은 모습이 되고자 하는 강력한 의지와 신념으로 면접관에게 논리적으로 설득할 수 있다면 평범한 보통 수준의 지원자보다 더할 나위 없는 '핵심 인재'가 될 수 있는 가능성을 눈앞에서 보았기 때문이다.

사실 지원자가 자신의 부족한 부분을 처음부터 완벽하게 보완할 수 있으리라는 면접관의 기대는 그리 크지 않다. 그렇게 되기도 어려울 뿐만 아니라 실제 그런 현실의 경우도 드물기 때문에 그 현실성이나 실제성이 낮아도 상관없다. 왜냐하면 아직 조직과 기업에 대해 아직 아무것도 경험하지 못한 신입 지원자에 대한 눈높이가 그리 높지 않기 때문이다.

다만 면접 문제를 풀어가는 지원자의 논리적 타당성과 사고의 체계성, 개선의 방향성을 보면 대충 지원자가 가진 성장 잠재력(Growth Potential)을 파악할 수 있다는 점에서 지원자의 합격 이유 또는 불합격 이유에 대한 타당하고 합리적인 근거를 면접관은 충분히 확인했다고 할 수 있다.

④ 다른 지원자들의 관점을 말하며 객관적으로 판단하여 답변한다.

눈치 빠른 지원자들이 취하는 약삭빠른 전술이다. 전략적인 수준에까지는 도달하지 못하고 초보적인 수준에 머물 수밖에 없긴 하지만, 그럼에도 많은 면접관들이 지원자의 이런 태도에 대해 높게 평가하는 경향이 있다. '불합격이라고 하는 심리적인 스트레스 요인'을 다른 지원자의 관점, 그리고 다른 지원자의 논리에 자신의 생각을 같이 녹여 중화(neutralize) 또는 물 타기를 함으로써 어느 정도의 설득력과 체계를 유지하고자 한다는 점에서 높이 평가할 만한 것이다.

대체로 '자신에게 불합격은 없다'고 부인하거나 '반드시 합격할 것'이라고 단정하는 지원자들이 많은 상태에서는 객관적으로 판단하여 답변하기가 쉽지 않은 단점이 있다. 또 지원자 개인의 생각이 다른 지원자들의 일상적이고 평범한 답변을 뛰어넘는 논리와 설득력을 갖추지 못하거나 끼어들기에 실패할 경우 타격이 매우 크다고 할 수 있다. 면접관은 다른 지원자의 답변에 귀를 기울여 들을 것이고, 그 답변 내용들이 뇌리에 남아 있는 상태에서 다른 지원자들의 답변과 별다를 것 없는 답변을 한다면 면접관으로부터 "다른 사람 의견 말고 본의의 의견을 말해 보세요.”라는 엄중한 질문을 받게 될 가능성이 크기 때문이다.

‘떨어질 것이라고 생각한 면접에서 합격의 결과를 얻는 것’은 바로 이런 질문에 효과적이고 전략적으로 잘 대응하기 때문이다. 그것은 지원자가 면접이 진행되는 한 시간 동안 어떤 논리적 일관성과 다른 지원자와의 상대적 차별성을 가지고 답변하는지에 100퍼센트 달려 있다는 조언을 해 주고 싶다.

➤ 가장 합격률이 높은 답변

③ 자신의 부족한 점을 사실대로 솔직히 지적하고 보완점을 말한다.

☑ 이유

① 자신을 객관적으로 평가할 줄 아는 태도를 보여줄 수 있다.

- 면접관이 이런 질문을 하는 이유는 지원자가 자기를 객관적으로 보는 능력을 갖추고 있는지 확인하기 위해서이다.

- 자신의 부족한 점을 인정하는 태도는 겸손하면서도 성장 가능성이 높은 지원자로 보이도록 만든다.

② 단점을 보완하려는 의지를 보여줄 수 있다.

- 단순히 “제가 부족해서 불합격할 수도 있습니다.”라고 말하는 것이 아니라 어떤 점을 개선할 것인지 언급하면 성장 가능성을 강조할 수 있다.

- 면접관 입장에서도 “이 지원자는 피드백을 잘 받아들이고 발전하려는 의지가 있구나.”라는 긍정적인 인상을 받게 된다.

③ 면접관이 예상하는 답변과 일치한다.

- 절대 떨어질 리 없다고 주장 → 지나친 자신감과 과한 태도로 보일 위험이 있다.
- 면접관의 판단을 존중 → 소극적인 태도로 보일 가능성이 있다.
- 다른 지원자들과 비교 → 면접관이 원치 않는 '객관적인 분석'으로 초점을 흐릴 수 있다.

☛ 모범 답변 예시

"저는 제 강점이 실무 역량과 팀워크에 있다고 생각하지만, 면접 과정에서 제가 리더십을 발휘했던 경험을 충분히 강조하지 못했을 수도 있다고 생각합니다. 만약 불합격을 하게 된다면, 제가 경험했던 사례를 보다 효과적으로 전달하는 방법을 더 고민해볼 것입니다. 또한 회사가 원하는 역량을 더 구체적으로 파악하여 보완할 계획입니다."

▶ 왜 효과적인가?

- 부족한 점을 인정하지만 동시에 보완 계획을 언급하며 긍정적인 인상을 준다.
- 면접을 통해 스스로 배운 점을 이야기하며 성장 가능성을 강조한다.
- 회사와 직무에 대한 이해도가 높다는 점을 보여줄 수 있다.

➤ 피해야 할 답변

- 절대로 떨어질 리가 없다고 주장 → 근거 없는 자신감은 부정적인

인상을 줄 수 있다.

- 면접관의 판단을 존중 → 너무 소극적이고 수동적인 태도로 보일 위험이 있다.
- 다른 지원자들과 비교 → 다른 지원자들의 이야기에 귀를 기울여 참고하고자 하는 태도는 불필요하며 면접관이 기대하는 답변이 아니다.

❶ 결론

- 면접에서 가장 중요한 것은 '성장 가능성'을 보여주는 것!
- 부족한 점을 솔직하게 인정하되, 이를 보완할 계획까지 제시하면 면접관에게 긍정적인 인상을 남길 수 있다.

----

4. 학교생활에서 이룬 가장 중요한 업적은 무엇인가?

① 학생으로서 기본에 충실해 높은 학점을 받았다.

② 학교활동에서 성적은 기본이므로 동아리회장, 부전공, 복수전공 등의 활동을 강조한다.

③ 해외연수를 통해 얻은 능력들을 강조하여 남들에게 없는 경험들을 보여 준다.

④ 실제로 일을 한 경험, 즉 인턴이나 아르바이트, 파트타임 같은 경험을 강조한다.

----

① 학생으로서 기본에 충실해 높은 학점을 받았다.

"기본에 충실하자."라는 자세는 학생으로서 중요한 업적이다. 무조건 성공한다는 보장을 할 수는 없지만 실패 가능성도 낮은, 학생으로서 기본이라고 할 수 있는 학점을 내세우는 것이다. 아직은 학생 신분인 입사지원자들에게 요구되는 '최소한의 기대 요건'이기도 하다. 학점만큼 성실성을 측정하는 데 긍정적이고 확실한 요소도 없다.

하지만 높은 학점을 얻기 위해 최선을 다해 노력하고, 그 노력에 합당한 최고의 성취도를 얻었음에도 면접에서는 "그 다음 단계에서 무엇을 잘할 수 있느냐?"라는 면접관의 질문에 말이 막히게 된다. 학생으로서의 기본기(학점과 성적)에 충실함으로써 얻는 결과와 입사 후 좋은 업무 성과를 올리게 되는 것이 '실제로는' 거리가 먼 경우를 면접관들은 많이 보기 때문이다.

최고의 업적으로 '좋은 성적'을 앞세우다 보면, 보통 '샌님 지원자 (average applicant)'라는 간판을 달게 되는 결과를 낳는 경우도 많다. 전공학과의 다양한 교과목 특성과 취득 학점이 가지고 있는 특이한 교육참여 활동, 리서치, 과외적인 활동, 프로젝트 등과 연계해 높은 학점을 받은 성과를 어떻게 유기적으로 잘 설명하느냐가 관건이 된다.

② 학교활동은 기본이므로 동아리회장, 부전공, 복수 전공 등의 활동을 강조한다.

학점이 학교활동의 전부가 아니라는 관점은 밥만이 오로지 주식(main meal)이 아니라는 논리와 일맥상통한다. 그래서 학창시절의 다양한 활동을 통해 남들과 차별화되는 업적을 선보이는 것 또한 좋은 전략 중 하나다. 학교활동의 범위에는 동아리 활동이나 부전공, 복수전공, 자기계발

활동과 같은 것들이 남다른 업적(significant achievement)이 될 수 있다.

여기서 중요한 것은 그런 남다른 활동을 통해 얻어지는 결과물들이 개인적인 입장에서가 아니라 객관적으로, 면접관의 눈에도 남달라 보여야 한다는 것이다. 예를 들어, 동아리 회장으로 활동하면서 무엇을 얻었고 그 과정에서 어떻게 성장하고 성숙해졌는지, 그리고 그 과정을 통해서 학창생활에서 가장 중요한 업적이라고 할 수 있는 성과를 거두었는지 설득해야 한다. 자긍심이 서린 업적으로서 논리적으로 설득할 수 있어야 면접관의 질문 의도를 만족시킬 수 있어 좋은 결과를 얻을 수 있다. 설득력을 잃으면, 학교 공부를 등한시하고 딴 짓을 하며 시간을 보낸 학생이라는 낙인이 합격 평가서 하단에 찍히게 된다. '입사 부적격 지원자'라는 낙인 말이다.

③ 해외연수를 통해 얻은 능력들을 강조하여 남들에게 없는 경험들을 보여준다.

해외연수 스토리를 꺼내는 지원자들의 한결같은 심리는 국내에서 경험하지 못한 다양한 삶의 경험을 보여주고자 한다는 점이다. 그것을 통해서 다른 지원자들과의 경쟁우위(competitive advantage)를 만들어 이를 토대로 면접관들의 선발기준에 한층 더 확고하게 자리매김을 하고자 하는 의지를 나타낸다고 할 수 있다.

성공적인 경우가 많을까, 실패 확률이 높을까? 당연히 성공보다는 실패 확률이 높다. 왜냐하면 지원자의 70퍼센트 이상이 해외연수 경험을 지원서와 이력서 그리고 자기소개서에 포함해 놓고 있기 때문이다.

예전에는 해외연수 경험이 드물어서 희소성이라는 가치 하나로 빛을 발하는 경우도 있었지만 이젠 일반적인 취업 스펙의 하나로 간주되고 있는 현실이다. 일정한 기간을 일부러 휴학하고 단기 또는 중장기의 해외연수를 떠나는 경우, 면접관이 기대하는 답변을 만들어내기가 쉽지 않다. 해외연수를 통해 얻은 남다른 학습 체험과 견문을 넓히기 위한 실제 활동들이 지원자의 세계관을 어떻게 넓고 깊게 만들어 주었고, 또 앞으로 회사나 조직에 들어오면 어떻게 활용할 것인지에 대한 명확한 청사진을 보여줄 수 있어야 중요한 업적으로서의 가치를 갖게 될 수 있다. 따라서 그런 요소가 없다면 면접관은 이내 실망하는 눈빛으로 다음 지원자에게 발언 기회를 넘길지도 모른다.

④ 실제로 일을 한 경험, 즉 인턴이나 아르바이트, 파트타임 같은 경험을 강조한다.

면접관들이 면접 현장에서 가장 기대하는 답변은 입사 직후 곧바로 업무를 처리할 수 있다는 확신에 찬 실무 중심의 답변들이다. 인수분해 공식과 같은 교과서적인 답이 아니라 실제 업무현장에서 활용되는 실무 중심의 현장 정보와 지식, 그리고 실제적인 실무(hand-on) 적용 기법들에 대해 듣고 싶은 것이다.

그래서 지원자들이 실제로 학교생활 이외에 경험한 일들, 즉 인턴이나 아르바이트 아니면 파트타임과 같은 일이라도 기업 현장과 밀접하게 연결되어 있는 삶의 틈새시장에서 흘렸던 땀과 열정, 그리고 그런 체험을 통해 얻은 가치에 대해 알아보고자 하는 것이다.

이와 같은 지원자의 답변을 듣고, 학창생활을 하는 동안 학업을 등한히 했다고 부정적인 생각을 할 면접관은 아무도 없다. 특히 최고 경영자의 눈으로 보면 '도서관 인재'보다는 현장에서의 '삶의 체험 인재'가 더 필요한 것이다.

그런 관점에서의 학생 생활이라는 제한된 환경에서는 경험할 수 없는 실제 삶의 체험을 잘 보완해서 실제로 업무에 투입됐을 때 그런 체험을 통해서 얻은 업무능력, 그리고 문제 해결 과정을 일목요연하게 설명해야 한다. 이런 지원자들에게 면접관들은 학점, 외국어 능력 또는 해외연수의 기간에 관계없이 신뢰와 믿음의 신호를 보낼 수 있게 된다. 이것이 바로 면접의 '실제적인 가치(Practical value)'다.

➤ 가장 합격률이 높은 답변

④ 실제 일한 경험, 즉 인턴, 아르바이트, 파트타임 같은 경험을 강조한다.

☑ 이유

① 기업은 실무 경험을 중요하게 평가한다.

- 면접관은 지원자의 실제 업무 환경에서의 적응력과 즉시 활용 가능한 실무역량을 확인하려고 한다.

- 인턴, 아르바이트, 파트타임 경험은 기업에서 바로 적용할 수 있는 실전 경험이므로 다른 선택지보다 더 강한 인상을 줄 수 있다.

② 학교 성적이나 동아리 경험보다 실무 경험이 더 경쟁력 있다.

- 높은 학점 : 학업 성취도는 중요하지만 실무 역량을 직접적으로 보여주지 못한다.

- 동아리 활동 및 복수전공 : 조직 내 협업 능력을 보여줄 수 있지만 실무 경험보다는 강력한 인상을 주지 못한다.

- 해외연수 및 특별한 경험 : 글로벌 역량을 강조할 수는 있지만 실무

역량을 직접적으로 평가하기 어렵다.

- 실제로 일한 경험 : 직무와 연관된 경험을 강조하면 기업이 원하는 '즉시 투입 가능한 인재'라는 인상을 줄 수 있다.

③ 실제 업무 역량과 문제 해결 능력을 강조할 수 있다.

- 인턴, 아르바이트, 파트타임을 하면서 어떤 문제를 해결했는지, 어떻게 기여했는지 설명하면 강한 인상을 남길 수 있다.
- 특히 지원하는 직무와 관련된 경험이라면, 면접관이 높은 관심을 가질 가능성이 크다.

☞ 모범 답변 예시

"학교생활 동안 가장 중요한 경험은 스타트업에서 인턴을 하며 실제 프로젝트에 참여했던 것입니다. 당시 데이터 분석 업무를 맡아, 고객 피드백 데이터를 정리하고 보고서를 작성하는 역할을 했습니다. 그 경험을 통해 실무에서 필요한 데이터처리 능력과 협업 경험을 쌓았고, 결과적으로 팀의 의사결정에 기여할 수 있었습니다. 이러한 경험을 바탕으로 실전에서 빠르게 적응할 자신이 있습니다."

▶ 왜 효과적인가?

- 단순히 '경험했다'가 구체적인 역할과 기여한 바를 설명하여 실무 역량을 강조.
- 학교 공부보다 '기업이 원하는 스킬'을 직접적으로 보여줄 수 있음.
- 기업이 원하는 인재상(적응력, 문제 해결력, 협업 능력 등)을 갖추었음을 어필할 수 있음.

➤ 피해야 할 답변

- 높은 학점 강조 : 면접관이 원하는 건 실제 업무이다. 학점은 서류 평가에서 이미 확인됨.
- 동아리 및 복수전공 강조 : 리더십을 보여줄 수는 있어도 실무경험과 직접적인 연관성이 부족함.
- 해외연수 및 특별한 경험 강조 : 해외 경험이 직무와 직접적으로 연결되지 않는다면 효과가 떨어짐.

⓪ 결론

- 면접에서 가장 중요한 것은 '직무 관련 실무 경험!'
- 인턴, 아르바이트, 프로젝트 경험을 통해 실무 역량을 강조하는 것이 가장 높은 합격률을 보장하는 답변 전략.

---

5. 사람들 만나는 것을 좋아하는 편인가?

① 어떤 사람이든 편견 없이 만난다는 대인관계의 열린 자세를 강조한다.

② 특정한 목적에 따라 선별적인 대인관계를 갖는다고 답변한다.

③ 단순한 만남보다 다양한 사람들을 만나면서 얻은 경험을 실제 사례로서 답변한다.

④ 보다 신중하고 분석적인 대인관계의 관점에서 고객관리의 성공 사례와 연결한다.

지원자들로서는 대인관계에 대한 질문을 받을 때 대체로 편안한 마음을 갖게 된다. 전문적인 업무와 관련된 내용이나 업무 프로세스에 대한 질문과 달리 개인적인 취향이나 선호도를 묻는 질문은 어느 정도 부담이 적기 때문이다.

하지만 면접관들이 이런 질문을 하는 이유는 지원자의 답변을 통해 대체적인 성격 파악을 위한 단초를 어느 정도 엿볼 수 있고, 더불어 조직의 일원으로서 역할, 소통, 의사결정 과정에서 융화된 인간관계를 해 나갈 수 있는지 들여다 볼 수 있기 때문이다.

"사람을 좋아하느냐?"는 질문과 "사람을 만나는 걸 좋아하느냐?"는 질문은 다를 수 있다. 하지만 대체적인 맥락은 원만한 대인관계를 맺어 갈 수 있는 기본기(basic skill)와 역량(competency)을 가지고 있는지 보고 싶은 것이라 할 수 있다. 질문은 어렵지 않게 느껴지겠지만 사실은 지원자가 자기 자신의 인간관계에 대해 얼마나 잘 파악하고 있는지, 그리고 타인과 관계를 맺어가는 상호작용을 묻는 까다로운 질문일 수도 있다.

① 어떤 사람이든 편견 없이 만난다는 대인관계의 열린 자세를 강조한다.

대인관계의 생명은 다양성(diversity)과 포용성(inclusion)이라는 점을 강조함으로써 신입 조직원으로서 조직에 녹아들고자 하는 자세를 강하게 어필하는 답변이다. 편협한 인간관계로부터 벗어나 기존 조직에 잘 적응할 수 있다는 오픈 마인드(open mind)를 가진 사람으로서의 이미지를 어필함으로써 면접관의 긍정적인 판단 근거를 제시하는 셈이다. 실제로 조직생활에서 가장 어려운 것이 업무적인 역량(지식, 기능, 태도)보다 대인관계와 소통이라는 점에서, 성공적인 직장생활의 첫 단추가 바로 원만한 인간관계 능력이라는 점을 이해하고 있다는 것만으로도 면접관에게 좋은 인상을 보여줄 수 있다.

다만 대인관계에 있어 개성이 부족하다는 점은 단점이다. 그저 모든 사람들로부터 좋은 사람이라는 평가를 받는 데 만족하는 무색무미의 범인(common person)으로서의 어중간한 지원자 또는 조직 구성원이 될 우려를 살 수 있다. 조직에서 필요로 하는 창의성을 갖춘 인재라는 점을 보여주지 못할 수 있다는 점에서 이 전략은 일정한 조건과 시의성을 가지고 실행해야 한다.

② 특정한 목적에 따라 선별적인 대인관계를 갖는다고 답변한다.

모든 사람으로부터 좋은 평가를 듣는 것이 아니라면, 그 다음으로 내세울 수 있는 답변 전략은 선별적인 대인관계(selective interpersonal relationship)를 갖는 상황이 된다. 즉 특정한 목적을 가지고 선택할 수 있는 최선의 대인관계 네트워크에만 안주하는 것이다. 그것은 바로 선별적이고 조건적인, 즉 배타적인 대인관계의 특성이라 할 수 있다.

면접 전문가들이 많이 사용하는 기법으로서 대인관계의 남다른 특징을 말해 보라고 할 때, 지원자 자신만이 가지고 있는 남다른 대인관계 기술을 예로 들며 선별적인 사람들과 친분 관계를 가지는 것이라고 말하는 경우이다.

면접 현장에서는 일반성(generality)보다는 다양성(diversity)이 낮고, 다양성보다는 전문성(professionalism)이 낮고, 전문성보다는 독자성(creativity)이 훨씬 낮기 때문이다. 즉 다른 지원자들과 차별화 되어 보이는, 독자성이 경쟁우위를 갖는 곳이 신입사원 채용 현장이다.

문제는 "선별적인 대인관계를 통해 얻는 것이 무엇이냐?"라는 후속 질문에 명쾌한 논리와 근거를 제시할 수 있다면 최고의 답변이 될 수 있다. 하지만 그렇지 못하다면, 지엽적이고 편협한 대인관계를 전문성을 가진 대인관계로 호도하는 구차한 답변으로 인식돼 면접관의 회의적인 눈빛을 만나게 되기도 한다.

③ 단순한 만남보다 다양한 사람들을 만나면서 얻은 경험을 실제 사례로서 답변한다.

실제 사례를 중심으로 하는 답변만큼 설득력을 가진 답변은 드물다. 면접관이 가장 선호하는 답변이다. 즉 지원자가 직접 경험한 사실을 바탕으로 하는 다양한 대인관계의 긍정적인 면, 부정적인 면, 손해가 되었거나 혹은 이익이 됐던 점, 불편했던 점을 소개하는 것이다. 면접 현장에서 매우 빛을 발하기도 하는 답변이다.

지식과 이론으로서의 대인관계론에서 탈피해 지원자 자신의 경험을 바탕으로 하는 내적 가치를 면접장에서 특수한 자기고백(self confession)의 순간에 내놓는다는 것은 일종의 자기 확신의 단계로서 합격이라는 궁극적인 관문을 통과하는 지름길이 될 수 있기 때문이다.

단순한 만남들에서 비롯되는 전형적이고 편협한 대인관계 경험에서 한 걸음 더 나아가 직장 조직에서 요구하는 다양한 대인관계의 가능성을 보여준다는 점에서 고부가가치를 지닌 답변이라고 할 수 있다. 실제 사례를 통한 담백하면서도 솔직한 경험담이 답변 속에 레시피로 담겨 있지 않으면 그저 그런 무의미한 답변이 될 수 있으므로 각별히 조심해야 한다.

④ 보다 신중하고 분석적인 대인관계의 관점에서 고객관리의 성공 사례와 연결한다.

합격의 정답을 향해 한 걸음 더 나아가는 키워드가 나온 셈이다. 대인관계는 신중하고 분석적일수록 성공 확률이 높다는 게 통상적 이론이기 때문이다. 그것이 조직에서 요구하는 대내외적인 고객관리에서 더할 나위 없는 중요한 요소라고 할 수 있다.

면접관의 심리를 자세히 살펴보자. 그들은 지원자가 얼마나 성실하게 준비하여 면접에 임하고 있는지를 확인하고 싶어 한다. 그것을 확인하는 척도가 바로 지원자가 얼마나 신중하고 분석적인 답변 태도를 보여주는가 하는 것이다.

그런데 문제는 지원자가 이런 태도를 보여주고 있음에도 지원자가 지나치게 긴장한 나머지 답변에서 약점을 많이 노출하고 논리적으로 허술한 답변을 하게 되면, 아무리 호의적인 면접관이라고 하더라도 편을 들어주기 어려워진다. 논리적으로 빈약한 지원자의 분석적 태도는 오히려 면접관이 평가표에 '스펙에 맞지 않은 부적절 지원자'라는 평가를 내리게 되는 요인이 된다.

▶ 가장 합격률이 높은 답변

③ 단순한 만남보다 다양한 사람들을 만나면서 얻은 경험을 실제 사례로서 답변한다.

☑ 이유

① **구체적인 사례가 신뢰도를 높인다.**

- "사람을 만나는 것을 좋아한다"는 말만으로는 면접관의 신뢰를 얻기 어렵다.
- 하지만 실제 경험을 사례로 설명하면 더 설득력이 높아진다.
- 예를 들어, 다양한 배경의 사람들과 협력하며 성과를 냈던 경험을 이야기하면 면접관이 지원자의 대인관계 능력을 더 구체적으로 평가할 수 있다.

② **커뮤니케이션 및 협업 역량을 강조할 수 있다.**

- 대부분의 직무에서는 협업과 원활한 커뮤니케이션이 필수다.
- 다양한 사람들과 협력하며 문제를 해결한 경험을 말하면 직무 적합성을 높일 수 있다.

③ **직무와 연결할 수 있는 답변이 가능하다.**

- 단순히 "사람을 만나는 걸 좋아한다"가 아니라 업무에서 대인관계를 어떻게 활용했는지를 설명하면 더 강한 인상을 줄 수 있다.
- 영업, 마케팅, 고객 서비스, 인사 등의 직무에서는 특히, 대인관계 경험을 강조하는 것이 유리하다.

☛ 모범 답변 예시

"저는 다양한 배경을 가진 사람들과 소통하며 협력하는 것이 즐겁습니다. 예를 들어, 대학시절 팀 프로젝트에서 배경이 다른 팀원들과 협업하여 아이디어를 조율했던 경험이 있습니다. 처음에는 의견 차이가 많았지만 적극적으로 소통하고 조율하면서 최적의 해결책을 찾아낼 수 있었습니다. 이러한 경험을 바탕으로 업무에서도 다양한 사람들과 원활하게 협업하며 성과를 내는 데 기여할 자신이 있습니다."

▶ **왜 효과적인가?**

- 구체적인 사례를 제시하여 신뢰도 증가.
- 대인관계를 직무와 연결하여 실질적인 역량을 강조.
- 단순한 성향 설명이 아닌, 실제 경험을 통한 문제 해결력 및 협업 능력 어필.

➤ **피해야 할 답변**

- 모든 사람을 만나는 열린 자세 강조 → 너무 일반적인 답변이라 차별성이 부족하다.
- 선별적인 대인관계를 갖는다고 답변 → 지나치게 제한적인 인상을 줄 수 있다.
- 분석적인 대인관계를 강조하며 고객관리의 성공 사례로 연결 → 고객관리 직무라면 괜찮지만 면접관이 원하는 건 기본적인 대인관계 능력이다. 분석적인 접근만 강조하면 '너무 신중해서 소통이 어렵다'는 인상을 줄 수 있다.

❶ **결론**

면접에서는 구체적인 경험과 사례를 중심으로 답변해야 합격률이 높아진다.

6. 좋아하는 취미는 무엇인지 묻는 질문에 대한 당신의 답변은?

① 평소 즐기는 취미를 편안하고 부담 없이 말한다.

② 평소의 취미를 말하기보다 남다르고 특이한 취미로 답변해 이목을 끌도록 한다.

③ 회사와 연관성이 있는 취미를 예로 들어 답변함으로써 그 의미성을 강조한다.

④ 지원한 직무와 연관성 있는 취미를 예로 들어 그 의미성을 강조한다.

면접에서 취미를 묻는 질문은 그다지 중요하지 않은 지엽적인 질문처럼 포장되어 있다. 입사를 해서 맡게 될 업무와 그다지 큰 상관관계가 있다고 느껴지지 않기 때문이다.

하지만 지원자의 인성과 적성을 판단하고자 하는 관점에서, 또 지원자의 숨겨진 내면을 관찰하기 위한 좋은 질문거리 중 하나가 되기도 한다. 그래서 이런 질문에 좋은 답변을 내놓음으로써 면접관의 신뢰를 얻고 면접 평가서에 합격 도장을 찍을 수 있는 질문이 되기도 한다.

이 질문의 본질은 지원자가 삶에 대한 태도와 사명감을 넘어서 인생을 살아감에 있어 어느 정도 여유와 감성적 자양분을 가지고 있는지를 묻는 것이다. 단순히 일을 위해 태어난 호모 로퀴엔스Homo Loquens인지,

인간관계 중심의 호모 다이펜지엔Homo Dependens인지 아니면 진정 삶의 여유와 그 의미를 찾는 호모 티엔큐로Homo Tenquro인지를 묻는 것이다. 그래서 대충 가볍게 질문하는 것 같지만 면접관이 아주 신중하게 듣는 질문이기도 하다.

① 평소 즐기는 취미를 편안하고 부담 없이 말한다.

지원자의 진솔한 모습을 기대하는 면접관에게 긍정적인 평가를 받을 수 있지 않을까 하는 생각에 처음부터 자연스럽게 답변하는 경향이 있다. 그렇지만 평소 즐기는 취미에는 그저 그런 평범함이 묻어 있는 터이므로 면접관이 원하는 직무와의 연관성이 없는 무의미한 답변이 될 우려도 있다.

취미를 묻는 질문의 본질은 지원자의 인성과 적성, 기질, 성품이 회사와 어떤 정서적인 공감대를 맺어갈 수 있으며, 그 공감대를 통해 끈끈한 유대관계를 형성함으로써 함께 근무하게 될 회사의 구성원들 혹은 대면하게 될 다양한 고객들과 어떻게 상호관계를 맺어갈 수 있을지 보고자 하는 것이다.

면접관이 공연히 시간이 남아서 취미에 관한 질문을 하는 것이 아니라는 사실을 이해한다면 평소 즐기는 직무 연관성이 먼 취미는 면접을 마치고 집에 갈 때 혼자 조용히 즐기면 좋을 법한 신변잡기적인 요소로 생각해야 한다. 따라서 답변을 하는 와중에 평소에 즐기는 취미가 입사 후 업무를 수행할 때 별다른 관계가 없는 것이라고 느껴진다면, 자신의 답변을 듣는 면접관의 시선을 유심히 보도록 하자. 지원자의 답변에 주목하면서 깊은 관심을 보인다면, 합격에 가까워지는 답변을 하고 있는 것이다.

**② 평소의 취미를 말하기보다 남다르고 특이한 취미로 답변해 이목을 끌도록
한다.**

다른 사람과 차별화되는 독특한 취미는 면접관에게 보여줄 수 있는,
일종의 경쟁력을 구성하는 하나의 도구가 될 수 있다. 다른 사람들이 취
미로 꺼내지 않는 아이템들을 취미에 관한 면접 예상문제의 하나로 준
비해 놓으면 나름대로 훌륭한 가치를 선보일 수 있다. 즉 '가성비(cost to
functional effectivenss)'가 뛰어난 답변이 된다는 뜻이다.

면접관이 면접 중에 취하곤 하는 다양한 행동 변화 중에서 시선을 허
공에 두고 무심한 태도를 취하는 경우가 많다. 이것은 대부분 흔하디흔
한, 뻔한 답변을 들을 때 보이는 행동 패턴 중 하나다. 비슷한 답변을 수
도 없이 듣다보니 자신도 모르게 취하게 되는 행동이다.

이럴 때 그 급소를 찌르는 답변이 바로 '남들과 확실히 차별화되는 취
미 답변'이다. 직무나 회사와 특별한 연관성이 없다고 할지라도 지원자
의 특이한 취미가 가지고 있는 상대적인 가치를 놓치지 않아야 한다는
것이다.

면접관의 입장에서 취미에 대한 질문을 통해 파악하고자 하는 경쟁력
있는 지원자의 일면은 다른 지원자들이 가지고 있지 못한 특이한 세계
관을 적용할 수 있는 삶의 영역을 취미 활동을 통해 이루고자 하는 노력
이다. 그런 점에서 특이한 취미를 가지게 된 동기와 그 취미를 통해 얻
게 된 독특한 삶의 가치와 의미를 지원자 자신의 성품이나 현실 생활과
연관 지어 풀어나가면 최고의 취미 답변이 된다.

③ 회사와 연관성이 있는 취미를 예로 들어 답변함으로써 그 의미성을 강조한다.

이와 같은 답변은 우수한 평가를 기대할 수 있을 법한 지원자의 태도이다. 질문의 본질적 의도가 지원자의 개인적인 삶에 관한 관심이 아니라 인간 본연의 모습과 삶의 의미를 어디에 두고 있는지를 묻고 있는 것이라면, 답변 또한 지원자로서의 인생 의미를 찾는 과정이라고 보는 것이다. 그 과정으로서 새로운 직장을 찾기 위해 지원한 회사와의 연관성을 찾고, 취미생활과 부합되게 맞춰가는 전략을 활용해 보는 것이다. 평소에 즐기는 취미나 특이한 취미 활동이 가진 일상성과 비범성을 뛰어넘으려면 구직 과정 또는 직장 취업 과정에서 지원한 직업과 일에 대한 가치를 염두에 두고 그것을 실타래처럼 엮어가면서 하나씩 하나씩 구슬을 꿰듯 엮어가야 한다는 뜻이다.

면접 현장에서는 정해진 짧은 시간 내에 자신의 소신과 역량을 선보여야 한다. 그 짧은 시간 동안 자신의 인성, 적성, 경쟁력을 보여줄 수 있는 결정적인 답변을 내놓지 못하면 그동안 공들여 쌓아온 탑은 무너져 내릴 수밖에 없다.

④ 지원한 직무와 연관성 있는 취미를 예로 들어 그 의미성을 강조한다.

취미와 업무의 연관성을 찾고자 한다면 취업 공고에 나온 직무기술서나 직무명세서, 입사한 후에 해야 할 업무의 범위와 속성, 또 그 일을 통해 얻고자 하는 결과물과 혜택과 같은 것들을 잘 읽어보고 머릿속에 잘 담아두어야 한다. 그 메모리를 잘 활용하여 면접 과정에서 취미와 업무의 특성이 서로 부합되게 논리를 만들어 가도록 해야 하며, 이와 같은 지원자가 면접관이 우선적으로 채용하고자 하는 유형이다.

직무와 연관성을 가지고 있는 취미는 다양하다.

기획과 신규사업 관련 업무에 등산과 바둑, 고객관리와 시장개척 업무에 강의와 커뮤니티 활동, 마케팅과 영업 업무에는 여행과 문화 활동 등등에서 어떠한 관련성을 설명할 수 있다고 하면, 자신의 취미 활동이 업무와 어떤 연관성을 맺고 시너지를 낼 수 있는지 설명하는 식으로 방향 하나만이라도 잘 잡으면 면접관도 지원자의 기본적 품성이나 태도에 대해 이해하고 지지하는 입장으로 돌아서게 된다.

해당 업무를 실제로 담당하고 책임지는 면접관이 면접에 참여해 지원자를 평가할 때는 지원자의 능력에 대해서만이 아니라 직장생활에 대한 의지와 개인적인 신실함을 모두 공유하고자 하는 경향이 있다.

➤ 가장 합격률이 높은 답변

④ 지원한 직무와 연관성 있는 취미를 예로 들어 그 의미성을 강조한다.

☑ 이유

- 면접에서 취미를 묻는 이유는 단순한 개인적 관심사가 아니라 지원자의 성향이 직무와 얼마나 적합한지를 평가하기 위함.
- 단순한 취미보다 직무와 관련된 활동을 강조함으로써 지원자가 업무와 자연스럽게 연결될 수 있는 성향과 역량을 가지고 있음을 보

여줄 수 있음.

- 예를 들어, 분석적 사고가 중요한 직무라면 퍼즐 풀기, 체스, 독서와 같은 취미를, 창의성이 필요한 직무라면 사진 촬영, 글쓰기, 그림 그리기와 같은 취미를 강조하는 것이 좋음.

- 이러한 답변은 면접관에게 지원자가 직무와의 연관성을 고려하고 있으며 본인의 관심사를 직업적 성장으로 연결하려는 태도를 가지고 있다는 인상을 줄 수 있음.

◎ 다른 선택지 분석

① 평소 즐기던 취미를 편안하고 부담 없이 말한다.

- 무난한 답변이지만 차별화가 어렵다. 또한 직무와 연관성이 없다면 면접관에게 강한 인상을 주지 못할 가능성이 크다.

② 평소 취미보다는 특이하고 남다른 취미로 이목을 끌도록 한다.

- 지나치게 독특한 취미(예: 곤충 수집, 암벽 등반)를 말하면 면접관이 흥미롭게 여길 수는 있지만 직무와 관련이 없으면 긍정적 평가로 이어지지 않을 수 있다.

③ 회사와 연관성 있는 취미를 예로 들어 그 의미성을 강조한다.

- 회사와 연관된 취미(예 : 지원한 회사가 IT기업이라면 코딩, 테크, 블로그 운영)도 좋은 전략이지만 직무와의 연관성이 더욱 중요한 요소이므로 ④번이 더 유리하다.

◆ 합격률이 높은 답변 예시

마케팅 직무 지원자 : "저는 평소에 다양한 브랜드의 광고를 분석하는 것을 취미로 하고 있습니다. 새로운 캠페인이 나오면 소비자의 반응을 살펴보고, 효과적인 마케팅 전략을 연구하는 것을 좋아합니다. 이런 관심이 마케팅 업무에서도 창의적인 아이디어를 내는 데 도움이 될 것이라고 생각합니다."

데이터 분석 직무 지원자 : "제 취미는 스포츠 경기의 데이터를 분석하여 승률을 예측해보는 것입니다. 실제로 이를 통해 데이터를 기반으로 의사 결정을 내리는 것이 얼마나 중요한지 경험했습니다. 이런 경험이 데이터 분석 직무에서도 유용하게 활용될 수 있다고 생각합니다."

영업 직무 지원자 : "저는 평소에 다양한 사람들과 네트워킹 하는 것을 좋아합니다. 새로운 사람을 만나고 그들의 관심사를 파악하는 것이 자연스럽게 이루어지는 편인데, 이러한 성향이 고객과의 관계 형성에 큰 도움이 될 것이라고 생각합니다."

▶▶▶ **TIP**

- 취미를 말할 때 "이 취미가 직무 수행에 어떻게 도움이 될 수 있는지" 연결하는 것이 중요하다.
- 단순한 취미 소개보다 이를 통해 얻은 능력, 태도, 경험을 강조하는 것이 좋다.

7. 입사 동기를 묻는 질문에 대한 기본적인 답변 전략은?

① 가능한 회사가 원하는 인재상에 맞추어 답변한다.

② 독특한 지원 이유를 소신껏 밝히며 지원자의 개성을 강하게 표출하도록 한다.

③ 여러 회사에 지원하는 지원자로서 직장 선택에 있어 하나의 과정으로 진솔하게 말한다.

④ 그날 아침의 다른 지원자들의 여러 이야기를 들어본 후 판단한다.

입사동기入社動機는 면접에서 핵심 중 핵심으로 인식되는 질문이다. 면접관으로서도 그렇지만 지원자로서도 무엇보다 중요한 질문이다. 왜냐하면 지원자가 입사하고자 하는 회사나 조직에 '몸을 담겠다.'라고 하는 목적과 비전이 확고할수록 그 직장이 요구하는 성과를 빠르게 거둘 수 있다는 걸 면접관들 역시 잘 알고 있기 때문이다. 따라서 지원자들은 면접관들이 거의 확실하게 입사동기와 관련된 질문을 할 것이라는 점을 인지하고 최소 10번 이상은 미리 다양한 답변 연습을 해 두는 게 필요하다.

하지만 문제는 그럴싸한 답변은 많이 내놓아도 경영진의 가슴을 시원하게 만들어주는 제대로 된 답변은 드물다는 점이다. 즉 면접에 대한 예상문제 탓인지 입사동기를 묻는 이 질문에 대한 답변들은 대부분 여러 지원자들로부터 나왔던 답변이 복사되고 공유되어진 구태의연한 답변들이라는 것이다.

따라서 진정성과 통찰력이 있는 답변을 기대하는 면접관의 질문 의도를 생각해 보고, 최소한 그 기대에 어긋나지 않고자 고민한 흔적을 보여야 한다. 왜냐하면 이 질문의 본질은 단순히 "왜 우리 회사를 지원했는가?" 하는 것이 아니라 지원자가 지금까지 삶의 여정을 걸어오고 있는 가운데 세웠던 인생 계획에 있어 이 '회사가 어떤 의미와 가치를 가지고 있는지?'를 묻는, 다소 심오한 질문이라는 것이다. 즉 면접관이 요구하는 좋은 답변은 바로 직장을 선택하게 된 이유가 아니라 삶의 본질적인 관점에서의 '인생 여정(life plan)'에 대해 답을 해달라는 것이다.

① 가능한 회사가 원하는 인재상에 맞추어 답변한다.

통상적으로 보아 60점 정도의 점수를 받을 답변이다. 인재상은 지원한 회사 홈페이지에 오픈 답안처럼 공개되어 있기 때문에 지원자의 개인적인 신념이나 소신을 회사가 원하는 인재상에 잘 맞춰 표현하기만 하면 그대로 입사지원을 하게 된 동기가 된다. 그래서 대개의 면접관들은 이와 같은 답변을 하는 지원자를 탈락시키지는 않지만 우수한 답변이라고 평가하지도 않는다. 한계선 언저리에 머물러 있는 답변이어서 다소 실망스러운 상황에 놓일 수도 있다.

회사가 원하는 인재상은 성실, 정직, 신뢰와 같은 구태의연한 것들이 많아서 여러 지원자의 입에 자주 회자되는 가치들이다. 물론 창의, 도전, 혁신과 같은 중립적인 가치를 내세우기도 한다. 하지만 그 어떤 것을 고르더라도 면접관을 만족시킬 만한 답변은 어렵다. 면접관은 이런 질문을 통해 지원자의 심층을 들여다보고자 하고, '왜 꼭 우리 회사에 지원을 했는지?'에 대한 궁금증을 해결하고 싶어 하기 때문이다.

그런 측면에서 아무리 미사여구를 동원해 지원한 회사의 인재상에 자신의 신념과 삶의 비전을 맞춰 답변을 하더라도 기껏해야 70점 정도에 머물 수밖에 없다. 인생 여정과 거기에 담긴 의미성을 심지 못하면 60점 이하로 평가점수가 하락할 수 있는 답변이 되기도 한다.

② 독특한 지원 이유를 소신껏 밝히며 지원자의 개성을 강하게 표출하도록 한다.

보편성으로 무장한, '평준화된 인재상에 맞춘 답변'보다는 훨씬 가치 있고 무게감 있는 답변이다. 면접관들은 기대를 가지고 귀를 쫑긋 세우게 된다. '독특하다'는 외적인 답변 특성 하나만으로도 면접을 위해 얼마나 준비했는지를 표현할 수 있다. 더욱이 이 회사에 지원하게 된 특별하고 독특한 이유를 설득력 있게 제시하는 것은 지원자가 갖춰야 할 3가지 필수 요소 중 하나인 경쟁력을 보여줄 수 있기 때문에 더욱 좋은 평가를 받을 수 있다.

또한 남다른 경험을 통해 발휘되는 지원자의 개성은 좋은 평가를 받을 수 있는 바탕이며, 다른 지원자들과는 견줄 수 없는 통찰력이나 성취감을 통해, 아니면 실제 인생 전투에 익숙할 뿐 아니라 앞으로 펼쳐지게 될 전투에서의 의지를 보여줌으로써 남다른 지원자라는 평가를 얻을 수 있다.

이와 같은 입사지원동기에 담겨 있고 채워져 있다면 더할 나위없는 100점짜리 답변이다. 살아 있는, 생동하는 힘이 담겨 있어 그 자체로 합격에 대한 열망과 에너지를 발산하기 때문이다.

단, 남들도 베낄 수 있는 뻔한 스토리, 어디선가 많이 들어본 것 같은 소신이 아니어야 한다. 독창성과 불가연성이 있어야 한다. 베끼면 버려지기 때문이다. 그것이 바로 인생을 설계함에 있어 지원자가 이 회사나 조직을 굳이 선택하게 될 수밖에 없었음을 확실하게 보여줄 수 있는 길임을 기억해야 한다. 그럴 때 면접관은 합격과 불합격에 영향을 미치는 평가자로서가 아니라 동반자 혹은 동료로서의 동질감을 가지고 지원자의 답변을 듣게 된다. 이 답변 전략은 바로 이와 같은 상황을 자연스럽게 연출하게 하는 것이다.

③ 여러 회사에 지원하는 지원자로서 직장 선택을 위한 하나의 과정으로 진솔하게 말한다.

먹고사는 일처럼 인생을 의미 있게 또는 담담한 시선으로 바라보게 만드는 생존필살기도 드물다. 그런데 지원자가 먹고살기 위해 이 회사에 지원했다는 말을 차마 입에 담지 못하는 것은 그 답변이 너무 통속적이고 비극적으로 들리기 때문이다. 그래서 인재상이라는 거창한 화두를 꺼내거나 남다른 경험을 토대로 삼아서 입사동기에 담아 답변하는 것이다.

솔직하게 말하자면 인생을 살아가기 위해서는 직업이 필요하고, 먹고살기 위한 최선의 선택으로써 면접에 지원하는 것은 당당한 입사동기로서 당연히 필요충분조건 중 하나인 셈이다. 그래서 면접관의 입장에서 본다면 이와 같은 지원자의 답변은 나쁘지 않다. 솔직하게 자신의 의도를 보여줌으로써 진정성으로 승부를 거는 전략이다.

하지만 다른 여러 회사에 지원한 상황을 '이실직고'하는 것이 면접관들의 심기를 불편하게 만들 수도 있다는 점에서 주의해야 한다.

④ 그날 아침의 다른 지원자들의 여러 이야기를 들어본 후 판단한다.

　지원동기에 대한 답변을 독자적으로 만들지 못한 경우, 비상시에 취할 수 있는 조치 중의 하나로서 이와 같은 전략이 좋은 무기가 될 수 있을까? 답은 충분히 가능하다고 할 수 있다.

　면접관은 하루에도 100가지 이상의 입사지원동기를 듣는다. 홍수처럼 흘러 넘치는 온갖 지원동기를 듣다 보면 소화불량에 걸릴 지경이다. 그런 상황에서 101번 째 지원자의 뻔한 입사지원동기가 그다지 심금을 울리지 못하리라는 것은 안 봐도 비디오다.

　이때 다른 지원자들이 언급한 입사지원동기들을 잘 귀담아 들었다가 거기에서 필요한 융합적인 요소들을 가져와 자신만의 기지와 위트를 곁들여 맛있는 제3의 퓨전 요리를 개발해 내는 전략을 사용해 보는 것이다. 면접관은 아마도 지원자의 독창성에 눈을 크게 뜨고 유심히 지원자 입술과 떨리는 심장박동을 느끼고자 할 것이다.

　문제는 이런 융합 기술이 모방과 짬뽕의 기법이 혼용된 수준에 머물지 않도록 해야 한다는 점이다. 여기저기서 베껴온 것들을 통해 답변하면 '형식은 좋은데, 내용이 부실하여' 개성 없이 들이대는, 무모한 '들이대' 지원자로 해석되기 쉽기 때문이다.

▶ 가장 합격률이 높은 답변

① 되도록 회사가 원하는 인재상에 맞추어 답변한다.

☑ 이유

① **기업이 원하는 인재상과 지원자의 강점을 연결하는 것이 중요하다.**

- 면접관은 단순한 지원동기가 아니라 지원자의 강점이 회사에 어떻게 기여할 수 있는지를 듣고 싶어 한다.
- 따라서 회사의 핵심 가치, 비전, 인재상과 연결된 답변을 하면 더 강한 인상을 줄 수 있다.

② **면접관이 원하는 답변을 제공하여 합격 가능성을 높인다.**

- 기업마다 원하는 인재상이 다르므로, 면접 전에 회사 웹사이트, 채용공고, 기업문화를 조사하여 답변을 준비해야 한다.
- 예를 들어, 창의성과 혁신을 강조하는 기업이라면 "저는 새로운 아이디어를 내고 도전하는 일을 즐깁니다." 같은 답변이 효과적이다.

③ **회사에 대한 관심과 준비성을 보여줄 수 있다.**

- 지원자가 '단순한 취업 목적이 아니라 해당 회사에 대해 깊이 이해하고 지원했다'는 인상을 주면 더욱 긍정적인 평가를 받을 수 있다.
- 특히 경쟁률이 높은 회사일수록 단순한 개인적 동기보다는 기업과의 '핏fit'을 강조하는 것이 유리하다.

☛ 모범 답변 예시

"○○○기업이 가진 혁신적인 기업문화와 성장 가능성에 매력을 느꼈습니다. 특히 [기업의 핵심 가치 또는 최근 프로젝트]를 보며, 제 경험과 역량을 발휘할 수 있는 최적의 환경이라고 생각했습니다. 저는 [본인의 강점]을 바탕으로 이 회사에서 [기여할 부분]을 실현하고 싶습니다."

▶ 왜 효과적인가?

- 회사의 핵심가치 & 인재상과 연결하여 답변.
- 지원자의 강점을 강조하면서도 회사에 기여할 부분을 구체적으로 설명.
- 진정성을 담으면서도 전략적으로 답변하여 차별화 가능.

➤ 피해야 할 답변

- 독특한 지원 이유로 개성을 강조 → 너무 개성이 강하면 면접관에게 지원자가 조직문화에 적응하기 어려울 것이라는 인상을 줄 수 있다.
- 다른 회사와 함께 고려하는 솔직한 답변 → 진솔한 답변이라도 회사에 대한 관심과 열정이 부족해 보일 수 있다.
- 다른 지원자의 의견을 참고한 후 판단 → 준비가 부족한 지원자로 보일 가능성이 크다.

❶ 결론

'회사의 인재상+본인의 강점+회사에 기여할 부분'을 조화롭게 구성해 답변하면 합격 가능성이 높아진다!

8. 인생에서 가장 어려운 일은 무엇이었는지 묻는 질문에 대한 답변은?

① 공부나 다른 과정에서의 육체적으로 어려웠던 일에 대해 답변한다.

② 심리적으로 어려웠던 일들 중에서 골라 답변한다.

③ 가정이나 가족들 사이에서 일어난 일들 중에서 골라 답변한다.

④ 해외연수나 동아리, 인턴과 같은 특정한 조직과 연관된 일들 중에서 말한다.

지원자가 어떤 삶을 살아왔는지, 어떤 역경을 겪고 극복하며 살아왔는지, 단도직입적인 질문을 통해 파악하는 것은 무리다. 상황도 다르고 시간도 부족하다. 기술적으로도 제약이 있다. 그럼에도 지원자가 어떤 사람인지 어느 정도는 파악해 평가해야 하는 것이 면접관이고, 그래서 이런 질문을 하게 된다.

사실 지원자의 학력, 어학능력, 경험, 스펙과 같은 자질 문제는 이미 제출된 서류로 어느 정도 정리된 상태에서 면접이 진행되게 마련이다. (경력사원의 경우에는 지원자가 가지고 있는 전문적 능력을 파악해야 하는 등 관점이 달라서 여기서는 다룰 문제가 아니다.) 즉 면접을 통해 확인하고자 하는 점은 지원자의 인성과 적성, 성품, 대인관계, 적응 여부가 중요하다.

그 리트머스로 활용되는 것이 이런 질문이다. 즉 스펙이 낮은 지원자(학점, 어학, 자격증 등)라고 하더라도 이 질문만 잘 활용해 대응한다면 좋은 평가를 받는 계기가 될 수 있다. 잘하면 본전인 질문이 아니라 기사회생할 수 있는 질문인 것이다.

① 공부나 다른 과정에서의 육체적으로 어려웠던 일에 대해 답변한다.

학생 신분인 지원자라면 이와 같은 답변을 할 수도 있다. 당연히 공부를 하는 시간은 힘들다. 아마 면접관도 공감을 할 것이다. 다만, 이와 같은 답변이 면접관으로부터 공감을 얻기 위해서는 공부를 하는 과정에 있어서의 특별한 육체적, 물리적 어려움을 극복하면서 어떻게 정신적으로 성장할 수 있었는지 설득할 수 있어야 한다.

하지만 실제로 면접관이 기대하는 '인생에 있어 진정한 의미와 삶의 진정성을 깨닫고 발견할 수 있었던' 시간으로서의 가능성을 보여주는 답변은 드물다. 그럼에도 면접 현장에서 이런 답변을 하는 지원자가 절반이 넘는다는 데 문제가 있다.

② 심리적으로 어려웠던 일들 중에서 골라 답변한다.

새로운 조직에 얼마나 잘 동화돼 기존 조직원들과 공감대를 잘 형성해 갈 수 있을지에 대한 질문은 정서적 차원의 질문이다. 면접관들이 하는 모든 질문의 심층에는 지원자가 조직에 들어 왔을 때 기존의 조직원들과 얼마나 잘 어울리고 시너지를 낼 것인지에 있다고 할 수 있다. 따라서 이와 같은 면접관의 기본적인 사고를 이해한다면 지원자의 답변 역시 거기에서부터 출발해야 한다.

예를 들어, 대인관계에서의 문제와 해결, 재정적인 상황에서의 심리적 문제와 그 해결, 건강 유지에 대한 어려움 등을 스스로 어떻게 해결해 나가는지와 같은 것들을 잘 설명하면 실질적이고 현실적인 신뢰감을 최대한 높이는 답변이 된다. 물론 학업의 과정에서 어려움도 있기는 하지만 그래도 그와 같은 환경을 둘러싸고 있는 심리적, 정서적 어려움을 극복해온 과정을 통해 성장할 수 있는 계기를 만든 '인생 스토리'를 들려주는 것이다.

이를 통해 입사해서 함께 일해야 할 구성원들과 조화를 이루며 녹아드는 '조직의 구성원'이 될 수 있다는 확신을 심어주는 답변으로 무장하면 합격할 수 있는 좋은 평가를 받게 된다. 단, 교과서적 이론이나 인위적 논리로 만들어진 해결 방법은 오히려 면접관의 불신을 불러일으킬 수 있으므로 너무 과장되지 않도록 해야 한다.

③ 가정이나 가족들 사이에서 일어난 일들 중에서 골라 답변한다.

대인관계 특히, 가족들과의 관계 속에서 생성되는 미묘한 개인적인 상황 속에서 생겨난 어려움에 대해 토로하는 것은 지원자 개인의 프라이버시적인 단면을 솔직하게 드러내는 것이며 의외로 좋은 답변 전략으로 사용되기도 한다. 즉 가까운 가족들 간에 발생하는 대인관계의 어려움은 상사, 동료, 부하직원, 외부 협력사 등 직장생활 가운데 생겨나는 갈등을 해결해 나갈 수 있는지를 보여주는 잣대가 될 수 있다.

따라서 그와 같은 어려움을 해결해온 과정을 통해 지원자와 면접관 사이에서 공감대가 만들어지고 이를 통해 면접관이 요구하는, 인생에 있어서의 가장 어려울 수도 있는 문제에 대한 해결의 실마리를 제공해주는 장점이 있다고도 할 수 있다. '가까운 예가 살아 있는 예'라는 뜻이다. 즉 이를 잘 응용하면 어려운 면접 문제도 가까운 환경 속에서 실제 경험한 사례를 찾음으로써 면접관이 가지고 있는 비슷한 경험을 이용해 친밀도를 높여 쉽게 면접이 풀리는 계기가 되기도 한다.

④ 해외연수나 동아리, 인턴과 같은 특정한 조직과 연관된 일들 중에서 말한다.

지원자가 경험한 어려움은 학업 자체보다 그 이외의 활동 과정에서 지존감과 자아와의 갈등 관계로 인한 요인으로부터 발생하기도 한다. 즉 좋은 학점을 받기 위한 노력보다 학업 이외의 활동에서 어려움에 봉착하는 경우가 많다. 이런 점에서 면접관은 이와 같은 문제에 어떤 영향을 받았고, 어떻게 극복했는지 묻고 있다고 할 수 있다. 지원자가 면접관의 이와 같은 질문 의도를 이해하고 있다면, 동아리 활동, 과외 활동, 프로젝트, 연구 행사, 종교 활동, 사회적 활동 등과 같은 특정한 활동에서 겪었던 어려움을 직무와 연관 지어 설명한다면 150점짜리 정답이라 할 수 있다.

이것이 바로 면접관이 기대하는 회사와 직무 그리고 개인을 묶는 삼위일체 요소(trinity factor)를 망라한 종합적인 고난 극복의 개인 히스토리가 되는 셈이다. 단순히 학업 활동, 개인의 가정사, 동료들과의 지엽적인 문제에 대한 해결이 아니라 종합적인 견지에서 문제의 핵심과 뿌리를 보고 있는지에 대한 좋은 모범답안이 될 수 있다는 장점이 있다.

중요한 것은 실제 이런 면접 상황에서의 답변에 익숙하도록 기승전결의 논리를 잘 확보해 놓는 것이 중요하고, 그 논리성을 잘 다듬어 뒤죽박죽 또는 좌충우돌하지 않는 것이 최선의 답변이다.

➤ 가장 합격률이 높은 답변

④ 해외연수나 동아리, 인턴과 같은 특정한 조직과 연관된 일들 중에서 말한다.

☑ 이유

① 실제 직무 역량과 연결할 수 있다.

- 면접관은 단순히 어려운 경험이 아니라 그 시련을 어떻게 극복했는지, 그리고 그 과정에서 배운 점이 회사에서 어떻게 활용될 수 있는지를 알고 싶어 한다.

- 해외연수, 동아리, 인턴 경험에서 조직 내의 협업, 문제 해결, 리더십, 도전정신과 같은 중요한 직무 역량을 보여줄 수 있는 기회가 된다.

② 성장 과정과 문제 해결 능력을 강조 가능

- 단순히 "힘들었다"는 이야기가 아니라 어떤 어려움을 겪었고, 그 어려움을 해결하기 위해 어떤 노력을 했으며, 그 결과 무엇을 배웠는지 논리적으로 설명할 수 있어야 한다.

- 예를 들어, "인턴 과정에서 처음 맡은 프로젝트가 예상보다 어려웠지만 데이터를 분석하고 협력하며 해결해 나갔다." 같은 답변은 면접관이 긍정적으로 평가할 가능성이 크다.

③ 직무와 관련된 경험을 강조하여 '적합한 인재'라는 인상을 줄 수 있다.

- 회사는 실제 업무 환경에서 문제를 해결할 수 있는 사람을 원한다.

- 따라서 가정이나 개인적인 문제, 혹은 심리적 어려움보다는 직장 환경과 유사한 조직(해외연수, 동아리, 인턴)에서의 어려움을 이야기하는 것이 더 유리하다.

"인턴십을 했을 때, 처음 맡은 프로젝트가 예상보다 어려워 큰 부담을 느꼈습니다. 특히 데이터 분석 경험이 부족해 초반에 시행착오가 많았는데, 이를 극복하기 위해 관련 자료를 찾아 공부하고, 선배들에게 조언을 구하며 문제를 해결해 나갔습니다. 결국 프로젝트를 성공적으로 마무리할 수 있었고, 이 과정에서 어려운 문제를 해결하는 능력과 협업의 중요성을 배울 수 있었습니다."

▶ 왜 효과적인가?

- 단순히 어려움을 겪었다는 이야기가 아니라 극복 과정과 그를 통해 배운 점을 포함함.
- 실제 직무와 연결되는 경험을 강조.
- 성장 가능성을 보여주면서 면접관이 지원자의 업무 역량을 쉽게 판단할 수 있도록 유도.

➤ 피해야 할 답변

- 육체적인 어려움 → 체력적인 문제보다는 문제 해결 능력을 보여주는 것이 더 중요하다.
- 심리적 어려움 → 지나치게 개인적인 이야기(예: 스트레스, 우울증 등)는 면접관이 직무 수행과 연결하기 어려울 수 있다.
- 가정이나 가족 문제 → 너무 개인적인 이야기로 흐를 경우, 업무와 관련된 역량을 평가하는 데 도움이 되지 않는다.

❶ 결론

직장과 유사한 환경(인턴, 해외연수, 동아리)에서 어려움을 겪고 이를 극복한 사례를 논리적으로 설명하는 것이 가장 효과적인 답변!

---

9. 리더로서 활동할 때 가장 보람이 있었던 일은 무엇이었는지 묻는 질문에 대한 답변은?

① 리더의 지시를 일사불란하게 수행하는 팀원들을 볼 때

② 어려움을 극복하고 문제를 해결해 나갔을 때

③ 팀원들이 각자의 성장을 위해 노력하는 모습을 볼 때

④ 리더로서의 새로운 가능성을 보았을 때

리더십에 관한 질문은 회사의 임원을 뽑거나 중간관리자를 뽑거나 신입사원을 뽑거나 간에 가리지 않고 100퍼센트 나오는 질문 중 하나라고 할 수 있다. 지원자가 지니고 있는 조직 관리자로서의 경험과 수행 능력을 확인하고 싶기 때문이다.

그래서 뛰어난 면접관은 이런 식의 질문은 하지 않는다.

"리더십이 뭐라고 생각하십니까?" 또는 "리더는 어떤 자질을 갖추고 있어야 한다고 보십니까?" "본인이 좋은 리더라고 믿으십니까?"

이와 같은 어리숙한 질문으로 지원자들의 헛웃음을 유발시키지 않는다는 뜻이다.

이런 질문들은 리더십을 말하는 교과서를 보면 얼마든지 나와 있어서 성공과 실패의 온갖 실례들을 외워서 답변할 수 있기 때문이다. 더군다나 이런 질문들은 『리더십 101』과 같은 책에 얼마든지 나오는 이론적이고 교과서적인 논리이기 때문에, 면접관들은 지원자들이 '직접' 리더로서 역할을 수행할 때의 상황을 듣고 확인하며 그 자질을 검증하고자 한다.

이 질문의 본질은 지원자가 삶을 대하는 자신만의 진지한 자세를 통해서, 자신이 '어떤 사람'이며 '어떤 유형의 지도자'인지를 정중히 묻는 것이다. 지원자 스스로 이런 질문에 대해 답을 해보지 않은 경우, 남들의 이야기나 타인의 사례를 자기 것인 양 말하는 경우가 많고, 이에 답답함을 느낀 면접관이라면 지원자 본인의 삶을 드러내 보라고 하면서 실제 사례를 요구하는 이유가 거기에 있다.

① 리더의 지시를 일사불란하게 수행하는 팀원들을 볼 때

리더십을 실제로 실행해 본 지원자의 모습에서 조직 구성원들에 대한 역할 수행과 그 결과를 보고자 하는 면접관의 기본적인 심리를 자극하는 답변이다. 이로써 지원자가 가지고 있는 조직관리의 기초라고 할 수 있는 조직원의 관리가 얼마나 중요한지, 그리고 이를 통해 조직의 목표를 얼마나 잘 이룩하였는지를 검증하고자 하는 면접관의 요구에 대응하고자 하는 답변이다.

논리적인 결함이 없다면 90점 정도의 좋은 결과를 얻을 수 있다. 리더십의 50퍼센트 이상이 사람과 조직 운영을 통해 목표를 달성하는 것이라는 관점에서, 일사불란한 조직관리를 경험한 리더는 그만큼의 리더십 역량을 확보한 셈이 된다.

문제는 조직 구성원들과의 불화나 역량이 부족한 조직 구성원들을 어떻게 다루었는지에 대한 질문이 뒤따를 경우, 답변을 이어가지 못한다면 아마 면접관의 실망어린 눈길을 보게 될 수 있다. 왜냐하면 실제 리더로서의 경험이 없는 교과서적인 답변만 하였을 뿐임을 인정한 것이기 때문이다.

② 어려움을 극복하고 문제를 해결해 나갔을 때

조직의 리더로서 조직의 문제를 해결했던 경험 사례가 힘을 얻을 수 있는 이유는 면접관들이 채용을 결정할 수 있는 실질적 증거자료가 거기서 나오기 때문이다.

리더로서 다양한 문제의 해결책을 찾아내고 조직원들을 이끌어 문제를 풀어나가는 리더십은 지원자의 능력을 증명하는 매우 중요한 자질이다. 또한 "고난이 리더를 만든다."라는 관점에서 어려움을 극복하고 문제를 해결했던 지원자의 경험을 바탕으로 한 답변은 고득점을 담보하는 면접 전략이라고 할 수 있다. 그리고 이와 같은 답변을 통해서 면접관이 지원자의 답변 상황에 공감하고, 이를 '회사의 어려운 상황에 내재화(Instituinilaize)시킬 수 있다'는 구체적이고 실질적인 확신을 갖게 된다면 더할 나위 없이 고득점을 올릴 수 있다.

위기 극복이 리더가 지녀야 할 대표적인 자질인 만큼 지원자가 리더로서 조직 앞에 놓인 상황에 효과적으로 대응해 문제를 해결하고 난관을 극복했던 경험을 가지고 있다면 누구보다도 좋은 평가를 받을 수 있다. 리더로서의 자질을 충분히 발휘해 난관을 극복하는 리더의 유형이라는 점을 강조하면 강력하게 어필할 수 있게 된다.

단, 리더십 역량 부족이나 난관에 대한 해결 경험이 없으면서 타인의 사례를 가져와 답변하는 것은 치명적인 실수가 된다.

③ 팀원들이 각자의 성장을 위해 노력하는 모습을 볼 때

리더로서 팀원들을 소중하게 생각하면서 자신과 팀원이 함께 성공하는 것을 중요한 리더십 목표로 삼고 있는 지원자는, 분명 인간을 중심에 놓고 있는 리더일 것이다. 하지만 이것은 '양날의 검'과도 같은 리더이다. 면접관들 역시 우수한 성과를 올리면서도 인간 중심의 리더십으로 조직을 잘 관리하는 탁월한 리더에 대한 다양한 경험을 가지고 있는 경험이 많아서, "팀원들이 각자 성장을 위해 노력하는 모습을 볼 때 가장 보람이 있었다."라고 답변하는 지원자의 말에 고개를 끄덕이며 동의하는 면접관들의 모습을 가끔 보기도 한다.

특히, 팀원들의 성장과 능력 계발에 깊은 관심을 기울이는 리더가 실패하는 사례를 본 적이 없는 면접관이라면 이와 같은 지원자의 답변 신뢰성에 1퍼센트의 의심도 하지 않게 된다. 또 이런 리더십 자질을 가지고 있는 지원자는 조직에 대한 팀원들의 충성과 노력을 끌어내 조직에서의 리더십을 더 견고히 하리라고 믿게 된다. 그 견고한 리더십의 수성 전략이 바로 팀원들의 육성에 과심을 가지고 보람을 느낀다는 지원자의 답변은 최고의 인덕을 겸비한 리더 후보생으로서 인정을 받고 후한 평가를 받게 된다. 거기에 입사하게 될 회사의 특성에 대해 잘 이해하고 수행해야 할 직무와 업무가 어떤 것인지 잘 이해하고 있다면, 그 지원자는 다음 질문에 신경을 쓰지 않아도 된다. 즉 합격이라는 뜻이다.

④ 리더로서의 새로운 가능성을 보았을 때

면접 상황이든 실제 입사 후 근무 상황이든 지원자로서 조직의 흐름에서 놓치지 않아야 할 것이 있다면, 조직의 현재 상태와 새로운 변화 가능성을 보는 것이다. 특히나 면접장에서는 면접관의 매서운 눈초리에 잔뜩 긴장하기 마련이지만 그럼에도 입사를 원하는 회사의 성장 가능성에 대한 지원자로서의 견문과 경륜을 어느 정도 보여줄 필요가 있다. 그것이 바로 리더로서의 새로운 가능성에 대한 조직관을 보여주는 전략이다.

물론 학생이라는 신분 상 짧은 경험을 가질 수밖에 없고, 따라서 그에 대한 견문과 경륜을 얼마나 보여줄 수 있을지에 대해서는 회의를 품을 수 있을지라도 미래의 리더로서 긍정적인 모습을 그려낼 수는 있어야 한다. 이를 통해 다른 지원자가 보여주지 못하는 새로운 창의적 관점으로 어필할 수 있어야 하며, 이로써 면접이라는 제한된 조건일지라도 지원자의 역량과 미래의 가능성을 십분 보여주는 것이 최고의 답변 기법이 된다. 단, 너무 허구적이거나 비현실적인 뜬구름을 잡는 스토리가 되어서는 안 된다.

▶ 가장 합격률이 높은 답변

③ 팀원들이 각자의 성장을 위해 노력하는 모습을 볼 때

☑ 이유

① 리더십의 핵심은 '사람을 성장시키는 것.'

- 많은 기업은 단순히 지시하고 성과를 내는 리더보다 팀원들의 성장을 이끌어내는 리더를 선호한다.

- 팀원들이 적극적으로 배우고 성장하는 모습을 볼 때 가장 보람을 느꼈다고 하면, 조직 전체의 발전을 위해 헌신하는 리더라는 인상을 줄 수 있다.

② 장기적인 관점에서 팀워크와 협업 강조 가능

- 기업은 단기적인 목표 달성도 중요하지만 팀 전체의 역량을 향상시키고 지속적인 성과를 내는 리더를 원한다.

- 팀원들의 성장 과정을 지켜보며 동기부여를 제공하는 것은 장기적인 조직 발전에 기여할 수 있는 리더의 자질을 보여준다.

③ 리더십의 본질을 보여주는 답변

- "팀원들이 성장하는 것을 지켜보는 것이 보람 있다"는 답변은 지원자가 단순한 관리자가 아닌 진정한 리더로서의 자질을 갖추고 있다는 것을 시사한다.

- 이는 단순한 목표 달성을 넘어서 팀원들의 발전과 성취에 관심을 갖는 리더의 태도를 드러낼 수 있다.

☞ 모범 답변 예시

"팀 프로젝트를 이끌 때, 처음에는 팀원들이 어려움을 많이 겪었습니다. 하지만 점차 각자의 역할에 대한 이해가 깊어지고, 스스로 배우려는 노력이 늘어나는 모습을 보면서 큰 보람을 느꼈습니다. 특히, 한 팀원의 경우 처음엔 주어진 업무에 자신이 없어 했지만 제 조언과 팀원들로부터 피드백을 받으며 성장하는 모습을 보였고, 결국 프로젝트에서 중요한 역할을 해내는 성과를 얻기도 했습니다. 이 경험을 통해 리더의 역할은 단순한 목표 달성이 아니라 팀원들이 성장할 수 있도록 돕는 것이라는 점을 깨달았습니다.”

▶ 왜 효과적인가?

- 구체적인 사례를 통해 리더십 경험을 강조.
- 팀원의 성장 과정과 리더로서의 역할을 연결.
- 단순한 성과 중심이 아니라 사람 중심의 리더십을 보여줌.

▶ 피해야 할 답변

- 리더의 지시를 잘 수행하는 팀원들 → 너무 권위적인 리더십으로 보일 가능성이 크다.
- 문제 해결만 강조 → 문제 해결 능력은 중요하지만 리더십의 핵심은 팀원들과의 협업과 성장이다.
- 자신의 가능성을 발견한 순간 → 본인의 발전보다는 팀원들의 성장과 성과를 중시하는 태도가 더 긍정적으로 평가된다.

ⓞ 결론

리더십의 핵심은 '팀원들의 성장'이라는 점을 강조하는 답변이 가장 합격률이 높다!

10. 지원하는 직종에 대해 얼마나 알고 있는지 묻는 질문에 대한 답변은?

① 업계의 상황에 대한 전문적인 지식에 대해 정통한 면을 보여준다.

② 경쟁사에 대한 내용을 조사하여 상호 비교하는 면을 보여준다.

③ 지원하는 직종 분야에 근무하는 사람들의 실제 영업하는 현황을 리얼하게 보여준다.

④ 지원하는 회사 CEO의 경영방침과 같은 것을 구체적인 예로 설명한다.

면접관으로서 지원자의 이력서와 입사지원서를 보며 찾고자 하는 것은 지원자가 입사해서 수행해야 할 직종에 대해 얼마나 조사하고 연구했는지, 또 해당 업종에 대해 얼마나 폭넓게 직간접적으로 경험을 했는지의 여부다. 이것은 면접관으로서 업종과 직무에 적합한 좋은 지원자를 빨리 찾아낼수록 면접이 수월하게 진행된다는 것을 오랜 경험을 통해 알고 있기 때문이다.

성격과 인성이 좋고 인품이 훌륭한 지원자라고 하더라도 눈앞에 보일 때의 '현혹효과'를 제거할 수 있는 가장 좋은 질문으로 지원하는 직종이나 업무에 얼마나 준비되어 있는지를 반드시 물어보게 되어 있다. 그래서 면접관의 첫 질문이 직무에 대해 자세히 물어보는 것이라면, 답변을 하기가 까다롭기는 하지만 합격 가능성이 높은 결정적인 질문이 된다는 점을 기억해야 한다. 그래서 자기소개보다 더 중요한 질문이 바로 "지원하는 직종에 대해 얼마나 알고 있느냐?"라는 질문이고, 이 질문에 막힘 없이 답변을 할 수 있다면 그만큼 합격의 관문에 가까이 다가와 있는 것이라 할 수 있다.

① 업계의 상황에 대한 전문적인 지식에 대해 정통한 면을 보여준다.

지원하는 업종이나 업계에 대해 훤한 정보를 가지고 있다면 다른 무엇보다도 신뢰감을 얻어낼 수 있다는 장점이 있다. 그 정보를 바탕으로 일을 해 나갈 때 효과적이고 종합적인 의사결정을 할 수 있기 때문이다. 그래서 전문적인 업무 지식과 정보, 그리고 주변 시장 상황을 언급하며 답변하는 지원자는 불합격 가능성이 상당히 낮아지는 효과가 있다.

신문이나 언론매체를 통해 전해들은 이야기라고 하더라도 그 내용과 품질에 따라 면접 담당자의 귀에는 현실적으로 유의미한 정보로 들리기 때문이다. 전문적인 전공 지식을 통해 어필하는 것도 나쁘지 않지만 현실적인 업계의 정보를 통해 입사 후 업무를 수행할 준비가 되어 있는 지원자라는 사실을 어필하는 것이 매우 중요한 면접 준비다. 그런 가시적이고 명확한 근거를 내놓는다는 점에서, 면접관은 상식적인 선에서 좋은 점수를 줄 수밖에 없다.

지원하는 직종의 특성에 따라 정보가 제한되어 있어 통상적인 정보만 파악하고 있는 경우라고 할지라도 면접관에게는 정보의 양보다는 정보를 파악하고자 한 노력과 열정에 좋은 평가를 하게 되고, 내심 입사 후의 성과를 기대하게 된다. 그런 상호간의 연계 고리가 입사 전과 입사 후의 두터운 신뢰의 벽을 만들어낼 수 있는 기회를 제공해 주는 것이라

보면 된다.

② 경쟁사에 대한 내용을 조사하여 상호 비교하는 면을 보여준다.

업계에 대한 정보는 입사하는 회사에 대한 주관적이고 일반적인 정보 성격으로서 객관성이 결여될 가능성이 있다. 이와 같은 점을 인지하면서, 경쟁사 또는 동종업계의 사업정보와 신선한 전략에 대한 답변은 좋은 면접 전략 중 하나다. 즉 경쟁사가 어떤 사업 영역에서 새로운 제품과 서비스로 경쟁하고 있는지, 또 어떤 변화된 경영 상황이 예상되며 그에 따른 동종업계 또는 경쟁업계가 어떤 방향으로 나아가고 있는지를 상세하게 보여주는 것이 주관적인, 우물 안 개구리와 같은 지원 회사에 대한 정보 제공보다 훨씬 더 가치 있는 답변이 될 때가 많다. 즉 지원하는 회사에 대한 정보를 언급하는 것보다 동종업계와 경쟁업체에 대한 정보를 언급함으로써 한층 더 해당업계에 대하여 잘 이해하고 있음을 강하게 어필할 수 있다. 면접관은 이와 같은 지원자의 답변을 통해서 지원자가 해당 업무에 대해 잘 파악하고 있을 뿐 아니라 시장 상황과 환경에 대한 충분한 정보를 가지고 있음을 파악할 수 있고, 신뢰를 갖게 된다.

일종의 주관적인 정보에 대비되는 객관적인 정보를 제공함으로써 현혹효과를 유발게 하는 전략을 사용하는 것이다.

③ 지원하는 직종 분야에 근무하는 사람들의 실제 영업하는 현황을 리얼하게 보여준다.

모든 사업 환경의 기본적인 구성 요소 중에서 가장 우선하는 것은 '사람과 돈의 흐름'이다. 그런 관점에서 해당업계와 회사에 대한 정보를 통해 제공하는 일차원적이고 평면적인 수준에서의 정보 제공과 답변에서 한걸음 더 나아가 그 업종에서 실제로 근무하는 사람들과 직원, 고객이 어떻게 그 사업을 기반으로 움직이는지, 어떻게 상호작용이 영위되는지를 생태적 환경 측면에 답변하는 것이다. 이 기법은 많은 면접관들이 우수한 답변 전략이라고 조언하는 전략이기도 하다.

어떤 직종에 근무하는 사람들이 어떤 업무 역량과 전문성을 가지고 있는지, 또 그들의 구직과 직장에서의 변화 관리는 어떻게 하고 있는지, 인력의 방향과 향방이 어디로 가고 있는지 등등 사람과 관련된 정보의 제공은 그 누구도 따라올 수 없는 좋은 차별적 평가 요소가 된다.

그렇게 함으로써 면접관은 "사람 중심의 기업에 아주 중요한 핵심적인 요소를 이 지원자가 꿰뚫고 있구나."라고 하는 신뢰성을 가질 수 있게 된다. 대체로 면접관들은 지원자의 답변에서 사람과 관련된 인적 구성요소나 친화적인 내용이 들어가면 대체로 좋은 평가를 내리는 경향이 있고, 좋은 평가 결과가 나오기 마련이다.

④ 지원하는 회사 CEO의 경영 방침과 같은 것을 구체적인 예로 설명한다.

면접관이 누구인지에 따라 답변 가치에 대한 평가를 달리 받을 수 있다는 것도 지원자가 누릴 수 있는 유리한 권리이자 기교라고 할 수 있다. 사실 최고경영자만이 가질 수 있은 사업적인 성찰과 선견지명에 대한 경영방침은 면접관들조차 이해하기 어려운 선험적이고 직관적인 것이 많다.

그런데, 지원자가 이를 잘 이해하고 오히려 면접관들보다 더 깊은 깨달음과 소신이 담긴 관점을 피력한다면 이는 독창적이고 특별한 답변이라고 할 수 있다.

일반적인 기업정보나 경쟁사 정보, 경영정보 환경에 대한 인적인 구성요소는 객관적이면서 일반화할 수 있다는 장점도 있지만 입체적이지 못하다는 단점도 있는 게 사실이다. 그런 단점을 만회하기 위해 CEO의 경영방침에 담긴 철학적, 사업적 선견지명을 파악하는 혜안으로서 기업 운영에 대한 지원자 나름대로의 생각을 공유하며 답변하는 것도 좋은 모멘텀이 될 수 있다는 점을 기억하자.

면접에서 평가관리자를 구성할 때는 반드시 최고경영자의 오른팔 또는 왼팔이 들어가기 마련이고, CEO의 경영방침을 언급하는 것은 좋은 평가를 받을 수 있는 아이템으로서 좋은 답변이 된다.

▶ 가장 합격률이 높은 답변

① 업계의 상황에 대한 전문적인 지식에 대해 정통한 면을 보여준다.

☑ 이유

면접관이 이런 질문을 하는 핵심 목적은 지원자가 직무와 업계에 대해 어느 정도 이해하고 있는지 평가하기 위함이다.

- ①번을 선택하면, 업계의 최신 동향과 해당 직무의 역할을 정확히 이해하고 있음을 보여줄 수 있다.
- 또한 회사의 비즈니스 방향과 연결하여 분석할 수 있는 능력을 갖

춘 지원자라는 인상을 줄 수 있다.

- 특히 자신이 해당 직종에서 어떤 가치를 제공할 수 있는지 논리적으로 설명하면 더욱 강한 인상을 남길 수 있다.

◎ 다른 선택지 분석

② 경쟁사 비교

- 경쟁사 분석은 중요하지만 직무 이해도보다는 시장 경쟁력 평가에 초점이 맞춰지기 때문에 질문의 핵심에서 벗어날 수 있다.
- 자칫하면 면접관이 "우리 회사보다 경쟁사에 관심이 더 많은 것은 아닌가?"라고 오해할 수도 있다.

③ 실제 영업현황 설명

- 영업 직무라면 의미가 있을 수 있지만 지원 직무 전반에 대한 이해도를 묻는 질문에 대한 답변으로는 부족할 수 있다.
- 실무 경험을 강조하는 것보다는 업계의 구조, 트렌드, 직무의 중요성 등을 분석하는 것이 더 효과적이다.

④ CEO의 경영방침 설명

- CEO의 경영철학에 대해 이해하는 것은 플러스 요소지만 질문의 핵심은 지원하는 직무와 업계에 대한 이해도이다.
- CEO의 경영철학에 대해 이야기를 하더라도 해당 철학이 지원하는 직무 및 업계와 어떻게 연결되는지를 강조하는 것이 더 중요하다.

◆ 합격률을 높이는 답변 예시

"현재 화장품 R&D업계에서는 클린 뷰티, 지속 가능성(Sustainability), AI

기반 성분 연구 등이 주요 트렌드로 자리 잡고 있습니다. 특히 Cosmax 는 글로벌 시장에서 친환경 화장품 개발을 선도하고 있으며, 저는 이러 한 연구 방향에 기여하고 싶습니다. 저는 OOO연구 경험을 통해 OOO 기술을 익혔으며, 이를 Cosmax의 신제품 개발에 적용할 수 있도록 연구 역량을 발휘하겠습니다."

① 업계 트렌드 → ② 회사의 방향성 → ③ 자신의 경험과 연결

이와 같은 구조로 답변하면 면접관에게 깊이 있는 인상을 남길 수 있다.

11. 직장생활에서 예상되는 어려움에 대한 개인적인 해결 방법 을 묻는 질문의 답변은?

① 인간적인 유대감을 바탕으로 회식과 같은 만남을 통해 푸는 방식을 예로 든다.

② 문제를 분석해 대안을 만들고, 실제적인 문제 중심 해결책을 적용한다.

③ 문제에 대한 대응보다는 문제를 만들지 않도록 유의하는 태도를 강조한다.

④ 어려움이라는 생각 대신 낙관적인 태도와 즐거운 태도로 대처하는 모습 을 보인다.

면접관이 가장 관심을 가지고 있으면서도 어려운 질문 중 하나가 지원자가 입사한 후에 겪을 수도 있는 어려움에 대한 해결 방법이다. 이 문제의 해결을 위해 지원자가 면접관과 어느 정도의 이해 수준을 공유하고 있고, 거기에 따른 상호작용을 할 것인지를 궁금해 하는 것이다. 실제적인 질문일 수도 있고, 또 비현실적인 질문일 수도 있으나 어쨌든 '겪게 될 가능성이 많다'는 전제에 따라 묻고 답하는 과정을 거치게 된다.

이와 같은 질문을 받고 '미처 예상하지 못했다'는 듯 당황한 기색으로 주저하는 모습으로 답변하는 지원자에게 좋은 점수를 주기는 어려울 것이다. 문제 중심의 해결책을 찾는 지원자도 있을 수 있고, 사람과 연관된 문제를 중심으로 해결책을 찾고자 하는 지원자도 많다. 아예 문제 예방에 초점을 맞출 수도 없는 상황에 따라 대응하고자 하는 지원자도 있다.

하지만 중요한 것은 '해결 논리 또는 해결 방안'에 이르기 위한 투명성과 예측 가능성을 본다는 관점에서 중요한 면접 문제 중의 하나인 셈이다.

① 인간적인 유대감을 바탕으로 회식과 같은 만남을 통해 푸는 방식을 예로 든다.

대개 직장에서 생겨나는 문제나 어려움에 대해 분석해 보면 그 문제의 핵심에는 조직 구성원 간에 생겨나는 갈등 때문인 경우가 많다. 이와 같은 상황에서 조직 구성원의 행동양식이 중요한 문제가 된다. 즉 조직의 핵심적인 문제 내면에는 업무 프로세스나 제도적인 결함 또는 고객과의 문제 등과 함께 조직 안팎으로 연결된 사람들 또는 직원들 간에 얽히고설킨 문제가 있다는 것이다. 따라서 이 전략은 인간적인 유대감을 가지고 조직 구성원들 사이로 녹아 들어가겠다는 의지를 면접관에게 피력하는 것이다.

그것은 대인관계를 좋아하고 싫어하는 관점이 아니라 조직 내의 문제 해결을 위한 사람의 구성, 즉 인적인 구성으로 인한 문제를 먼저 해결하고 그 해결 과정에서의 기능적인 해결의 노력을 위해 친분을 쌓기 위한 이벤트나 회식, 모임, 저녁식사와 같은 것을 어필함으로써 적극적이고 현명한 해결을 이끌어내고자 한다는 의도를 나타내는 것이 이와 같은 답변의 목적이라고 할 수 있다. 굳이 답을 만들어 면접관 앞에 공손히 승낙을 받을 필요까지는 없는 문제인 이상, 그 원인과 해결 과정에 담긴 한 인간으로서의 인간애가 담긴 노력에 초점을 맞춤으로써 면접관의 마음속으로 들어가고자 하는 것이다.

② 문제를 분석해 대안을 만들고, 실제적인 문제 중심 해결책을 적용한다.

문제가 발생하면 당연히 그 문제의 원인과 핵심 논제를 파헤치고, 그 안에 담긴 문제 자체의 해결점을 만들어보고자 하는 답변 방식이다. 대부분의 직장에서 일어나는 문제의 핵심은 그 문제를 만들어낸 사람이 아니라 선의든 악의든 그 문제에 대한 생각지 못한 원인이나 상황적 요소에 의한 것이 많다.

그러므로 그 원인을 찾기 위해 과학적이고 제도적인 방법을 통해 문제 속으로 들어가 해결해 보고자 하는 생각을 확실히 피력해 보는 것이다. 그럼으로써 '사람 중심의 해결자가 아니라 문제 자체의 중심 핵'을 꿰뚫어 보고자 하는 노력에 대해 면접관에게 어필하는 것이다. 과학적이고 데이터에 근거해 해결하기 위해 노력한다는 점이 신입 구성원으로서의 입장에 더 부합된다고 보는 상황적 관점(situational perspective)을 제공하면 좋은 답변이 된다.

직장생활의 어려움이라고 해서 일상생활의 어려움과 무슨 큰 차이가 있을까 싶지만, 실제로 기업이나 조직에서 발생하는 문제의 원인에 담긴 것들은 대단히 구조적인 경우일 때가 많고, 다양한 이해관계자가 얽혀 있는 부분들이 많다. 따라서 실제 해결 과정에서의 1)문제 분석과 2)대안 개발 그리고 3)실제 해결 단계까지의 3단계를 잘 피력함으로써 개인적인 문제 해결 역량을 선보여 주는 것이 필요하다고 할 수 있다. 면접관이 기대하는 답변 요소, 세 가지가 모두 들어 있는 것이고 그 답변 자체로서도 지원자의 역량이 담겨 있는 바를 잘 이해해 줄 수 있게 되기도 한다.

③ 문제에 대한 대응보다는 문제를 만들지 않도록 유의하는 태도를 강조한다.

면접관으로부터 높은 점수를 얻는 가장 효과적인 방법은, 문제의 발생 원인을 분석하고 미리 그 원인을 제거해야 한다는 점을 서두에 미리 언급하는 전략을 사용함으로써 면접관의 질문 의도를 꿰뚫는 것이다.

면접관의 질문 의도는 대체적으로 "원인에 대해 잘 알고 있는지?"를 묻는 것이므로 현명하고 지혜로운 지원자들은 문제 자체에 매달려 해결하는 것을 넘어 그와 같은 문제가 발생하지 않도록 하기 위해 여러 방법을 탐색하고 특히, 주변 상황에 따라 사전에 문제 발생에 대비하는 것으로 답변을 구성한다. 즉 지원자로서 문제를 사전에 예방하고자 한다는

관점을 자연스럽게 제시함으로써 면접이라고 하는 선택과 집중의 과정
에서 선제적으로 공격을 방어하는 창조적이고 지혜로운 전략 모드로 돌
입하는 방법이다. 면접의 특성상 면접관의 질문에 의해 답을 내놓아야
하는 지원자로서 면접관이 기대하는 해결책에 주안점을 두는 대신 문제
의 원인에 대한 머리 부분을 언급함으로써 선제적으로 또 다른 해결책
을 제시하는 전략을 사용하는 것이다.

**④ 어려움이라는 생각 대신 낙관적인 태도와 즐거운 태도로 대처하는 모습을
보인다.**

문제를 문제로 보는 것은 상식적인 대응 방법 중 하나이지만, 똑같은
문제라 하더라도 그 문제를 바라보는 태도는 달라질 수 있다. 즉 문제를
해결 난망의 고통으로 보는 것은 좌절의 골짜기로 걸어가는 첫걸음이
되는 것이고, 반대로 문제를 해결해 가는 즐거움의 한 요소로 보는 것은
'도사(saga)'라고 불리는 낙천가들의 모습이다. 이런 모습에 면접관은 낙
천적이고 창의적이며 새로운 접근 방법을 취하는 스마트한 지원자로서
의 기대감을 갖게 된다는 것이다.

문제에 대한 걱정과 다툼과 갈등에 대해 걱정하는 지원자보다는 해결
과정에 담긴 여러 사람들과의 상호작용과 문제 해결의 실마리를 찾고자
하는 다양한 정보원과의 접촉, 그리고 그것에서 오는 즐거움을 누리고
즐거워하는 모습이 신입사원으로서 가질 수 있는 최선의 긍정적인 모습
임을 면접관에게 선보이고자 하는 것이다.

면접관 또한 그동안 자신이 문제를 해결해 가는 과정에서 부딪쳤던
대인관계와 문제 중심의 대책 그리고 다양한 상황을 예상했음에도 불구

하고 풀지 못했던 경험을 지원자의 답변을 통해 접할 수 있게 되는 좋은 사례가 되는 답변이기도 하다. 면접이라는 긴장된 순간에 찾아온 마음 편안한 선물과도 같은 느낌을 주는 지원자라고 할 수 있다. 즉 낙관적이고 긍정적인 태도로 일관하면서 시종 웃음을 잃지 않고 명랑한 태도를 견지하는 지원자의 모습에서 우수한 인재 영입에 대한 한 가닥 희망을 발견한 느낌을 받게 되는 답변의 하나다.

➤ 가장 합격률이 높은 답변

② 문제를 분석하여 대안을 만들고, 실제적인 문제 중심의 해결책을 적용한다.

☑ 이유

면접관이 이런 질문을 통해 확인하고 싶은 것은 지원자가 직장 내에서 발생하는 다양한 어려움을 어떻게 인식하고, 그 문제를 해결해 나갈 능력을 가지고 있는지 보고자 하는 것이다.

- ②번을 선택하면 논리적 사고력과 문제해결 능력을 갖춘 인재라는 강한 인상을 줄 수 있다.
- 실제 직장에서는 예상치 못한 문제들이 지속적으로 발생하기 때문에 분석적 접근과 실질적인 해결책을 제시하는 태도가 매우 중요하다.
- 또한 객관적으로 문제를 파악하고 대안을 도출하는 능력은 리더십과 성장 가능성을 보여주는 요소이기도 하다.

◎ 다른 선택지 분석

① 회식을 통한 해결

- 인간적인 유대감은 중요하지만 문제 해결의 본질적인 접근 방식은 아니다.
- 회식 문화는 개인적인 선호 차이가 있고, 직무 수행 능력과는 직접적인 연관이 적어 면접관에게 크게 어필하지 못한다.

③ 문제를 만들지 않도록 조심하는 태도

- 예방은 중요하지만 문제가 발생했을 때 어떻게 해결하는지가 더 중요한 평가 요소다.
- "문제를 만들지 않는다"는 소극적인 태도로 비칠 수 있어 문제를 적극적으로 해결하는 지원자에 비해 경쟁력이 떨어질 수 있다.

④ 낙관적인 태도로 대처

- 긍정적인 태도는 매우 중요하지만 실제 해결책을 제시하지 않으면 현실적인 문제 해결 능력이 부족하다고 평가될 가능성이 있다.
- 문제를 감정적으로 회피하는 모습으로 보일 수도 있기 때문에 구체적인 해결 전략을 제시하는 것이 더 효과적이다.

◆ 합격률이 높은 답변 예시

"직장생활에서는 예상치 못한 어려움이 발생할 수 있다고 생각합니다. 저는 이러한 문제를 해결하기 위해 먼저 원인을 분석하고, 효과적인 대안을 모색하는 방식을 중요하게 생각합니다. 예를 들어, 팀 내에서 의사소통이 부족해 협업이 어려운 경우라면 주기적인 미팅을 제안하거나 협업 툴을 활용하여 정보 공유를 원활하게 만드는 해결책을 고민할 것입니다. 이렇게 논리적으로 접근하면 문제를 실질적으로 해결할 수 있으며, 조직의 성장에도 기여할 수 있다고 생각합니다.”

12. 입사한 후 조직문화에 어떻게 적응할지 묻는 질문에 어떻게 답변해야 할까?

① 늘 긴장된 자세로 모든 것을 배운다는 소신을 밝힌다.

② 더 좋은 직장문화를 만들기 위한 새로운 아이디어를 내놓는다.

③ 인간관계의 중요성을 언급하면서, 좋은 관계를 유지하는 데 중점을 두고 있음을 밝힌다.

④ 늘 열려 있는 태도로, 기존의 조직문화를 존중하고 따라가는 모습을 강조한다.

지원자의 경쟁력은 품성과 인성, 적성, 업무를 잘 해낼 수 있는 전문적인 지식과 역량, 조직문화를 잘 이해하고 문화적 차이를 수용함으로써 적응하고, 동참할 수 있도록 준비하는 데 있다. 특히 조직문화에 녹아들어 잘 융화할 수 있는지 여부는 거의 모든 면접관들이 매우 중요하게 평가하는 항목이다. 그래서 면접관들은 지원자가 입사하고자 하는 회사나 조직에서 어떻게 적응하고자 하는지 그 방법이나 태도를 파악하기 위한 질문을 한두 가지는 꼭 넣기 마련이다.

사실 10여 년 전까지는 인재선발에 있어 그다지 중요하게 여기지 않았던 평가항목이기는 했다. 사실 이전까지는 지원자의 업무능력 파악을 가장 우선으로 했던 시기였고, 그로 인해 좋은 업무성과를 올릴 수 있었던 시기이기도 했다.

그러나 업무능력을 우선으로 채용을 하다 보니 기업문화에 잘 적응하지 못해 곧 이직을 하는 경우가 많아지면서 조직문화에 잘 적응할 수 있는지 여부가 점차 중요한 선발 항목으로 대두되었다. 즉 아무리 업무능력이 뛰어나더라도 조직문화에 적응하지 못해 조직을 떠나게 된다면 어렵게 채용한 노력들이 헛수고가 되는 결과를 빚게 되기 때문이다.

① 늘 긴장된 자세로 모든 것을 배운다는 소신을 밝힌다.

처음 조직에 들어가게 될 때의 자세는 겸손과 겸양의 미덕이 필요하다. 잘난 척 우쭐대는 것은 나이와 경륜을 막론하고 그다지 보기 좋은 모습은 아니기 때문이다. 그래서인지 면접이라고 하는, 인재선발 절차에 들어 있는 이 질문에 답변을 할 때 다소 긴장감을 보이는 지원자의 모습을 기대하는 면접관도 있다.

그래서 그 긴장의 정도와 수위를 의식적으로 조절하면서 질문의 본질에 서서히 다가가는 것이 중요한 전략이 될 수 있다. 즉 겸손하게 배운다는 자세로 기존의 조직문화에 적응해 녹아들고자 하는 의지를 자연스럽게 보여주는 것이다.

그러나 부담 없는 답변 수준일 수도 있기는 하지만 무기력하게 보일 수도 있고, 자신감의 부족과 수동적이라는 이미지를 주게 될 위험이 크다. 이와 같은 위험을 피하기 위해서는 조직문화를 배워 익히기 위한 요소들, 예를 들면 인간관계, 커뮤니케이션, 조직의 역학관계 등 다소 전문적인 조직문화에 대한 학습 태도와 과정을 보여주는 것이 필요하다. 가장 합리적이고 이상적인 답변이므로 이런 답변을 내놓는다면 그 다음 질문으로 넘어가는 경우가 많다. 즉 저항 없는 답변이라는 뜻이다. 70~80점 정도의 만족도에 그치는 답변이라고 할 수 있다.

② 더 좋은 직장문화를 만들기 위한 새로운 아이디어를 내놓는다.

경험이 많든 적든 간에 새로운 아이디어로 승부하는 전략은 면접관의 시선을 끄는 '호감 유발 전략' 중 하나다. 천편일률적인 빤한 답변을 탈피해 다른 지원자들과 차별화된 도전적이고 창의적인 모습을 어필하는 것은 면접에서 사용할 수 있는 가장 강력한 무기다. 여기에 수반되는 당연한 표현들, 즉 변화, 창조, 구습 타파, 도전과 같은 말들로 기존의 조직문화에 대한 뒤집기를 시도하는 것이다.

면접을 보기 전에 조사한 조직과 회사에 대한 정보를 바탕으로 새로운 아이디어와 그 아이디어의 적용 방법에 대해 답변한다면 좋은 평가를 받을 수 있을 것이다.

기존의 조직문화 틀과 구조를 한꺼번에 바꾸기란 쉽지 않지만 그럼에도 새로운 조직문화를 만들어가고 그로 인해 조직 구성원들이 더욱 행복해질 수 있다면 그에 반대할 사람은 없을 것이다. 이에 대한 기본적인 방향을 면접 답변 속에 주입하여 언급하는 전략이다.

③ 인간관계의 중요성을 언급하면서, 좋은 관계를 유지하는 데 중점을 두고 있음을 밝힌다.

조직문화는 유형의 회사 자산 또는 제품, 서비스, 상품, 시장 가치에 대한 것도 있지만 그 구성원이 되는 다양한 사람들과의 인간관계가 가장 우선한다는 기능적인 관점을 말함으로써 설득력을 높이는 답변이다.

조직문화가 순기능을 하기 위해서는 그 조직을 구성하는 구성원, 즉 상사, 동료, 부하직원들은 물론이고 각 부서와 부서 사이에 이어지는 다양한 업무 진행과 추진을 위해서도 수평적 업무 문화가 우선되어야 함을 피력하면서 자신의 경험담을 바탕으로 기존의 조직에 잘 적응할 수 있다는 점을 설득한다면 좋은 평가를 받을 수 있는 답변 기법이라고 할 수 있다.

문제는 너무 인간관계적인 관점으로만 편향되지 않아야 한다는 데 있다. 즉 "좋은 게 좋은 거지."라는 동양적 인관관계론에 휩쓸려 있지 않아야 그 진실성과 실제성이 높아진다는 것이다. 왜냐하면 조직문화라고 하는 것은 인간적인 구성으로만 좋아지거나 개선되는 것이 아니기 때문이다. 따라서 조직문화를 이루는 다양한 요소들에 대한 이해와 적용이 필요한 부분임을 보여줄 수 있는 사례를 통해 설명하면 금상첨화가 된다.

'사람이 정답'이라고 믿는 많은 면접관들에게는 이런 접근 방식에 좋을 평가를 내릴 것이지만 기계, 시스템, 조직, 제도와 같은 것들과 업무 연관성이 많은 관리자들을 설득하기 위해서는 좀 더 강력한 설득 사례가 필요하다는 점도 기억해야 한다.

④ 늘 열려 있는 태도로, 기존의 조직문화를 존중하고 따라가는 모습을 강조한다.

순리에 따라 합리적인 의견일치의 의지를 보이는 것이 조직생활에서 좋은 결과를 가져올 것임을 인지하고 있다는 답변이다.

편협한 사고방식으로 굳게 자물쇠를 채운 것과도 같은 조직문화라고 할지라도, 이에 정면으로 부딪치는 대신 늘 열린 사고로 조화를 이루어 가고자 하는, '안전제일주의'적인 답변이라 할 수 있다.

지원자가 현재 처해 있는 상황과 새로운 조직이 요구하는 방식이 다소 차이가 있고 부합되기 어렵다. 하지만 큰 문제나 이슈가 되지 않는 이상에는 기존의 규범에 순응하고 적극 동참할 것이라는 자세는 면접관의 질문 의도를 간파해 성공률을 높이는 방법으로, 세세한 절차와 사례를 들어 설득한다면 이어지는 압박질문은 없다고 보면 된다.

▶ 가장 합격률이 높은 답변

④ 늘 열려 있는 태도로, 기존의 조직문화를 존중하고 따라가는 모습을 강조한다.

☑ 이유

면접관이 이런 질문을 하는 핵심 목적은 지원자가 새로운 조직에 얼마나 원활하게 적응할 수 있는지 평가하는 것이다.

- 기업은 기존의 조직문화를 존중하고 조화롭게 융화될 수 있는 인재를 선호한다.
- 새로운 아이디어나 긴장된 태도를 보이는 것도 중요하지만 조직에 잘 적응하지 못하면 협업과 성과 창출에 어려움이 있을 수 있다.
- 따라서 '열려 있는 태도'와 '존중하는 자세'를 강조하면 유연하고 협업을 중시하는 인재라는 긍정적인 인상을 줄 수 있다.

◎ 다른 선택지 분석

① 늘 긴장된 자세로 모든 것을 배운다는 소신을 밝힌다.

- 배우려는 태도는 중요하다. 하지만 '늘 긴장된 자세'라는 표현은 소극적이고 부담스러운 인상을 줄 수 있다.
- 회사는 자신감을 가지고 조직에 자연스럽게 적응할 수 있는 사람을 원하지 긴장해서 위축된 지원자를 원치 않는다.

② 변화를 토대로 발전하는 모습을 강조하며, 새로운 아이디어를 내놓는다.

- 변화와 발전은 중요하지만 조직문화를 존중하지 않고 일방적으로 변화를 강조하면 부정적인 인상을 줄 수 있다.
- 특히 신입/경력 입사자가 조직문화를 충분히 이해하기 전에 변화만을 주장하는 것은 조직에 대한 적응력 부족으로 보일 수도 있다.

③ 인간관계 유지에 중점을 둔다.

- 인간관계는 중요하다. 하지만 단순히 좋은 관계를 유지하는 것만으로는 조직에 기여하는 모습이 부족해 보일 수 있다.
- 조직 적응은 관계뿐만 아니라 업무 적응과 협업 태도도 포함되므로

균형 잡힌 접근이 필요하다.

◆ **합격률이 높은 답변 예시**

"새로운 조직에 적응하기 위해서는 열린 태도로 조직문화를 존중하는 것이 가장 중요하다고 생각합니다. 기존의 방식과 문화를 배우면서, 협업과 소통을 통해 자연스럽게 조직에 융화되도록 하겠습니다. 또한 적응이 된 후에는 조직의 방향성과 조화를 이루는 방식으로 제 역량을 발휘하며 기여하고 싶습니다."

▶▶▶ **TIP**

① 조직문화를 배우고 → ② 존중하며 → ③ 조화를 이루는 태도를 강조하면 협업 능력과 유연한 사고방식을 가진 인재라는 인상을 줄 수 있다

---

13. 입사 후 3년간 지방 혹은 해외 오지에서 의무적으로 근무하라고 한다면?

① 회사의 명령에 무조건 따른다는 점을 강조한다.

② 국내 또는 본사 업무를 먼저 완벽하게 마스터 한 후에 지방, 해외에서 근무하는 것이 더 효율성이 있을 것임을 강조한다.

③ 회사의 명령에 무조건적으로 복종하기 이전에 그 이유를 묻고, 상호 합의하여 결정한다고 말한다.

④ 그런 사례가 있었는지, 신입사원으로서 그런 곳에 배치하는 것이 타당한지
　　를 정중히 되묻는다.

　면접관이 이와 같은 스트레스성 질문을 던지는 의도는 입사 후 바로 그런 조치를 내리고, 그 지시에 따를 것인지 묻는 것이 아니다. 질문의 본래 의도는 지원자의 심리상태나 정신상태에 대한 면접관 나름대로의 판단기준을 마련하기 위한 준거의 틀 또는 평가의 객관적인 기준을 만들어보고자 하는 것이다. 이를 통해서 지원자가 회사 또는 조직의 명령과 가치 체계를 올바로 이해하고 그 틀에 새롭게 동화할 수 있는지를 보고자 하는 것이다. 즉 그런 지원자에게 우선적으로 합격의 기회를 제공하고자 하는 것이다.

　이런 질문에 대하여 지원자로서의 답변은 굳이 현실의 상황을 반영하여 '100퍼센트 진실이거나 사실에 입각해서 말할 필요는 없다'는 것이 이런 스트레스성 질문의 키포인트이다. 지방이나 해외 오지에서의 근무도 그런 관점에서 많이 출제되는 면접 문항이다. 실제로 입사 후 3년 동안이나 오지 근무를 지시할 만큼 인재관리 여건이 열악한 회사도 드물 것이며, 그와 같은 제도로 나쁜 평판을 받게 될 리스크를 감당하고자 하는 기업도 많지 않다.

① 회사의 명령에 무조건 따른다는 점을 강조한다.

　회사의 명령 체계가 지원자가 수용할 수 있을 정도로 현실적인 수준을 넘어서는 요구를 한다고 하더라도 당황하는 대신 회사의 명령에 따

를 것이라는, '순종적 동의(Affirmative consents)'를 하는 답변이다.

개개인이 가지고 있는 나름대로의 필요와 수용 여부를 떠나서 회사 또는 고용주의 요구에 대한 수용 의지를 밝힌다는 측면은 면접관으로 하여금 일차적인 만족도를 얻어낼 수 있는 장점이 있다.

문제는 무조건적으로 회사의 요구를 수용함으로써 개인의 생각이 말살되고 무시되는 측면에 있어서까지 수용하는 모습을 보이게 되면 면접관은 지원자의 개인 상황이 회사의 요구를 따르기 어려운 경우에도 그렇게 할 수 있는지를 되묻게 된다. 그럴 경우 회사의 결정에 대한 신뢰성과 지원자로서의 성실성을 필두로 하여 무조건 수용하는 자세가 아니라 합리적이고 타당한 회사의 결정을 존중의 태도를 보임으로써 기본적인 지원자의 자세를 유지하는 것이다. 왜냐하면 입사한 다음날 바로 3년 동안의 오지 근무에 대한 발령은 내려지지 않을 것이라는 점을 알고 있기 때문이다.

그래서 '무조건 회사의 지시를 따르겠다'는 '순종적이고, 맹목적인 의도'가 면접관에게는 오히려 '무책임하고, 무의식적'인 순종으로 보이게 될 수 있다.

② 국내 또는 본사 업무를 먼저 완벽하게 마스터한 후에 지방, 해외에서 근무하는 것이 더 효율성이 있을 것임을 강조한다.

신입사원에게서는 쉽게 볼 수 없는 답변으로 경력사원 또는 직장문화에 대한 경험이 있는 지원자에게서 이런 답변을 볼 수 있다. 해외 또는 지방 오지 근무에 따른 리스크와 비효율성을 예로 들어, 이런 경우에 발생한 불필요한 자원 손실을 언급한다면 회사의 결정에 대한 나름대로의 합리성과 존중 의지를 보여주는 셈이라 할 수 있다.

실제적으로 면접관이 묻고자 하는 바는, 이러한 지방 또는 해외근무 결정에 대한 지원자의 수용 자세가 과연 무조건적인 맹종의 수준인지, 아니면 합리적 사고와 최고경영자의 경영적 의사결정 환경에 따른 타당한 결정에 의한 것인지를 구분할 줄 아는 지원자를 찾는다는 것이다. 이를 통해서 합리적이고 과학적인 사고방식과 의사결정 과정에서 회사의 결정에 대한 지원자의 긍정적인 수용 의지를 보여주는 것이 100점짜리 답변이 된다고 할 수 있다.

지혜로운 회피전략 또는 일차적 학습 후의 이차적 상황 수용의 전법은 조건부적이기는 하지만 어떤 면접관의 입장에서는 부정적이고, 반발하는 모습으로 보일 수 있어 궁극적으로 회사의 요구를 수용하는 자세는 반드시 필요하다.

③ 회사의 명령에 무조건적으로 복종하기 이전에 그 이유를 묻고, 상호 합의하여 결정한다고 말한다.

면접관이 질문하는 요지는 지원자의 답변에 있어서 지원자가 가지고 있는 생각과 판단의 배경 그리고 그 판단이 미치게 될 결과에 주목하게 된다. 만약 지원자가 이런 면접 질문에 대해 "상호 합의 하에 해외근무에 대한 결정을 내리겠다."라고 하는 답변을 하는 경우, 그 이유를 구체적으로 묻는 후속 질문도 기대할 수 있기는 하지만 만약, 후속 질문이 없다면 이런 지원자는 필히 면접관의 기대와 채용기준에 다소 미치지 못하는 것으로 판단될 수 있다.

왜냐하면 지원자의 결정이 상호 합의와 협의 과정을 거쳐야 이루어질 수 있는 것이라면 해외 오지에 발령해야 할 필요성에 대해 구구절절하게 설명해야 하는 번거로움을 면접 과정에서는 보여줄 수 없기 때문이다. '지원자와의 상호 협의'라는 말에 담긴 부정적이고 피동적인 답변에 면접관이 좋지 않은 반응을 보일 가능성도 대비해야 한다. 합리적인 합의 과정이라고 판단되더라도 수용과 거부의 갈림길에서의 최종 결정은 회사의 판단에 따르되 그 결과에 대해서는 상호 책임을 강조하는 것이 합격을 경험한 경험자들의 피드백이다.

④ 그런 사례가 있었는지, 신입사원으로서 그런 곳에 배치하는 것이 타당한지를 정중히 되묻는다.

면접관의 질문에 지원자가 다소 뜬구름 잡는 답변을 하는 경우, 면접관은 실제 사례에 대해 이야기해 보도록 요구하고, 그 사례가 실제 경험했던 일인지 아니면 타인의 경험을 각색하여 말하고 있는지 검증하기 위한 '반대 질문'을 하게 된다.

그런데 오히려 지원자가 면접관에게 실제 사례가 있었는지를 되묻는 경우, 면접관의 본래 의도와는 달리 시간이 상당히 소요돼 판단 시간이 지연되는 결과를 가져오게 된다. 실제 그런 사례가 있다고 하더라도 지원자는 그 면접 문제에 대한 사례 여부를 떠나 지원자 개인으로서의 판단과 생각을 답변해야 하는 것이므로 면접관이 말을 접을 수 있는 상황이 전개되기도 한다.

이런 경우 고득점 기회를 오히려 '절호의 탈락 기회'로 만드는 요인이 되기도 한다. 정중한 태도로 되묻는 지원자의 의도를 충분히 전달하는 경우라 하더라도, 면접관은 회사의 의사결정에 대한 존중 여부에 대해

묻고 있는 것이다. 따라서 지원자는 성실하게 답변한다는 태도를 보여
야 하며, 이를 위해서는 일차적으로 지시에 순응하는 것이 좋은 태도가
될 수도 있다.

➤ 가장 합격률이 높은 답변

② 국내 또는 본사 업무를 먼저 완벽하게 마스터 한 후에 지방, 해외에서 근무하
는 것이 더 효율성이 있을 것임을 강조한다.

☑ 이유

이 질문의 핵심은 지원자가 조직의 필요에 따라 유연하게 적응할 수
있는지, 그리고 장기적인 성장 가능성이 있는지 평가하는 것이다.

- ②번을 선택하면, 회사의 요구를 수용하는 긍정적인 태도를 보이면
  서도 전략적으로 성장하겠다는 계획성을 보여줄 수 있다.
- '무조건 순응'이 아니라 '더 효과적으로 기여할 수 있는 방향'을 고
  려하는 인재로 평가받을 수 있다.
- 특히 글로벌 기업이나 대기업에서는 해외 또는 지방 근무를 필수적
  으로 요구하는 경우가 많기 때문에 조직의 필요성을 인정하면서도
  자신의 성장과 연결하는 답변이 효과적이다.

◎ 다른 선택지 분석

① 회사의 명령에 무조건 따른다는 점을 강조한다.

- 기업이 원하는 것은 단순한 복종이 아니라 조직에 기여할 수 있는
  주도적인 태도를 가진 인재다.

- 무조건 따르는 태도는 소극적이고 수동적으로 보일 수 있어 향후 성장 가능성이 낮아 보일 위험이 있다.

③ 회사의 명령에 무조건적 복종 이전에 그 이유를 묻고, 상호 합의하여 결정한다고 말한다.

- 상호 합의를 요구하는 태도는 조직 적응력 부족으로 보일 위험이 있다.
- 신입사원의 경우, 초반에는 조직이 정한 방향을 따르는 것이 일반적이며, 지나치게 개별 협의를 강조하면 유연성이 부족한 지원자로 보일 수 있다.

④ 그런 사례가 있었는지, 신입사원으로서 배치가 타당한지를 분석적으로 정중히 되묻는다.

- 논리적 분석 태도는 좋지만 신입사원의 입장에서 배치를 판단하는 태도는 부정적으로 보일 수 있다.
- 면접관 입장에서는 "이 지원자가 조직의 요구에 적응할 수 있을까?"라는 의문을 가질 수 있다.

◆ 합격률이 높은 답변 예시

"저는 새로운 환경에서 경험을 쌓고 성장하는 것을 중요하게 생각합니다. 따라서 지방이나 해외 근무도 회사의 필요에 따라 긍정적으로 고려할 수 있습니다. 다만, 본사 업무를 먼저 마스터한 후에 지방 또는 해외에서 더욱 효과적으로 기여할 수 있도록 준비하는 것이 중요하다고 생각합니다. 저는 회사의 비즈니스 전략과 방향성을 이해한 후, 필요한 역량을 키워 조직에 최적의 성과를 내도록 하겠습니다."

---

14. 지원자의 커뮤니케이션 스타일의 장단점을 예로 들어 보라는 질문에 대한 당신의 답변은?

① 솔직히 자신만의 장점을 강조하여 뛰어난 언변을 발휘한 예를 강조한다.

② 장단점을 진솔하게 언급하며, 인간적이고 사실적인 사례들로 친화력 있게 설명한다.

③ 비즈니스맨처럼 전문적이고 프로페셔널한 태도와 경험을 강조한다.

④ 장단점보다는 뛰어난 발표 실력과 설득력을 갖췄음을 경험을 예로 들어 설명한다.

『성공적인 사회생활 101』이라는 교과목 맨 첫 단원에 나오는 것이 '커뮤니케이션이 왜 중요한가?'라는 말이다. 합격과 불합격을 가르는 요인으로서 90퍼센트를 차지하는 것이 커뮤니케이션이고, 나머지 10퍼센

트는 그 안에 담긴 내용일 것이다.

그래서 면접관이 "자신의 커뮤니케이션 스타일에서 장점과 단점을 예로 들어 설명해 보라."고 한다면, 이는 또 다른 도전 기회이자 위기가 된다. 왜냐하면 이것은 지원자가 면접 도중에 보여주고 있는 커뮤니케이션 스타일에 대해 자아비판을 해보라는 뜻이기 때문이다. 즉 이 질문에 대한 답변에 따라 '최종적인 합격과 불합격이 결정이 된다'고 해도 과언이 아니다.

커뮤니케이션을 잘하고 못하고의 문제를 떠나 커뮤니케이션 능력이 조직생활의 성공을 좌우하는 기본이자 핵심 대들보가 된다는 사실을 알고 있는 면접관으로서 지원자가 커뮤니케이션의 중요성에 대해 확실하게 인지하고 있는지 확인하고자 하는 것은 당연한 일이다.

① 솔직히 자신만의 장점을 강조하여 뛰어난 언변을 발휘한 예를 강조한다.

의사소통의 기술은 '자신의 단점을 최대한 보완하면서 장점을 극대화하는 것'이라는 말이 있다. 그래서 면접 현장에서도 마찬가지로 이런 전략이 의외로 잘 통할 때가 많다. 장점만 말하기에도 시간이 모자라는 상황인데, 단점을 드러낼 필요가 없다는 것이다.

특히, 커뮤니케이션 능력을 어필하고자 하는 경우라면, 자신의 커뮤니케이션 스타일의 장점을 통해 다른 사람들을 설득해 원하는 결과를 얻어낸 경험을 지원한 회사 또는 조직의 특성과 연결 지어 이야기함으로써 좋은 평가를 얻을 수 있다. '뛰어난 언변'이라는 자신의 장점을 통해 면접관의 눈과 귀를 한껏 즐겁게 해 줄 수 있다면 말이다.

하지만 중요한 것은 화려한 커뮤니케이션 기법으로 가져온 결과물들이 면접관들의 관점에서도 설득력 있어야 한다는 점이다. 그렇지 않으면 '뻥인 것 같은데.'라며 고개를 갸우뚱하는 면접관의 표정을 보게 될 것이다.

② 장단점을 진솔하게 언급하며, 인간적이고 사실적인 사례들로 친화력 있게 설명한다.

면접도 사람이 하는 일인지라, 약간의 단점과 부족한 점이 묻어 있더라도 진실성, 정직성, 성실성이 느껴진다면 어설픈 장점이나 섣부른 자랑질로 휘감은 그럴싸한 답변보다 더 설득력을 가질 수 있고 고득점을 얻을 수 있다. 면접이라는 특수한 상황에서의 생존 기법이 될 수도 있는 것이다.

지원자가 평소 느끼고 실천하던 생활 태도가 담긴 의사소통 기법이나 평범한 대화 기법도 일종의 작은 물방울이 되어 면접관의 가슴과 뇌리를 적실 수 있다. 이것이 면접에서의 인간적인 측면이기도 하다.

긴장하지 않는다고 해서 모든 면접 절차가 순조롭게 진행되지는 않기 때문에 차라리 긴장한 모습을 숨김없이 자신의 소견을 자연스럽게 어필하면 된다. 사실적인 사례와 구체적인 대화 기법들을 구성지게 설명만 잘해도 어설픈 자기 장점을 피력하는 답변보다 100퍼센트 더 효과적인 '알짜배기 답변과 맞장구 대응'이 나올 수 있다는 점이 합격한 지원자들의 입에서 나오는 무용담이기 때문이다.

긴장감이 흐르는 답변 분위기는 더더욱 면접 결과를 어렵게 만들 것이 뻔하기 때문에 이를 회복하고 해소하고자 하는 노력의 일환으로 개인의 경험담과 소신을 진술하고 명확한 어조로 밝히는 전략적인 태도가 많이 활용된다.

③ 비즈니스맨처럼 전문적이고 프로페셔널 한 태도와 경험을 강조한다.

면접, 그것은 짧지만 강렬한 한 편의 무대 공연과도 같다. 주어진 대본, 낯선 청중, 무대를 채우는 다양한 분위기 속에서 우리는 단 한 번의 기회로 자신을 표현해야 한다. 이 무대는 단순히 말을 주고받는 자리가 아니라 나라는 사람의 가능성과 매력을 '보여주는' 곳이다. 그래서 면접은 단순한 대화가 아니라 '나'라는 작품을 진심으로 소개하는 프레젠테이션의 예술인 것이다.

때론 긴장과 떨림이 몰려오지만, 이 또한 '쇼 비즈니스 show business'의 일환이라 생각해 보자. 관중의 마음을 사로잡기 위해 우리는 진심을 다해 무대를 채우고, 각자의 색깔로 빛나는 퍼포먼스를 선보인다. 이 과정에서 필요한 것은 화려한 말이 아니라 내면 깊은 곳에서 우러나오는 자신감과 전문성, 그리고 진정성 있는 표현력이다.

지원자의 커뮤니케이션은 일상적인 대화가 아닌, 준비된 예술가의 무대처럼 유려하고 품격 있게 다듬어져야 한다. 이는 단지 기술이 아닌, 그 사람의 태도이자 인생의 밀도가 묻어나는 지점이기도 하다. 면접관은 이런 진정성을 누구보다 빠르게 알아채는 사람들이기 때문이다.

따라서 면접은 '무엇을 보여줄 것인가'보다 '어떻게 진실하게 보여줄 것인가'에 달려 있는 것이다. 겉만 요란한 자랑이 아닌, 겸손한 자신감으로 진짜 이야기를 들려주어야 한다.

④ 장단점보다는 뛰어난 발표 실력과 설득력을 갖췄음을 경험을 예로 들어 설명한다.

자신의 장단점을 피력함으로써 궁극적으로 얻을 수 있는 것은 발표 실력과 상대방에 대한 설득력이라 할 수 있다. 면접관이 가장 관심을 가지고 듣고자 하는 것은 지원자의 발표와 답변을 '고객의 입장'에서 들어보고 얼마나 설득력이 있는지 경중을 판단하고자 하는 것이다. 그래서 표현과 서술 방식은 최고 수준이지만 설득력과 공감력에서는 그다지 훌륭한 평가를 받지 못한 답변을 하고 있는 것은 아닌지 다시금 생각해 보아야 한다.

면접관의 질문에 담겨 있는 의도, 즉 '지원자의 커뮤니케이션 스타일이 얼마나 설득력을 가지고 있는지'를 답변 안에 잘 담을 수 있다면 최고의 답변이 된다. 자신의 장단점을 구구절절 늘어놓는 신파극보다 '설득력과 감동이 실린 답변'이 최상이다.

➤ 가장 합격률이 높은 답변

② 장단점을 진솔하게 언급하여 인간적이고 사실적인 사례들로 친화력 있게 설명한다.

☑ 이유

면접관이 이 질문을 통해 확인하고 싶은 것은 지원자의 자기 인식 수준과 소통 방식이 조직과 잘 맞는지 여부다.

- 솔직한 자기 인식과 함께 장점뿐만 아니라 단점을 인정하고 이를 개선하려는 태도를 보이는 것이 가장 효과적이다.
- 조직에서 중요한 것은 단순한 말솜씨가 아니라 상대와 원활하게 소통하고 협력할 수 있는 능력이다.
- 장점과 단점을 모두 말하면서도 단점을 극복하려는 노력을 설명하면 가능성이 높은 인재로 보일 수 있다.

◎ 다른 선택지 분석

① 지원자의 장점만 강조하고 뛰어난 언변을 발휘한 예를 강조한다.

- 장점만 강조하면 자기 인식이 부족하고, 일방적인 커뮤니케이션 스타일을 가진 사람처럼 보일 수 있다.
- 조직에서는 협력과 경청 능력도 중요하기 때문에 자신만 뛰어난 커뮤니케이터라고 주장하는 태도는 오히려 부정적으로 평가될 수 있다.

③ 비즈니스맨처럼 전문적이고 프로페셔널한 태도와 경험을 강조한다.

- 프로페셔널한 태도는 중요하지만 기업이 원하는 것은 신입/경력 지원자의 현실적인 커뮤니케이션 스타일을 이해하는 것이다.
- 지나치게 전문성을 강조하면 '현실적인 사례 없이 이상적인 답변만 하는 지원자'로 보이게 될 위험이 있다.

④ 장단점보다는 뛰어난 발표 실력과 설득력의 경험을 예로 들어 설명한다.

- 발표 실력과 설득력도 중요하지만 커뮤니케이션은 단순한 발표 기술이 아니라 경청, 조율, 협업을 포함하는 개념이다.
- 면접관이 듣고 싶은 것은 지원자가 자신의 커뮤니케이션 스타일을 어떻게 인식하고 활용하는지 하는 것이므로 발표 경험만 강조하는

것은 적절치 않을 수 있다.

◆ 합격률이 높은 답변 예시

"저는 커뮤니케이션에서 경청을 가장 중요하게 생각합니다. 제 장점은 상대방의 의견을 존중하고, 핵심 내용을 정리하여 효율적으로 소통하는 것입니다. 예를 들어, 이전 직장에서 프로젝트 조율을 할 때 팀원들의 의견을 정리해 최적의 해결책을 제시한 경험이 있습니다. 하지만 가끔은 신속한 결정을 내려야 할 때 의견을 너무 많이 듣다 보면 속도가 느려질 수 있는 점도 있습니다. 이를 보완하기 위해, 중요한 순간에는 핵심 사항을 빠르게 정리하고 결론을 내리는 연습을 하고 있습니다."

> ▶▶▶ **TIP**
>
> ① 장점 설명(경청, 조율, 소통 능력 강조) → ② 실제 사례 제시 → ③ 단점 인정 + 개선 노력 강조
>
> 이와 같은 구조로 답변을 하게 되면 현실적인 자기 인식을 갖춘 지원자로 평가받을 가능성이 높다.

15. 학창시절 공부 스타일에서 남달리 탁월했던 점이 있다면?

① 학점과 결과 중심의 공부 태도를 언급한다.

② 학문을 배워가는 과정의 즐거움을 강조한다.

③ 친구들과 함께 배우고 연구하는 과정에서 느꼈던 즐거움에 대해 강조한다.

④ 공부와 연관된 실질적인 프로젝트 같은 것에 대한 성과를 강조한다.

학습과 자기계발은 기업이 신입사원을 채용함에 있어 인재를 파악하는 가장 중요한 역량 중 하나다. 즉 면접관이 질문을 통해 지원자의 학습 스타일을 확인하고자 하는 것은, 배우고자 하는 의지와 학업의 어려움을 이겨낸 선험적인 열정이 입사 후 근무하게 될 부서에서 필요로 하는 가장 필수적인 요소가 되기 때문이다.

답변은 여러 가지 유형으로 나타나지만 학습 태도와 스타일이 업무 습득과 역량 계발에 어떻게 시너지를 발휘하게 될 것인지를 보여주는 일관성 있는 지혜와 기지가 필요하다.

이 질문은 '면접문제의 정통성'을 잇는 문항으로서 공부 스타일에 질문을 단순히 "공부를 어떻게 했느냐?"라고 묻는 것으로 생각하며 답하는 지원자는 하나도 없을 것이다. 즉 질문에 담긴 의도와 본질을 파헤치며 답하는 것이다. 그래서 결과 중심이냐, 과정 중심이냐, 또는 교우들과의 관계나 프로젝트를 운영했던 경험을 어떤 스토리텔링을 통해 풀어가느냐에 따라 합격 여부가 달려 있다는 것을 기억하면 120퍼센트 합격 결과가 나오는 문항이다.

① 학점과 결과 중심의 공부 태도를 언급한다.

많은 지원자들은 "공부 실력은 학점과 100퍼센트 연관이 있다."라는 말을 좋아하지 않는다. 아무리 열심히 공부를 했다고 하더라도 최종 결과인 점수가 따라주지 않는 이상 공부하는 과정에서 했던 수고와 애씀을 반영해 주지 못하기 때문이다.

그럼에도 학점, 학위, 점수, 등수와 같은 결과 중심의 공부에 대한 태도는 회사나 조직에서 공통적으로 활용되는 결과 중심, 성과 중심과 같은 평가 척도가 되기도 한다. 학습 과정이나 학우들과의 상호교류 등에 대해 구차하게 강조할 필요 없이, 그저 좋은 학점을 강조함으로써 '우수한 실적이 우수한 과거 경험을 대변한다'는 논리를 일관성 있게 밀어붙인다. "과정 설명에 대한 부연 설명과 결과가 과정을 증명한다."라는 짧은 답변이 최선의 전략이 되는 것이다.

'원칙에 충실할수록 쉽게 목적지에 도달한다'는 사실을 이미 경험한 지원자들과 그 분야에 익숙한 면접관에게는 100퍼센트 조합이 맞는 상호 작용이고, 좋은 결과를 볼 수 있는 답변이다.

② 학문을 배워가는 과정의 즐거움을 강조한다.

기업이나 조직에서 좋은 실적과 성과를 거두기 위해 필요로 하는 과정적 정의(Procedural Justice)라는 것이 있다. 아무리 '결과'가 좋아도 '과정'이 좋지 않으면 그건 '진정한 좋은 결과'가 아니라는 뜻이다.

일을 잘하는 것도 중요하지만 그 일을 하는 과정에 담긴 하나하나의 일정과 단계 속에 담긴 진솔한 노력과 성실한 태도, 열정과 혼신을 힘을 다한 노력의 땀방울을 보여줌으로써 면접관에게 신뢰할 수 있는 지원자라는 점을 강조하는 답변이다.

과정을 중요하게 여기는 면접관들이라면 이런 지원자에게 좋은 평가를 주겠지만 만약 결과를 중시하는 면접관을 만나면 찡그린 얼굴 표정을 보게 될 것이다. 만약 면접관으로부터 이런 표정을 보게 된다면, "과정 못지않게 결과를 내는 것을 더 중요하게 생각합니다."라는 식으로 맞불을 놓을 줄 아는 지혜도 필요하다. 즉 과정의 중요성에 대해 아무리 잘 설명한다고 하더라도 '과정보다 결과'를 중시하는 면접관이 있을 수 있다는 생각을 잊지 말아야 하고, 이에 대한 지혜로운 대비책이 필요하다는 말이다.

"과정의 즐거움이 결과의 즐거움보다 크다."라고 말하는 지원자가 많아지고 있는 추세이지만 결과가 과정을 제대로 담지 못하는 환경이 바로 기업이고 회사조직이라는 점을 기억하면서 답변하는 것이 효과적이다.

③ 친구들과 함께 배우고 연구하는 과정에서 느꼈던 즐거움에 대해 강조한다.

과정과 결과, 프로세스와 성과, 이 모두가 중요하다. 하지만 면접 현장에서 "이 두 가지가 모두 중요하다"는 말로 두루뭉술하게 대응하는 것은 그다지 효과적이지 못한 상황을 반드시 불러오게 된다. 이와 같은 상황을 충분히 예상하고 대비하는 지원자는 바로 공부하는 과정에서의 '팀워크와 연구 분위기'와 같은 인간적인 요인, 즉 '인간적 공감대'의 요소를 꼭 포함시켜 그 질문의 본질을 한층 더 업그레이드하는 전략을 사용한다.

이와 같은 답변을 통해 단순히 공부하는 스타일에 있어 성적 중심의 사고나 과정 중심의 사고 체계에서 한 단계가 아닌 두 단계 격상된 '조직과 사람들과의 역학관계'라는 새로운 차원에 대해 답함으로써 지원자가 단순히 성적을 올리느라 밤샘 공부로 학창시절을 우울하고 답답하게 보내지 않았다는 메시지를 강력하게 어필하는 것이다. 이를 통해 대인관계의 중요성을 인식하고 있으며, 공부하는 과정에서 서로의 역할에 충실하며 팀의 분위기 메이커로서의 역할을 강조하여 남다른 관점을 가지고 스마트한 견문을 보여주는 답변이다. 다른 지원자와 차별화하는 자신만의 특성을 보여주는 계기로 삼는 것이다.

④ 공부와 연관된 실질적인 프로젝트 같은 것에 대한 성과를 강조한다.

인생을 재미있게 사는 방법을 묻는 사람들에게 해 주는 한 가지 지혜로운 현자들의 답변은 프로젝트를 만들면서 살라는 것이다. 여행 프로젝트, 이사 프로젝트, 건강 프로젝트 등등. 즉 단순하고 무미건조한 일상생활 가운데 활력을 끌어올릴 수 있는 이벤트나 프로젝트를 만들어 온 힘과 열정을 기울이는 것이다.

이 질문은 "학업을 해나가는 일상적인 과제를 어떻게 잘 관리했나?"라고 하는 평범한 질문을 프로젝트와 이벤트와 같은 인생의 주요한 계기가 될 수 있는 기념비적인 요소들을 하나 둘씩 집중 변형하여 의미 있는 하나의 행사가 되게 하는 프로젝트로서 그 일상성과 일반성을 깨라는 뜻이 된다.

이렇게 함으로써 면접관은 지원자가 입사 후 주어진 과업을 수행할 때 일상적인 루틴routine으로서의 단순 업무의 반복이 아닌 하나의 프로젝트로 일의 단위를 쪼개고, 그 단위 업무를 효과적으로 해내기 위해 퍼즐처럼 각각의 필요한 역할을 수행해내도록 하는 세련된 업무수행 능력을 보여줄 수 있다는 점을 강조하는 전략이라 할 수 있다.

세련된 업무 진행을 위한 필수적인 요소를 알고 있다는 암묵적인 커뮤니케이션을 하고 있는 것으로서, 면접관은 이를 인지하고 합격이라는 결과를 보내고자 할 것이다.

➤ 가장 합격률이 높은 답변

④ 공부와 연관된 실질적인 프로젝트 같은 것에 대한 성과를 강조한다.

☑ 이유

면접관이 이런 질문을 하는 핵심 목적은 지원자의 학습 태도와 문제 해결 능력을 평가하고자 하는 것이다.

- ④번을 선택하면, 단순한 이론 공부가 아니라 실제 적용 가능한 지식과 성과를 중요하게 생각하는 인재로 보일 수 있다.
- 기업이 원하는 것은 실무에서 활용할 수 있는 지식과 능력을 갖춘 인재이며, 학창시절에도 실질적인 성과를 창출한 경험이 있다면 좋은 평가를 받을 가능성이 높다.
- 특히 연구개발(R&D) 직군이나 프로젝트 중심의 직무에서는 이론을 실전에 적용하는 능력이 필수이므로 ④번이 가장 적절한 답변이다.

◎ 다른 선택지 분석

① 학점과 결과 중심의 공부 태도를 언급한다.

- 학점과 결과가 중요하긴 하지만 기업은 단순히 높은 학점을 받은

사람보다 배운 것을 실제 업무에 적용할 수 있는 능력을 중시한다.

- '학점이 높다'는 정보만으로는 지원자의 문제 해결 능력이나 창의성을 평가하기 어렵다.

② 학문을 배워가는 과정의 즐거움을 강조한다.

- 배움의 즐거움을 강조하는 태도는 긍정적이지만 기업은 결과를 내는 능력을 가진 인재를 원한다.

- 학습 과정에서 어떤 성과를 냈는지 구체적으로 언급하지 않으면, '이론적으로만 공부하는 사람'이라는 인상을 줄 수 있다.

③ 친구들과 함께 배우고 연구하는 과정에서 느꼈던 즐거움에 대해 강조한다.

- 협업 능력을 강조할 수 있는 장점이 있지만 학습 방식에 대한 질문이므로 개인적인 학습 전략을 설명하는 것이 더 적절하다.

- 단순히 즐거움을 강조하는 것보다는 실제로 문제를 해결하고 성과를 냈던 경험을 어필하는 것이 더 효과적이다.

◆ 합격률이 높은 답변 예시

"저는 학문을 실무에 적용하는 것을 중요하게 생각하여, 학창시절에도 프로젝트 기반의 학습을 많이 했습니다. 예를 들어, [구체적인 프로젝트 예시]를 수행하면서 데이터를 분석하고 문제를 해결하는 경험을 했습니다. 이를 통해 단순한 이론 공부를 넘어 실질적인 성과를 내는 방법을 배울 수 있었습니다. 이러한 경험을 바탕으로, 업무에서도 배운 지식을 적극 활용하여 실질적인 성과를 내는 데 기여하고 싶습니다."

16. 종교생활에 대한 질문에 당신의 답변은?

① 회사가 종교적인 특성을 가지고 있는 경우, 거기에 맞춰 말한다.

② 자신이 현재 가지고 있는 종교생활을 사실대로 답변한다.

③ 종교는 없지만 갖게 될 가능성을 열어두고 답변한다.

④ 업무적 연관성이 없음을 조심스럽게 말하고 명확한 답변은 하지 않는다.

직접적으로 종교생활에 대한 질문을 해서는 안 되는 회사를 제외하고는 지원자의 종교활동 또는 신앙생활 양상에 대해 궁금해 하는 면접관들도 많다. 그래서 그렇게 보기 드문 이 질문이 많은 지원자들을 당황하게 만들기도 한다.

직접적으로 종교생활에 대한 질문은 하지 않더라고 우회적으로 개인적인 종교활동이나 신앙생활을 물어보는 경우, 상황에 따라 답하기도 어렵고 또 답을 하지 않자니 분위기가 얼어버릴 것 같은 상황을 우려하는 지원자의 태도를 보게 되는 특별한 기회가 되기도 한다. 면접관으로서는 나름 '의미 있는 면접 상황'이라 할 수 있다.

금기로 여겨지는 면접 질문이 있기는 하지만 종교와 같이 사생활과 연관되어 있는 질문은 그 질문 '내용'보다, 질문에 대응하는 지원자들의 개인적인 '답변 태도'에 의미가 있다는 점에서 4가지 정도의 답변 양상으로 구분되는 것을 경험한다.

네 가지의 답변이 유사성도 있고 차별성도 있긴 하지만 채용 면접이라는 상황과 변화는 되도록 차별적인 능력과 자질이 더욱 강하게 나타나면 나타날수록 면접관이 평가하고 심사하기에 더 효율적이라는 점을 기억해 두면 실패가 없는 답변을 선택할 수 있다. 즉 하나의 답변만을 고집하지 않고 상황과 분위기에 따라 선택의 폭을 넓히는 지혜로운 제갈공명 전법을 사용하는 것을 추천하고 싶다.

① 회사가 종교적인 특성을 가지고 있는 경우, 거기에 맞춰 말한다.

종교가 회사 창립이념이나 창업주의 기업윤리관에 반영되어 있는 기업인 경우, 지원자의 답변 내용이 합격 여부에 영향을 미칠 수도 있다. 그래서 실제로 종교활동을 하고 있지 않음에도 지원한 회사의 종교적인 특성에 따라 맞춰가며 답변을 하기도 한다.

면접 심사 책임자 중에서 최고경영진의 의사와 면접 합격 여부가 이에 연관되어 있다면 소신을 피력하는 답변보다 '맞춰서 하는 답변'이 현실적인 선택이 될 수도 있다는 생각도 든다.

② 자신이 현재 가지고 있는 종교 생활을 사실대로 답변한다.

솔직한 답변을 유도하기 위한 면접관의 치밀한 전략과 전술이 이 질문의 배경이 아닌 바에야 솔직한 지원자의 답변이 합격을 판가름하는 원인이 될 수도 있다. 굳이 사실 아닌 답변으로 마음이 불편해지고, 면접을 마친 뒤 집으로 돌아가는 길을 우울하게 만들고 싶지 않다면 이런 소신 답변이 자신을 향한 최고의 자기고백이 될 수도 있다.

종교생활이라고 하는 지극히 개인적인 사생활 질문을 가장 공적인 면접 현장에서 질문으로 받게 되는 사실에 당황할 필요 없이, 자신의 주관적인 종교적 신념에 따른 '선택과 집중'이 오히려 면접관이 기대하는 솔직하고 담백한 답변이 될 수 있다는 것이다.

이를 통해서 면접의 주도권이 지원자에게 있을 수 있다고 전제한다면, 오히려 피상적으로 겉도는 답변으로 둘러대는 것은 용기가 없다는 반증이므로 담대하게 밀어붙이는 전략을 사용해 보는 것이다.

③ 종교는 없지만 갖게 될 가능성을 열어두고 답변한다.

지원자의 지극히 개인적인 종교관 또는 신앙에 대한 면접관의 궁금증은 단순히 지원자의 종교적인 성향이나 그것을 둘러싸고 있는 지원자의 인성, 적성을 판단하기 위한 질문의 범위를 뛰어넘는다고 볼 수 있다.

왜냐하면 종교적인 신념에 따라 일을 잘하느냐 못하느냐의 관점이 만들어지는 것은 아니고, 그 이상의 차원, 예를 들면 지원자의 개인적 어려움을 어떠한 해결 과정을 통해 이겨나갔으며 조직생활에서도 잘 풀어나갈 수 있을 것이라고 하는 확신을 면접관에게 심어주는 것만으로도 질문의 본질에 가까이 다가간다고 할 수 있다는 점이다.

여러 가지 문제 해결의 가능성을 이 지원자가 가지고 있는지 특히, 개인의 취향과 적성, 성장 배경과 조직문화적인 차이에 대한 것들을 지원자의 자발적인 선택에 의해 변화와 개선 또는 색다른 환경으로의 진입이 가능하다는 사실만으로도 면접관에게는 득점 포인트가 될 수 있다고 보는 것이다. 단, 사실에 기반을 둔 내용으로 진솔하게 설명되어야 한다는 전제가 성공을 위한 기본 토양이 된다.

④ 업무적 연관성이 없음을 조심스럽게 말하고 명확한 답변은 하지 않는다.

면접에서 종교에 관한 질문은 미국이나 서구에서는 금기로 여겨진다. 업무 연관성이 없는 차별적 성향을 담은 질문이고, 지원자 개인의 사생활에 대한 불필요한 오해와 법률적인 문제를 불러일으킬 수 있기 때문이다. 이러한 점에서 업무적 연관성 없다는 이유로 직접적인 답변을 회피하는 전략도 면접관들로부터 의외의 눈길을 받을 수 있는 답변이 될 수도 있다는 점이 기억할 만하다.

이러한 측면에서 명확한 답변을 회피할 이유가 될 수 있는 법적, 문화적, 제도적 차이를 조심스럽게 말하고 간접적인 개인 취향의 답변을 하지 않게 된다고 하더라도 이것이 면접 불합격의 원인이 될 수 없다는 사실을 면접관들은 이미 잘 알고 있다고 믿는 것이다. 이러한 조심스러운 답변을 내놓기 위한 전제조건을 통해 면접관이 의외의 돌발적인 질문과 같은 것만 들이대지 않는다면, 사실 강인하고 논리적인 설득력이 담긴 이 답변이 최고의 답변이 될 수 있다는 사실을 알고 있는 지원자는 그다지 많지 않다.

유의해야 할 점은 업무와의 연관성에 대한 규정은 지원자가 내리는 것이 아니라 면접관이 내리는 것이라는 점이다. 따라서 답변 과정에서 이와 같은 답변이 업무나 직무에 얼마나 부합되고 연관성이 있는지를 잘 측정하고 평가해 보는 것이 필요하다. 섣불리 '업무 연관성이 없다.' 라고 보고 명확하게 답변하지 말라는 것이다.

➤ 가장 합격률이 높은 답변

④ 업무적 연관성이 없음을 조심스럽게 말하고, 명확한 답변은 하지 않는다.

☑ 이유

- 종교는 개인의 사적인 영역이며 업무와 직접적인 관련이 없는 질문 이므로 신중하게 답변하는 것이 중요하다.
- 미국이나 한국의 대다수 기업에서는 종교에 대한 질문 자체가 민감 할 수 있으며 차별 요소가 될 가능성이 있기 때문에 명확한 답변을 피하는 것이 바람직하다.
- ④번처럼 업무와 관련이 없음을 강조하면서도 조심스럽게 답변하 면 불필요한 논란을 피할 수 있다.

◎ 다른 선택지 분석

① 회사가 종교적인 특성이 있는 경우, 거기에 맞추어 말한다.

- 종교적인 특성이 있는 기업이라고 하더라도 개인의 신념을 기업 문 화에 맞추려는 태도는 오히려 부정적으로 보일 수 있다.
- 지원자의 진솔함이 부족해 보일 수 있고, 기업이 지원자의 신념과

맞지 않는 결정을 강요할 수도 있다.

② 내가 현재 가지고 있는 종교적 생활을 사실대로 답변한다.

- 솔직한 답변이 중요한 경우도 있지만 업무와 관련 없는 주제로 지나치게 상세한 정보를 제공할 필요는 없다.
- 만약 면접관이 특정 종교에 대해 편견을 가지고 있다면, 불필요한 논란을 초래할 수 있다.

③ 종교는 없지만 가질 수 있는 가능성을 열어두고 답변한다.

- 열린 태도를 보이는 것은 긍정적일 수 있지만 불필요한 정보를 제공할 경우 오히려 약점으로 작용할 가능성이 있다.

◆ 합격률을 높이는 답변 예시

"저는 업무와 종교는 별개라고 생각하며, 회사에서의 역할을 수행하는 데 있어 종교적 요소는 영향을 미치지 않습니다. 저는 다양한 배경을 가진 사람들과 협력하는 것을 중요하게 여기며, 조직의 목표에 맞춰 최선을 다하고자 합니다."

▶▶▶ TIP

① 업무 중심의 태도 강조 → ② 종교적 중립성 유지 → ③ 조직과 협업하는 자세 강조

이런 방식으로 답변하면 불필요한 논란 없이, 전문적인 태도를 유지하면서도 긍정적인 인상을 줄 수 있다.

17. 존경하는 사람에 대해 묻는 질문에 대한 답변은?

① 부모님을 예로 들어 설명한다.

② 새롭게 떠오른 사회적으로 존경받는 인물을 예로 설명한다.

③ 예전부터 좋아하던 위인을 예로 들어 설명한다.

④ 주위에 있는 친한 선배나 가까운 분을 예로 들어 설명한다.

면접에서 다루기 어려운 질문 중에는 개인의 문화적 성향과 업무와 관계없는 개인적 소신이나 의견에 대한 것들이 있다. 잘못 질문을 할 경우, 법적인 문제가 불거질 우려가 있을 뿐만 아니라 지원자가 다양한 소셜 미디어를 통해 회사에 대한 부정적인 평가를 올려 회사 이미지가 실추되는 상황이 연출될 수도 있기 때문이다.

여기서 면접관이 묻고 있는 '존경하는 인물에 대한 질문'도 개인의 문화적 성향과 연관되어 있는 터라 쉽게 하는 질문은 아니다.

하지만 최고 경영진과의 최종 면접에서는 간혹 나오게 되는 질문이고, 이때 동석한 다양한 의사결정자들은 차마 묻지 못했던 이 질문에 대해 지원자들이 어떤 답변을 내놓는지 관심을 가지고 주목하게 되는 질문 중 하나이기도 하다.

이 질문에 대한 지원자들의 답변을 보면 가장 가까운 사람들부터 시작해 각계각층의 사람들이 나오는데, 거기에는 적정하고 현명한 이유를 말할 수 있어야 한다. 이것은 지원자가 맡게 될 직무와 개인의 역량이 관계로 이어져 있다는 논리적 연관성을 보고 싶어 하는 면접관의 기대가 담겨 있는 질문이기도 하기 때문이다. 이 질문은 공연히 "어떤 인물을 존경하는가?"라고 질문하는 것이 아니라는 뜻이다. 면접관의 의도를 이해하게 되었다면, 존경하는 인물을 통해 어떻게 자기계발을 해왔고, 그것이 직무와 어떻게 관련되어 있는지 답변할 수 있다면 좋은 평가를 받을 수 있을 것이다.

① 부모님을 경우로 예를 들어 설명한다.

가장 일반적이고 듣기 좋고 나무랄 데 없는 답변으로 꼽힌다. 지원자의 부모님 인생에 대해 면접관이 이렇다 저렇다 평가할 수 없다는 점에서 절대적, 상대적으로 평가하기에 어려움이 있기 때문이다. 문제는 부모님을 존경하는 이유와 논리를 보고자 하는 것인데, 대체로 지원자의 답변을 들어보면 자칫 일반적이고 평이할 수밖에 없는 답변을 보완하면서 세련된 느낌을 주고자 과장하는 경향이 있다는 것이다.

또한 지원자에게는 의미 있는 일이 될 수도 있지만 면접관이나 다른 지원자들에게는 그다지 감동을 주지 못하는 일상의 생활, 단순한 이벤트나 사건에 과도한 의미를 부여해 면접관의 공감을 이끌어내는 대신 오히려 역효과를 불러일으키는 경우도 많다.

지원자로서는 부모님을 존경하는 마음이 효의 실천이라는 '윤리적' 문제로서 충분히 공감하고 이해할 수 있는 부분이긴 하지만 면접 현장에서의 직무 적합성 또는 조직의 요구와 접합점을 찾기 어려울 수 있다는 점을 고려해야 한다.

② 새롭게 떠오른 사회적으로 존경받는 인물을 예로 설명한다.

존경 대상이 누구인지가 중요한 것이 아니라 지원자가 왜 그 인물을 존경하는지 설명하는 과정을 통해 지원자의 품성과 논리 전개를 함께 평가할 수 있다는 장점이 있다. 단순히 어진 성품을 지닌 부모님의 사랑을 받으면서 존경하고 감사하는 마음을 가지고 있다는 식의 접근 방식은 이제 면접관에게 별다른 공감을 불러일으키기 어렵다. 그래서 사회적 평판과 자신의 가치관을 염두에 두고 지원자 자신의 롤모델로서 사회적으로 존경받는 인물을 언급하는 방법을 취한다. 즉 시사성이 높은 정치, 경제, 사회, 문화적인 부분에서 많은 사람들로부터 존경을 모으고 있는 인물을 통해 자신의 발전 방향을 제시하는 것이다.

이와 같은 답변의 장점은 해당 인물이 '사회적 인식을 높여가고 있다'는 점에서 '동반성장에 대한 기대'라는 평가를 받을 수 있는 반면에, 너무 대중적이고 통속적인 인물사전 식의 미사여구로 장식돼 식상해질 수 있다는 점이다.

요즘 지원자들 중 대략 삼분의 일 정도는 이런 경향을 보이고 있지만, 너무 일반화 된 답변을 내놓는다면 그다지 좋은 평가를 기대하기 어렵다.

③ 예전부터 좋아하던 위인을 예로 들어 설명한다.

역사적인 위인은 수많은 사람들이 존경의 대상으로 거론한다. 보편적인 현상이 할 수 있다. 당연히 다른 사람들과 차별화하기가 쉽지 않고, 그래서 많은 지원자들의 입에 덜 오르기 마련이다. 만약 이 질문에서 역사적인 인물을 존경하는 사람으로 선정했다면 그 인물이 가지고 있는 모습, 권위나 위상을 토대로 회사나 조직에 적용할 수 있는 부분들을 언급하는 것이 최고의 답변 전략이 된다.

예를 들어 창의적이고 전략적인 지휘 능력을 통한 리더십을 갖춘 인물이라는 위상을 가지고 있다면, 그 인물의 리더십과 새롭게 변화하고 있는 회사나 조직의 상황에서 일맥상통하는 부분을 설득할 수 있어야 한다. 또 인간적이고 자애로운 모습의 리더십을 갖춘 인물이라면 그의 친화력과 공동체 마인드를 서로 비교해 강조함으로써 지원자가 친화력을 갖춘 리더십을 발휘해 업무를 수행하고 조직과 잘 융합해 갈 수 있다는 '동반효과(entraining effect)'를 보이는 방법을 이용한다.

이와 같은 답변 테크닉들은 지원자가 회사의 일과 특성에 대해 잘 알고 있으며, 존경하는 인물을 모델로 삼아 자신을 갈고 닦으면서 그 결과로 조직에 기여할 수 있다는 점을 알리는 전략이다. 즉 면접관 또한 이와 같은 인물에 대해 공감할 것이므로, 동시에 지원자 또한 그런 위인과 같은 자세로 입사 후 조직에 기여할 것이라는 현혹효과를 기대하는 것이다.

④ 주위에 있는 친한 선배나 가까운 분을 예로 들어 설명한다.

멀리 있는 위인 또는 사회적으로 유명한 공인에 대한 존경 의지를 표명하는 것은 구체적인 사실이 아닌 대중적인 정보에 기초한 일방적이고 차별성이 부족한 '조각 정보(Fragmented information)'에 그칠 가능성이 크다. 따라서 보다 심도 있는 또 다른 관점의 정보나 상반된 의견을 가지고 있는 면접관이 반대논리를 펴게 되면 매우 큰 난관에 봉착하게 될 수도 있다.

이를 보완하기 위해 지원자와 친분이 있거나 특별한 관계성을 가진 인생 선배 내지 주변에 있는 가까운 분들의 존경할 만한 점을 들어 그들이 가지고 있는 품성이 회사에 지원하는 지원요건과 부합하고 의미가 있다는 점을 강조하는 방법이다. 요즘 들어 많이 활용되기도 한다.

면접관이 잘 인지하지 못하고 있는 지원자의 존경 대상에 대한 논리적 소견과 이유를 듣고, 지원자가 그 인물을 통해 얻은 역량이나 깨달음, 의지를 조직에 어떻게 적용할 수 있는지 그 맥락을 살펴 파악하게 되는 장점을 활용하는 것이다.

이런 답변 기법들이 가지는 장점은 '지원자가 회사에 지원한 이유가 존경하는 사람의 인품이나 다른 역량에 대해 잘 보충해 설명하면서 확실한 서명을 받게 된다'는 효과성과 특수성을 가질 수 있기 때문이다.

➤ 가장 합격률이 높은 답변

② 새롭게 떠오른 사회적으로 존경받는 인물을 예로 들어 설명한다.

☑ 이유

- 면접관은 지원자의 가치관과 롤모델을 통해 지원자가 어떤 인재인지 파악하고자 한다.
- ②번을 선택하면, 현재 사회에서 인정받는 인물의 특징을 통해 자신의 직업관, 목표 그리고 업무 스타일을 자연스럽게 연결할 수 있다.
- 단순히 유명 인물을 나열하는 것이 아니라 그들의 성취와 철학을 어떻게 자신의 직무와 연결할 수 있는지 설명해야만 더욱 강한 인상을 줄 수 있다.
- 또한 현대적인 인물(예: 혁신가, 업계 리더, 사회적 영향력이 큰 사람)을 선택하면, 최신 트렌드와 업계 동향을 이해하고 있다는 점을 강조할 수

있다.

◎ 다른 선택지 분석

① 부모님을 예로 들어 설명한다.

- 부모님을 존경하는 것은 개인적으로 중요한 가치이지만 직무와 직접적인 연관성을 찾기 어려워 면접관에게 깊은 인상을 주기 어렵다.

- '부모님이 주신 가르침이 업무에 어떤 영향을 미쳤는지'를 명확하게 연결하지 않으면 단순한 감상적 답변으로 보이게 될 가능성이 크다.

③ 예전부터 좋아하던 위인을 예로 들어 설명한다.

- 역사적인 인물(예: 링컨, 간디, 아인슈타인 등)을 예로 들 경우, 지원하는 직무와 관련이 있는지 여부가 중요하다.

- 단순히 '위대한 인물'이라고 설명하는 것이 아니라 그들의 철학과 업적이 자신의 직무나 목표와 어떻게 연결되는지 구체적으로 설명해야 한다.

- 과거의 인물보다 현대적인 롤모델을 제시하는 것이 더 실용적이고, 시대 흐름에 맞춘 사고력을 보여줄 수 있다.

④ 주위에 친한 선배님이나 가까운 분을 예로 들어 설명한다.

- 실무적인 롤모델을 제시하는 것은 좋지만 너무 개인적인 인물(예: 회사 선배, 교수 등)을 이야기하면 범용성이 부족해 보일 수 있다.

- 면접관이 잘 모르는 사람을 예로 들며, 그 인물이 왜 특별하지 공감을 얻기 어렵다.

◆ **합격률이 높은 답변 예시**

"저는 일론 머스크(또는 팀 쿡, 존 도나휴 등 혁신적인 기업 리더)를 존경합니다. 그는 기존의 틀을 깨고 새로운 혁신을 주도하는 리더십을 보여주었으며, 변화를 두려워하지 않는 도전정신을 가지고 있습니다. 저는 이러한 도전적인 태도를 본받아, 새로운 환경에서도 끊임없이 배워가며 변화를 주도하는 인재가 되고 싶습니다."

> ▶ ▶ ▶ **TIP**
>
> ① 현대적이고 영향력 있는 인물 선택 → ② 그 인물의 가치관과 업적 설명 → ③ 자신의 목표나 업무 스타일과 연결.
>
> 이와 같은 방식으로 답변하면 면접관이 지원자의 사고방식과 목표를 쉽게 이해할 수 있으며, 논리적이고 설득력 있는 답변이 된다.

---

18. 입사 후 3년 안에 이루고자 하는 최고의 업적이 있다면?

① 회사가 원하는 직무 성취를 강조하여 설명한다.

② 인간관계와 사회생활에서의 삶의 지혜를 강조하여 설명한다.

③ 자아실현과 자기계발을 중심으로 자신의 성취를 강조하여 설명한다.

④ 낳고 길러 주신 부모님께 보답하기 위해 자랑스러운 자식으로서 인정받을 수 있는 사람이 되겠다고 강조하여 설명한다.

"아직 입사도 하지 않았는데, 왜 이런 질문을 하는지 모르겠다"고 말하는 예비 지원자가 있다면 그는 아직 '조직의 ABC'조차 제대로 이해하지 못하고 있다고 할 수 있다. 입사 후 10년이 아니라 3년 동안의 단기성과에 대해 말할 수 있는 지원자는 대학입학 후 졸업까지 어떻게 학업관리를 할 것인지 묻는 질문보다 더 중요하고 의미 있는 질문이라는 것을 잘 알고 있기 때문이다. 면접관이 누구든지 간에 이런 질문을 하는 이유는 지원자의 직접적인 능력과 자질, 인품과 성격, 그리고 태도와 의지를 한 번에 알 수 있기 때문이다.

지원자에 따라 업무에 대한 성취를 말하거나, 그 과정에서 자신의 역량과 성장을 표현하기도 하고 또는 회사의 가치를 높일 수 있도록 하겠다는 포부를 담기도 한다. 그리고 지원자의 답변에 따라 면접관은 지원자의 미래관과 세계관을 가늠할 수 있게 된다. 단순히 "회사생활을 하는 동안에 이루고자 하는 것이 무엇이냐?"라는 질문 뒤에는 "지원자의 꿈은 무엇이며, 그 꿈을 이루기 위해 무엇을 할 것이며, 회사가 어떻게 도와주면 좋겠는가?"라고 하는 핵심 질문이 숨어 있다.

① 회사가 원하는 직무 성취를 강조하여 설명한다.

바른생활 지원자의 모범답변이다. 평범함 속에 비범함을 찾고자 하는 면접관들의 의지를 50퍼센트 정도는 만족시킬 수 있는 신입사원용 답변이기도 하다. 하지만 이런 단순한 제한점에서 벗어나기 위해서는 구체적이고 실질적인 방법이 그 실제 사례로서 제시되어야 한다.

'합격률이 50퍼센트 미만일 수 있다'는 리스크도 감수해야 한다. 왜냐하면 모든 지원자들이 면접 전날 이런 답변을 외우고 준비하기 때문인데, 답변 도중 면접관의 반응을 보면 이와 같은 느낌을 받게 될 가능성이 크다. 즉 회사가 원하는 직무의 성공모델을 신의, 성실, 책임, 도전정신 같은 구태의연하게 들리는 단어들에서 찾을 수 있는 시대는 이미 30년도 더 지났다. 그래서 이런 답변을 듣게 되면 면접관은 다소 실망감을 보이게 된다.

하지만 기본에 충실하다는 말을 들을 수는 있어서 신입사원들의 답변 내용으로는 제격이라 할 수도 있다. 50점만 받아도 만족할 수 있다고 생각하면, 기본에 충실한 답변이라고 자신만만하게 면접장을 나올 수 있겠지만 그래도 쟁쟁한 다른 지원자들은 다음의 ②, ③, ④번의 답변으로 보다 현실적이고 성과 중심의 답변을 준비한다.

② 인간관계와 사회생활에서의 삶의 지혜를 강조하여 설명한다.

직장생활을 3년 이상 해온, 즉 직장 조직의 생태와 구성을 경험한 지원자의 답변이다. 대인관계는 회사생활 중 가져갈 수 있는, 가장 값비싼 보물 중의 하나이다. 그러한 이유로 성공적인 인간관계와 그것으로부터 오는 삶의 지혜를 말할 정도라고 하면 면접관이 기대하는 답변의 골격은 모두 갖춘 셈이다. 외워서 나오는 지식 수준의 답변이 아니라 다양한 인간관계, 조직 내 상하 관계, 동료 관계, 대내외적인 업무 관계 등을 통틀어 지혜로운 답변을 하는 지원자는 경험상 다섯 명 중 한두 명 정도에 불과하다.

문제는 그 경험을 실례로 들어 설명해 보라고 하는 경우이다. 실제 사례로서 충분히 검증 가능하다면 더할 나위 없는 만점짜리 답변이 된다. 특별히 인간관계, 대인관계를 통해 이룰 수 있는 업적을 설명하는 과정에서 지원자의 삶의 연륜과 그 안에 담긴 인간관계의 노하우 그리고 이런 노하우를 통해 새로운 조직에 잘 융화될 수 있을 것인지가 관건이다. 이런 경우에는 열정적인 면접 분위기가 감돌게 되고 합격의 순간에 가까이 다가가고 있다고 할 수 있다.

③ 자아실현과 자기계발을 중심으로 자신의 성취를 강조하여 설명한다.

"당신은 무엇을 성취하고 싶습니까?"라는 질문에 답할 때, 우리는 조심해야 한다. 자신의 성공, 자기계발, 자아실현에만 초점을 맞춘 답변은 자칫하면 이기적이고 자기만 생각하는 사람처럼 비칠 수 있기 때문이다. 아무리 멋진 커리어 비전이라도, 그것이 "나만 잘되면 된다"는 느낌을 준다면 면접관의 마음을 움직이기 어렵다.

회사는 혼자가 아닌 '함께' 일하는 공간이다. 따라서 조직에 일정 수준 이상, 최소한 절반 이상의 헌신과 기여를 전제로 하지 않은 성취 욕구는, 오히려 단기간 머물다 떠날 사람처럼 보일 수 있다.

예를 들어, 자기 성취만을 강조하다 보면 "이 지원자는 3년만 있다가 경력을 쌓고 나가려는 건 아닐까?"하는 오해를 살 수도 있는 것이다. 그렇다면 어떻게 답해야 할까? 진짜 '프로'라면 이렇게 말한다. "저는 조직의 목표에 맞춰 제 역량을 최대한 기여하고, 그 과정에서 성장하겠습니다." 즉 내가 해낸 성과가 결국 팀의 성과이고, 회사의 발전에 도움이 되었다는 점을 강조하는 것이다. 면접관이 듣고 싶은 건 단순한 야망이 아니다.

"함께 성장할 수 있는 사람인가?"라는 질문에 진심 어린 신뢰로 답할 수 있을 때, 진짜 합격에 가까워진다. 그러니 나만의 성취가 아닌, 조직과 함께 이루는 성취를 이야기해야 한다. 그 안에서 지원자의 빛나는 경험과 전문성은 오히려 더 진정성 있게 보일 것이기 때문이다.

④ 낳고 길러 주신 부모님께 보답하기 위해 자랑스러운 자식으로서 인정받을 수 있는 사람이 되겠다고 강조하여 설명한다.

이런 답변은 신파극처럼 들릴 수 있다고 생각하지만 본질적으로 부모님에 대한 성실한 태도는 기본적인 인간적 도리로 책임을 다하는 사람으로 인정받을 수도 있다. 이를 통해 최고경영자의 마음을 움직일 수 있는 최선의 방안이 될 수도 있는 반면, 정서적인 유대감이 쌓여 있는 만큼의 유약한 심성의 소유자로 낙인찍힐 수 있는 단점이 있다.

신입사원의 태도에는 적합할 수도 있다고 판단되나 전문적이고 탁월한 성과가 필요한 경쟁력 중심의 면접장에서는 피해야 할 답변 중의 하나다. 순수한 마음은 알겠는데, 그 이상의 것을 요구하는 면접관의 눈빛을 눈치 챘다면, 그 이상의 설득력 있는 답변으로 열린 마음의 문에 한 발자국 더 진입할 수 있어야 한다. 그렇게만 된다면 더욱 좋은 평가를 받을 수 있는 '열린 문고리' 답변이 될 수 있다.

면접관들의 대체적인 평가를 들어보면, 이런 답변을 하는 지원자는 성실과 끈기가 가장 중요한 덕목으로 삼아 일에 대한 완벽성을 추구하며, 그와 동시에 지원자 자신의 업무 주관성이 너무 뚜렷해 3~5년의 직장생활 과정 중에 반드시 필요한 융통성과 조직 내 역학관계에서 부자연스러운 저기압성 구름층을 조직 내에서 형성하는 경향이 있다는 점이다.

➤ **가장 합격률이 높은 답변**

① **회사가 원하는 직무 성취를 강조하여 설명한다.**

☑ **이유**

- 면접관은 지원자가 회사에서 어떤 성과를 낼 수 있는지, 조직에 기여할 수 있는지를 확인하려고 한다.
- ①번을 선택하면 직무에 대한 이해도와 목표 의식을 강조할 수 있어 긍정적인 인상을 줄 수 있다.
- 또한 개인의 성장뿐만 아니라 회사의 성공과 연결되는 답변이므로 실무적인 사고방식을 갖춘 인재로 보여지게 된다.

◎ **다른 선택지 분석**

① **인간적인 관계와 사회생활에서의 삶의 지혜를 강조하여 설명한다.**

- 회사생활에서 인간관계는 중요하지만 면접에서는 직무성과를 더 우선해서 보는 요소다.
- 인간관계를 강조하더라도 팀워크를 통해 직무 성취를 이루겠다는 방향으로 연결하는 것이 좋다.

② **자아실현과 자기계발을 중심으로 자신의 성취를 강조하여 설명한다.**

- 자기계발도 중요하지만 회사 입장에서는 조직에 어떤 기여를 할 수 있는지가 더 중요한 평가 요소이다.
- 자기계발과 회사의 목표를 연결하면 긍정적인 답변이 될 수 있다. 예를 들어 "3년 내에 저의 분야에서 전문성을 키우고, 이를 바탕으로 회사의 성장에 기여하고 싶습니다."와 같은 답변이다.

③ 낳고 길러 주신 부모님께 보답하기 위해 자랑스러운 자식으로서 인정받을 수 있는 사람이 되겠다고 강조하여 설명한다.

- 가족에 대한 감사한 마음은 훌륭한 가치지만 취업 면접에서는 직무와 직접적인 연관성이 적어 적절하지 않다.
- 가족을 언급하더라도 회사의 목표와 연결하는 방향이 필요하다.

◆ 합격률이 높은 답변 예시

"3년 내에 제가 맡은 직무에서 확실한 성과를 내고, 팀의 핵심 인재로 성장하는 것이 목표입니다. 특히, 고객 데이터를 분석하여 마케팅 전략을 개선하거나, 프로젝트 관리 역량을 키워 성과를 극대화하는 데 기여하고 싶습니다. 이를 위해 지속적인 학습과 실무 경험을 쌓으며 회사의 성장과 함께 발전해 나가겠습니다."

▶▶▶ **TIP**

① 직무와 관련된 성과 목표 설정 → ② 구체적인 실행 계획 제시 → ③ 개인적인 성장을 통해 회사에 어떻게 기여할 것인지를 연결.

이런 방식으로 답변하면, 면접관이 지원자의 실질적인 기여 가능성을 명확히 이해할 수 있으며, 조직에 필요한 인재로 보일 수 있다.

---

19. 신입사원 6개월이 지난 시점, 뇌물에 대한 유혹이 발생한

경우 대처 방법은?

① 무조건 받지 않는다고 단호하게 원칙을 강조하며 답변한다.

② 회사의 규정이 무엇인지 판단하여 적절하게 대처한다.

③ 일단 받되, 감사의 표시인지 뇌물인지를 스스로 판단하여 대처한다.

④ 일단 거래관계의 성의를 고려하여 받되, 선배들의 조언에 따라 처리한다.

신입사원 면접 때는 받지 않을 것으로 생각했던 스트레스 유발성 질문을 막상 면접장에 들어가면 꼭 한두 개씩은 의외로 맞닥트리게 된다. 면접관이 지원자의 심리 상태를 너무도 잘 분석하기 때문일까? 아니면 지원서에 너무 청렴결백하다고 자신을 포장해 놨기 때문일까?

어쨌든 이런 질문을 예상했던 그렇지 않든 간에 갑작스런 질문을 받고 당황하는 순간에 답변을 기다리는 면접관의 눈동자는 이미 줌업이 되어 지원자의 코앞에까지 다가오게 된다.

특별히 대외적 업무가 많은 기관이나 다른 회사와 거래 관계가 많은 업무일수록 계약관계 또는 업무와 관련된 다양한 대외적인 관계에 있어서의 정상적이지 않은 거래 유형들에 대한 질문(예를 들면 뇌물이나 금전적 거래 등)을 통해 지원자의 윤리의식과 의사결정 방식에 대한 현실적인 대응 능력을 보고자 한다.

실제로 이 질문의 수면 아래 숨겨진 빙하의 무게는 단순히 뇌물이나 부정행위에 대한 지원자 한 사람의 행동이나 처신에 대한 것이 아니다. 윤리성과 청렴성 안에 내재되어 있는 지원자의 본질적인 내면, 인간 그 자체 DNA를 보고자 하는 노력의 일환으로 던지는 질문인 것이다.

단순하게 보자면 난감한 답변이 나오게 마련이지만 그렇다고 해서 충분히 고민하고 대답할 시간을 가질 수도 없다. 그래서 지원자 개인의 품성과 인격을 최단시간에 알 수 있는 질문으로 활용되는 것이다.

① "무조건 받지 않는다"고 단호하게 원칙을 강조하며 답변한다.

모든 청렴결백형 지원자의 70퍼센트는 단호하게 부정함으로써 자신의 순수성과 때 묻지 않은 윤리관을 강조하고자 한다. 이로써 면접관에게 자신의 청렴성에 대한 남다른 경쟁우위를 보여줌으로써 높은 윤리의식과 직무에 대한 탁월함을 연관 지어 신뢰도를 확보하고자 하는 것이다.

문제는 면접관의 입장에서 윤리적인 당위성이 직무 능력의 우수성으로 전환되는 경우가 그다지 많지 않다는 생각을 하기 마련이라는 점이다. 실제로 그렇게 간단하게 연관 지을 수 없는 것이 현대의 복잡한 직무 환경이다.

그래서 단호하게 원칙을 강조하는 것만으로는 이 질문에 대한 좋은 답변이라는 결과를 얻지 못하기 쉽다. 오히려 고지식하고 융통성이 없다는 평가를 듣고 일반적인 지원자 그룹에 속하게 되는 경향이 있다.

그렇다고 해서 융통성 있게 어중간한 답변, 예를 들어 '상황에 따라 받을 수도 있고, 그렇지 않다.'라면서 한 걸음 물러선 답변으로 태도를 바꾸게 되면, 더 큰 실패를 불러일으키게 된다. 왜냐하면 신념과 지조가 없다는 사실을 스스로 시인하는 것이기 때문이다.

그래서 이런 답변을 할 때는 확실한 논리적인 근거와 경험의 세계를 보여줄 필요가 있다. 왜 뇌물을 받지 않아야 하고, 그것이 어떻게 지원자의 삶과 연관이 있는지에 대한 내용 등 디테일한 설명이 필요한 것이다.

② 회사의 규정이 무엇인지 판단하여 적절하게 대처한다.

이런 답변을 보통 '선수들의 답변'이라 부른다. 뇌물이라고 하는 부적절한 거래관행에 대해서 회사의 필요와 개인의 요구가 상충하는 상황이 발생한 근본 원인을 '제도와 법률의 범위 내'에서 해결하고자 하는 현명함이라고 볼 수 있다. 이런 답변은 기존 구성원들도 답변하기 힘든 질문 중 하나라는 점에서 생각해 보면 경험이 짧은 신입사원 지원자들로서는 매우 어려운 질문에 해당한다. 더군다나 이 질문의 목적이 무엇인지를 명확하게 이해하지 않으면 ①번 답변처럼 무조건 부인함으로써 윤리적으로 대응하고자 하는 모양새가 되기 마련이다.

모든 회사에는 다양한 경영환경과 거래관계에서의 행동양식이 규정되어 있고, 이를 잘 이해하고 있다는 것 자체만으로도 득점 포인트가 된다. 질문 의도를 지원자가 꿰뚫고 있음을 보여주는 것이 답변 그 자체보다 중요하다는 관점을 가졌으면 하는 게 필자의 바람이다. 규정이 있는지도 모르고, 또 그런 상황이 있을지도 더더욱 모르는 지원자들로서는 상상도 할 수 없는 답변이라는 점에서 경쟁우위를 확보할 수 있는 좋은 답변이 된다. 그런 상황일수록 법이 정한 범위 내에서 개인과 조직이 함께 승리할 수 있는 답변을 만들어 말할 수 있는 것이 면접에서 성공적인 결과를 가져올 수 있는 길이 된다.

③ 일단 받되, 감사의 표시인지 뇌물인지를 스스로 판단하여 대처한다.

이러한 답변은 지원자가 가지고 있는 전 범위적인, 즉 넓은 범위에 있어서의 다양성을 볼 수 있게 하는 답변이 된다. 이러한 답변을 내놓는 지원자는 업무 난이도나 친숙도와 상관없이 광범위한 분야의 노하우와 스킬을 가지고 대인관계와 업무관계를 유지하고자 하는 능수능란함의 기초체력의 소유자임을 보여주고 있다고 할 수 있다. 또 그런 평가에 따라 합격이라는 목적지까지 도달하는 경우도 많다.

그러나 이 질문의 본질에 담겨 있는 규정과 그 규정에 대한 적용 없이 '창의성'이라고 하는 명분을 가지고 개인이 임의로 판단하고 그에 따라 행동하는 것은 임의대로 행동하는 방종과 같은 규범 이탈자로서 평가를 받기 쉽기 때문에 유의해야 한다. 실제로 경력사원과 같이 다양한 업무 환경에 대해 노출되어 있었던 지원자의 입에서 이런 답변이 나오는 것은 통상 그 경력의 무게감(Career gravity) 때문에 수용할 만한 경우도 많다.

그렇지만 대학을 갓 졸업한 지원자가 이런 섣부른 답변을 하는 것은 모방이나 복사의 달인으로 오해받기 쉽고, 실제 그런 경우가 있었는지 묻는다면 답변하기에 곤란한 상황이 되기도 한다.

모든 면접의 답변은 경험하지 않고 타인의 사례를 베껴서 말하는 경우, 그 효력과 약효가 그만큼 반감된다. 이런 면접 문제가 바로 아파보지 않고도 "참을 만해!"라고 말하는 경우와 같다.

④ 일단 거래관계의 성의를 고려하여 받되, 선배들의 조언에 따라 처리한다.

면접에서 진짜 인상 깊은 답변이란 단순히 정답을 말하는 것이 아니다. 경험에서 우러나오고, 현실을 이해하며, 조직과 사람을 함께 고려한 답변이야말로 면접관의 마음을 움직이는 힘이 있다는 것이다.

예를 들어, 회사의 규정이나 원칙은 물론이고, 현장에서 실제로 통용되는 '거래 관행'까지도 잘 알고 있는 지원자라면 어떨까? 면접관은 즉시 "이 지원자는 원칙도 중요하게 여기고, 현장감각도 뛰어나구나."라고 느끼게 된다.

그런 지원자는 거래처와의 상황에서 문제가 생겼을 때도, 무작정 규정만 들이밀지 않는다. 선배들에게 관행에 대해 묻고, 상황을 판단하며, 고객의 성의를 존중하는 태도를 보여준다. 단순히 융통성 있는 사람이 아니라 '상황을 조율할 줄 아는 성숙한 전문가'로 보이게 한다. 이러한 답변은 옳고 그름을 넘어서, 면접관에게 깊은 신뢰를 주기 마련이다. "이 지원자는 다양한 선택지 속에서 언제나 책임감 있고 조화로운 길을 택할 줄 아는 사람이다."

면접이라는 짧은 시간 안에 진심과 역량을 함께 보여줄 수 있는 최고의 전략은, 바로 이렇게 현실적이면서도 품격 있는 소통을 담아낸 이야기인 것이다.

이처럼 규정과 관행, 원칙과 융통성, 개인과 조직을 모두 생각하는 태도는 단순한 '답변'을 넘어서, 지원자의 사람됨과 전문성을 동시에 드러내는 예술적인 응답이 된다.

▶ 가장 합격률이 높은 답변

① "무조건 받지 않는다"고 단호하게 원칙을 강조하며 답변한다.

☑ 이유

- 윤리적이고 법적인 책임을 다하는 태도는 어떤 기업에서도 매우 중요한 덕목이다.

- 신입사원 시점에서 뇌물에 대한 유혹이 발생했을 때, "단호한 태도로 원칙을 지키겠다"고 말하는 것은 면접관에게 강렬한 인상을 준다.

- 윤리적인 문제를 무조건적으로 반대하고, 회사의 규정을 따르겠다고 명확한 태도를 취하는 것은 직장 내에서의 신뢰와 책임감을 강조하는 것이므로, 기업의 가치를 존중하는 모습을 보여 주게 된다.

◎ 다른 선택지 분석

② 회사의 규정이 무엇인지 판단하여 적절하게 대처한다.

- 회사의 규정을 따르는 것은 중요하지만 뇌물 수수에 대한 유혹이 발생하면 바로 단호하게 거부하는 태도가 필요하다.

- "적절하게 대처한다."라는 표현은 상황에 따라 판단을 내리게 되어 윤리적인 문제에서는 즉각적인 원칙을 강조하는 것이 더 중요하다.

③ 일단 받되, 감사의 표시인지 뇌물인지를 스스로 판단하여 대처한다.

- 뇌물을 받는 것은 절대로 용납될 수 없는 행동이다.

- 받는 것을 먼저 고려하는 태도는 윤리적인 기준을 흐리게 할 수 있고, 면접관에게 부정적인 인상을 줄 수 있다.

④ 일단 거래관계의 성의를 고려하여 받되, 선배들의 조언에 따라 처리한다.

- 선배들의 조언을 따르더라도 뇌물을 받는 것은 명백한 부정행위이다.

- 이 또한 즉각적인 반응을 보이지 않는 태도로, 기업에서 원하는 윤리적 기준과 어긋나게 보일 수 있다.

◆ 합격률이 높은 답변 예시

"저는 어떤 상황에서도 뇌물은 받지 않습니다. 회사의 규정과 법률에 맞는 행동을 취하며, 직장에서의 신뢰를 유지하는 것이 가장 중요하다고 생각합니다. 만약 그런 유혹이 온다면 즉시 상사나 관련 부서에 보고하고, 법적인 절차를 따르겠습니다. 윤리적인 문제에서 한 치의 타협도 없도록 하겠습니다."

> **▶▶▶ TIP**
>
> ① 단호하게 윤리적인 기준 강조 → ② 법적 규정 준수 → ③ 즉시 행동할 것.
>
> 이런 방식으로 답변하면, 윤리적이고 책임감 있는 자세를 보여줄 수 있으며, 면접관이 기대하는 바른 가치관을 충족시킬 수 있다.

---

20. 사장님과 식사를 할 경우, 사장님이 팀장에 대해 어려운 점을 말하라고 한다면?

① 어려움이 있더라도 특별히 어려움이 없다고 말한다.

② 솔직히 팀장의 문제와 어려운 점을 지적하여 말하고, 개선점을 제안한다.

③ 어느 정도 표현의 수위를 조절하여 문제를 간접적으로 인지토록 한다.

④ 문제가 약간 있지만 어느 조직이나 가지고 있는 공통점이라는 점을 강조
하여, 그 무거움을 해소한다.

- -

대인관계의 문제에 있어 가장 어려운 점은 '상사와의 관계를 다른 제3자 또는 그 위의 상사에게 어떻게 설명하고 이해시킬 것인가?'라는 점이다. 특별히 조직생활의 역학 속에서 발생하는 미묘한 대인관계, 특별히 상사와 부하직원과의 관계는 직장생활에 있어서 매우 중요한 부분을 차지한다고 볼 수 있기 때문에 더더욱 신중해질 수밖에 없는 것이 일반적 상황이다.

여기서 말하는 제3자가 회사의 대표격인 최고경영자의 자리에 있는 경우, 지원자의 직속상사에 대한 평가의 방식을 통해 어떻게 조직과 상사라는 위계질서를 보고 있는지를 알고자 하는 것이다.

최종적 경영 의사결정과정에서 지원자의 생각을 어떻게 포지셔닝을 시키는 것이 좋을지, 현명하게 답변하고 대처하는 것이 바로 지원자 자신을 "조직 속에서 어떻게 포지셔닝할 것인가?"라는 문제와 상징적으로 연결된다는 '중대한 의도'가 그 질문에 담겨 있다. 그래서 의외로 이 질문에서 합격의 당락이 많이 결정된다.

겉으로 보는 문제의 맥락은 그리 어려워 보이지 않기 마련이다. 단순히 나의 직속 상사에 대한 피드백을 그 위의 상사 또는 최고경영진에게 진솔하게 말함으로써 사실과 거짓의 문제가 아닌 나의 선택과 의견을 주는 것 외에는 "별 것 없다."라고 생각하기 쉽다.

하지만 그 이면에는 지원자의 진실성과 인간관계에 대한 주관적인 해석을 "객관적으로 어떻게 전달하는가?"라는 신뢰성에 대한 문제로 귀결되는 것이다. 즉 "지원자 당신은 어떻게 자신의 진실성을 객관적으로 보고 있습니까?"라는 질문이다.

① 어려움이 있더라도 특별히 어려움이 없다고 말한다.

이러한 답변은 어려운 상사 또는 대인관계 상대자에 대한 통상적인 답변이라 할 수 있다. 일종의 회피 전략으로 어려움을 말하는 내용 중에 담긴 개인의 감정과 정서를 의도적으로 감추는 것이라 할 수 있다. 면접 현장에서의 이러한 질문은 지원자가 가지고 있는 정서적인 표현에 대한 부담감을 "특별히 어려움 없다."라는 단적인 사실로 감추어 무난하게 인간관계를 이끌어가고자 하는 대인관계 기술 또는 영향력을 보여주는 장점이 있다.

그러나 실제 대인관계에서의 개성이 없어 고객을 상대하는 업무 또는 대내외적 영업업무에는 적합하지 않을 수 있다는 인상을 풍기게 된다는 단점이 있다.

솔직하지 않은 것이 아니라 말하지 않는 것일 뿐이라는 명분을 명확히 할 필요가 있다. 이를 위해서 자신의 진실성에 침해되지 않는 범위 내에서 되도록 좋은 대인관계를 맺고 '일반적인 친화력으로 사회생활의 승부를 걸겠다'는 의도를 여실히 보여주는 전략이다.

이와 같은 답변의 평가 가치는 그렇게 크지 않지만 불합격의 범주까지 가지는 않기에 많은 지원자들이 이와 같은 답변을 하는 경향이 있다. 그리고 그와 같은 이유로 특이한 대인관계의 진실성에 대한 능력 소유자로는 인정받기 어려운 측면도 있다.

② 솔직히 팀장의 문제와 어려운 점을 지적하여 말하고, 개선점을 제안한다.

대인관계에 대한 질문을 하는 면접관의 심리는 지원자가 조직 내 새로운 사람들과의 정서적, 문화적인 동화 과정에서 얼마나 타인과의 융화를 적극적으로 받아들이고 수용하는가를 알고자 하는 것이다. 특별히 상사의 문제점과 대인관계의 어려움이 있을 수 있고, 이에 대해 어떤 자세와 수용성을 가지고 대하는지는 조직의 융화에서 매우 중요하기 때문이다.

팀장의 문제점이나 개선점에 대한 지적 자체로서도 의미가 있긴 하지만 그 문제점에 대한 부하직원으로서의 개선점을 말할 수 있는 지혜와 용기로 보여질 수 있다면 채용 책임자로서의 의사결정력에 막대한 영향을 끼칠 수 있고, 그로 인한 조직 융화의 계기 또는 개선의 기회가 될 수 있다는 장점이 있는 답변이다.

단, 문제점과 개선점이 부하직원이 갖고 있는 단편적 정보나 지식에 의한 편협한 논리로 설득하고자 할 경우에는 오히려 말하지 않느니만도 못한 결과를 빚기 마련이므로 유의할 필요가 있다.

사회적 융화관계나 갈등관계에 대한 노출 경험 또는 해결 경험이 있는 경우, 이 답변은 면접관들의 관심과 호응을 받는 경향이 있다. 즉 용기 있게 자신의 소신을 밝히는 데 대한 진실성에 좋은 평가를 받을 수 있는 장점을 가진 전략이다.

③ 어느 정도 표현의 수위를 조절하여 문제를 간접적으로 인지토록 한다.

이런 답변 경향은 현 시대에 있어서 개인 지원자의 특성을 담은 가장 지혜로운 답변 전략이 된다. 단, 얼마만큼 문제에 대한 심도를 깊게 하느냐, 아니면 얕게 하느냐에 따라 그 성패가 달라진다. 예를 들면 팀장의 대인관계에 문제가 있는 경우, 또는 조직관리에서의 리더십 발휘에 이의가 있는 경우, 이를 직접적으로 드러내지 않는 범위 내에서 문제를 살짝 언급하며 암시하는 기법이다. 대인관계의 문제점은 팀장이라는 직위가 가지고 있는 전문성과 그 위치가 가지고 있는 한계성으로 인해 모든 사람을 만족시킬 수 없을 것이라는 옹호론을 펼침으로써 문제의 양면성을 간접적으로 표현하는 것이다.

또 리더십의 문제는 회사 문화와 조직 구성원들 간의 구조적인 특성을 간접적으로 표현함으로써 그 팀장 개인적인 이유이며, '문제 팀장'이라는 점을 강조하지 않아도 면접관으로 하여금 충분히 문제의 심각성을 인지하게 하는 답변 기법이다. 이로써 면접 질문에 대한 답변이 아닌 문제점의 원인과 배경을 간접적으로 보여줌으로써 지원자의 조직 이해 배경을 더 강조하는 기회로 삼는다.

면접관들도 실제 이와 같은 답변을 들으면서 지원자의 사회적인 경험과 연륜에 대한 관심을 가지고 듣기 마련인 바, 이러한 정황적인 상황을 적극적으로 활용하여 주도적인 합격 또는 면접 승전보의 결과를 기대해도 좋다.

④ 문제가 약간 있지만 어느 조직이나 가지고 있는 공통점이라는 점을 강조하여, 그 무거움을 해소한다.

이러한 답변 전략은 지원자가 조직이나 회사의 문화에 얼마나 잘 적응할 수 있는지를 평가하는 데 효과적이다. 특히, 조직이 구성원 간의 긴밀한 협력과 일체감을 중시하는 경우, 이러한 접근 방식은 긍정적으로 작용할 수 있다.

면접관은 지원자가 상사에 대해 어떻게 평가하는지를 통해 조직 내에서의 융화 가능성을 판단하고자 한다. 즉 부하직원이 상사에 대해 언급하는 방식에서 조직의 조화로운 흐름을 감지하려는 경향이 있다.

이러한 답변은 단순히 상사에 대한 개인적인 감정을 표현하는 것이 아니라 조직 전체의 관점에서 상황을 바라보는 지원자의 능력을 보여준다. 이는 지원자가 조직의 문화와 가치에 대해 깊은 이해를 가지고 있으며, 갈등 상황에서도 조직의 목표를 우선시 하는 태도를 갖추고 있음을 나타낸다. 따라서 이러한 전략은 면접관에게 지원자의 성숙한 사고방식과 조직 적응력을 강조하는 데 효과적이다. 결론적으로, 이러한 답변 전략은 지원자가 조직의 문화와 가치에 얼마나 잘 부합하는지를 보여주는 중요한 지표가 될 수 있다.

면접관은 지원자의 답변을 통해 조직 내에서의 융화 가능성과 협업 능력을 평가하며, 이는 최종 합격 여부에 큰 영향을 미칠 수 있다.

▶ 가장 합격률이 높은 답변

③ 어느 정도 표현의 수위를 조절하여 문제를 간접적으로 인지토록 한다.

☑ 이유

- 사장님과의 식사 자리에서 팀장에 대해 어려운 점을 말하는 상황은 매우 민감할 수 있다.

- 직장에서의 상하 관계와 직장 내 분위기를 고려할 때, 지나치게 직설적으로 문제를 지적하는 것은 불필요한 갈등을 유발할 수 있다.

- ③번을 선택하면, 문제를 간접적으로 언급하면서도 지나치게 부정적인 인상을 주지 않으면서 해결 방향을 제시할 수 있다.

- 이 접근은 문제를 해결하려는 의도와 함께 조직 내 화합을 고려하는 성숙한 태도를 보여준다.

◎ 다른 선택지 분석

① 어려움이 있더라도 특별히 어려움이 없다고 말한다.

- 문제가 전혀 없다면 답변이 매우 부자연스럽고, 면접관에게 신뢰를 주지 못할 수 있다.

- 팀장에게 어려움이 없다면 그럴 경우에도 조직이나 업무 내에서 발전이 어렵다는 인상을 줄 수 있다.

- 지나치게 부정적인 내용은 피하되, 어려움을 은근히 드러내는 것이 더 자연스러운 접근이다.

② 솔직히 팀장의 문제와 어려운 점을 지적하여 말하고, 개선점을 제안한다.

- 너무 솔직하고 직접적인 피드백은 불필요한 갈등을 일으킬 수 있으며, 사장님에게 나쁜 인상을 남길 수 있다.

- 상사에 대한 부정적인 발언은 신뢰를 떨어뜨릴 수 있기 때문에 이를 신중히 다루는 것이 좋다.

④ 문제가 있으나, 어느 조직이나 가진 공통점임을 강조하여, 그 무거움을 해소한다.

- 문제를 피하는 태도는 중요한 문제를 간과하거나 회피하려는 인상을 줄 수 있다.

• 문제를 '공통점'으로 포장하는 방식은 문제를 해결하려는 의지가 부족해 보일 수 있다.

◆ 합격률을 높이는 답변 예시

"팀장에 대해 어려운 점에 대해 말하자면, 가끔 업무 우선순위나 팀원 간의 의견 조율에서 차이가 생길 수 있습니다. 하지만 저는 이 부분을 개선할 수 있는 방법이 있다고 생각합니다. 예를 들어, 팀 내에서의 명확한 커뮤니케이션과 우선순위 설정을 통해 모두가 더 효율적으로 일할 수 있을 것입니다. 다만, 이런 문제는 어느 조직에서나 발생할 수 있으며, 개선하려는 의지가 중요하다고 생각합니다."

▶▶▶ TIP

① 문제 제시 → ② 구체적인 해결 방안 제시 → ③ 조직의 공통된 문제로 부드럽게 접근.

이와 같은 방식으로 답변하면 건설적이고 긍정적인 해결 의지를 보여줄 수 있으며, 문제를 제대로 인식하면서도 화합을 고려하는 태도를 어필할 수 있다.

21. 가장 좋아하는 색상은 무엇이냐는 질문에 답변은?

① 빨강 또는 빨강 계열의 색상

② 검정 또는 검정 계열의 색상

③ 흰색 또는 흰색 계열의 색상

④ 노랑 또는 노랑 계열의 색상

색깔은 직무 특성이 없는 단순한 개인의 선호도를 표현하는 개념의 도구이다. 검은색을 좋아한다고 해서 창의적이지 않다고 하는 것도 어리석은 판단이고, 흰색을 좋아한다고 해서 순진하고 경험이 없다고 판단하지도 않는다는 뜻이다.

그런데 이 색상의 선호도 질문은 거기에 더해져 일종의 심리적 안정 기제의 특성과 직무 생산성과의 연관성을 알아볼 수 있는 계기가 되기 때문에 수준 높은 면접관의 3차원적인 질문 문항으로 많이 사용된다.

예술적 필요에 따라 지원자의 선택 기준을 색깔로 나누어 판정하기는 어렵지만 지원자의 다양한 업무능력을 파악하기 쉽게 유형화 하는 과정에서 MBTI나 DISC와 같은 기법을 사용하는 것 외에 색깔에 대한 선호도를 통해 개인적 업무 취향과 선택적인 업무 추진 방법들을 연구하기도 한다.

이 질문의 본질은 지원자가 가지고 있는 다양한 갈등 해소 방법과 그 적용 기법들이 우회적인지, 직접적인지, 갈등을 이용하는지, 회피하는 사람인지 등을 간편하게 알 수 있고, 그 논리의 일관성을 시험해 볼 수 있다는 점이다. 그래서 간혹 면접의 긴장도가 고조된 경우에 사용함으로써 지원자에게 심리적 안정감을 제공한 후 면접의 본론으로 돌입하기 위한 일관성을 테스트하는 데 질문의 숨은 목적이 있다.

① 빨강 또는 빨강 계열의 색상

이와 같은 답변을 하는 지원자의 특성은 개인의 창의성과 열정을 표현하고자 하는 열의를 강하게 전달하고자 하는 의지를 표현하고 있음을 알 수 있다. 여성 지원자뿐만 아니라 무뚝뚝하게 생긴 남성 지원자라고 하더라도 그 외모와 취향을 떠나 지적인 호기심과 남다른 열정, 그리고 내면에 깊이 담겨 있는 직무상 고난이도의 문제 해결과 고민 해소 과정에서 희열을 느끼는 지원자의 성격을 잘 표현하는 경향이 있다.

열정의 색상이 가지고 있는 직접적인 문제 해결과 단도직입적인 커뮤니케이션 스타일, 그리고 복잡 미묘한 사건에 대한 단순 명료한 해결 과정은 보는 이로 하여금 일에 대한 경험과 그 행동 중심의 태도에 박수를 보내게 된다. 추진력, 과감성, 열의, 몰입과 같은 역할에 충실하여 조직과 회사가 원하는 열정적인 행동주의자로서의 면모를 잘 드러내는 경향이 있다.

직무가 같은 속성을 가지고 있다면 좋은 조직 부합성을 보여줄 수 있는 장점이 있는 반면, 고집이 강해 신념인지 외골수인지 분간하기 어려울 수 있다는 단점이 있다. 면접관들의 즉흥적인 선택에서 가장 먼저 합격 리스트에 오르게 되기도 한다.

② 검정 또는 검정 계열의 색상

색상에 대한 질문에서 면접관이 지원자에게 요구하는 정직성과 직접성은 검정색이라고 하는 무채색의 단순함에서 아주 쉽게 파악되고 설명되어질 수 있다. 검정색을 선택한 지원자는 전통적으로 자신의 개성에 대해 입을 다무는 경향이 있고, 조직 적응력이 뛰어난 면모를 보이기도 한다. 즉 조직에서 자신을 드러내지 않지만 맡은 바 책임에 대해서는 필요한 역량을 시기적절하게 적용해 성과를 거두는 능력을 보이기 때문이다.

검정 색상의 선호도를 가지고 있는 지원자에 대한 면접관의 합격 결정 또는 선택의 경향은 80퍼센트 이상의 높은 선호도를 보이고 있다고 한다. 즉 그 의미는 지원자들이 자신의 업무에 대한 능력과 조직 내에서의 적응이 다른 유채색을 선호하는 지원자보다 훨씬 더 높은 신뢰성을 보이는 경향을 면접관들이 인지하고 있다는 것이다.

면접관들이 대체로 지원자들에 대해 가지고 있는 회의적인 생각은 첫째, "머릿속에 지식은 많이 쌓아놓고 있는 것 같은데, 그 지식을 써먹을 수 있을까?"라는 점이고, 둘째는 "실제 몸으로 해본 경험이 없이 그저 얌전하게 책상에 앉아 연필로만 끄적거리는 보고서 중심의 일을 하지 않을까?" 하는 점이다.

이런 점에서 검정색의 선택지를 가진 지원자의 경우, 머릿속 지식과 손발을 움직여 일을 추진하는 데 있어 융통성이 있고, 말뿐 아니라 몸으로 실적과 결과를 보여주는 행동형 지원자일 가능성이 높다는 통계적 결과를 보기도 한다.

영업이나 마케팅, 고객관리와 필드에서 뛰는 실무자 면접관에게는 우선선정 대상이 되는 합격 후보이다.

③ 흰색 또는 흰색 계열의 색상

순수성과 열정을 강조하기 위한 지원자의 선호 색상으로 흰색의 이미지는 지원한 직무에 대한 학습과 연구에 대한 열의를 강하게 표현하는 색상이다. 지원자가 가지고 있는 도전과 학습 의지를 담은 색상이어서 많은 면접관들이 의외로 높은 점수로 평가하기도 한다.

면접에서 "좋아하는 색상은 무엇인가요?"라는 질문을 받았을 때, 그저 "빨간색이요." "파란색이요."라고만 대답하면, 면접관에게는 별 감흥이 없다. 중요한 건 색상 자체가 아니라 그 색을 고르게 된 이유에 담긴 진심과 생각의 깊이이다. 그 대답이 단지 멋을 내기 위한 말이 아니라 자신의 성격, 직무에 대한 열정, 회사와의 조화를 진정성 있게 표현한 것이라면 그 답변 하나만으로도 면접관의 마음은 움직이게 된다.

예를 들어, "저는 하얀색을 좋아합니다. 하얀색은 비어 있으면서도 어떤 색이든 담아낼 수 있는 여백의 미가 있지요. 저는 이처럼 변화에 유연하게 대응하면서도 본질을 지키는 사람이고 싶습니다."와 같은 답변을 한다면, 이런 답변은 단순히 좋아하는 색상을 말하는 것이 아니라 그 사람의 가치관과 업무 태도를 보여주는 말이 된다.

그런데 만약 앞뒤가 맞지 않거나, 준비되지 않은 이야기처럼 들리면 어떻게 될까? 진실성이 없어 보이고, 색을 빌려 말했을 뿐이라는 인상을 남기게 된다. 그래서 이 질문에 답할 때는, 지원자의 사고방식과 말투, 그리고 조직에 대한 몰입 의지까지 모두 어우러져야 진짜 '설득력 있는 답변'이 된다.

④ 노랑 또는 노랑 계열의 색상

면접에서 "제가 좋아하는 색은 노란색입니다."라는 대답이 의외로 깊은 인상을 남기는 경우가 있다. 단순히 눈에 띄기 위한 선택이 아니라 그 안에 숨은 의미가 강력하게 전달될 수 있기 때문이다.

노란색은 단지 밝고 따뜻한 색을 넘어서, 창의성, 도전정신, 변화에 대한 긍정적인 태도를 상징한다. 이 색을 선택한 사람은 평범한 틀에 얽매이기보다 자신만의 관점으로 세상을 보고, 기존의 경계를 넘어서고자 하는 마음을 가진 사람일 가능성이 높다.

그리고 바로 그 지점에서 면접관은 "이 사람, 뭔가 다르다"고 느끼게 된다. 특히 노란색은 국제적이고 창의적이며, 변화를 두려워하지 않는 기업문화와 잘 어울린다. 만약 그런 성격을 지닌 기업에 지원했다면, "노란색은 저에게 새로운 시도를 두려워하지 않는 용기를 상징합니다. 저도 그런 자세로 일하고 싶습니다."와 같은 진심 어린 설명 하나만으로도, 면접관은 지원자와 회사의 조화를 자연스럽게 떠올리게 된다.

또한, 이런 색다른 답변은 때로 예상 밖의 합격을 만들어 내기도 한다. 특히 여성 면접관들이 주목하는 '창의적으로 조직에 기여할 인재'라는 기준에서, 이런 도발적이면서도 솔직한 답변은 경쟁자보다 더 매력적으로 보일 수 있다.

정해진 틀에 얽매이지 않고 자신만의 색깔을 뚜렷하게 표현할 수 있는 지원자는, 때로 평범한 대답을 하는 다른 지원자들보다 더 강한 신뢰를 얻게 된다.

하지만 중요한 것은 이 모든 답변의 근거가 진심이어야 한다는 점이다. 단지 색이 예쁘다고 말하는 것이 아니라 '왜 그 색이 자신의 성격이나 업무 태도와 닮아 있는지를 보여주는 것'이다. 그 안에 나만의 스토리가 담겨 있어야, 이 답변은 면접관의 기억에 오래 남는다.

노란색처럼 눈부시게 빛나는 지원자의 열정과 진심이, 면접이라는 무대에서 환하게 드러난다면, 그것은 단지 하나의 색깔이 아니라 당신이라는 사람 전체를 말해주는 강력한 메시지가 된다.

➤ 가장 합격률이 높은 답변

③ 흰색 또는 흰색 계열의 색상

☑ 이유

- 흰색은 신뢰와 순수함, 깔끔함을 상징하는 색상이다. 면접에서 긍정적이고 전문적인 이미지를 강조할 수 있다.
- 또한 중립적이고 모든 상황에서 어울리는 색상이기 때문에 면접과 같은 공식적인 자리에서 좋은 인상을 줄 수 있다.
- 색깔에 대한 답변이 지원자의 성격이나 직무와 연결될 수 있으므로 흰색을 선택하는 것은 안정적이고 정직한 이미지를 만들어 준다.

◎ 다른 선택지 분석

② 빨강 또는 빨강 계열의 색상

- 빨강은 활동적이고 에너지가 넘치는 이미지를 줄 수 있지만 너무 강렬하고 공격적으로 해석될 수도 있다.
- 지나치게 화려하거나 강한 색상을 선호하는 인상은 업무 환경에서 신중하고 안정적인 태도가 요구되는 직무에서는 부정적인 평가를

받을 수 있다.

③ **검정 또는 검정 계열의 색상**

- 검정은 권위적이고 전문적인 인상을 줄 수 있지만 다소 차가운 이미지를 줄 수 있다.
- 또한 무채색 계열은 다소 경직되고 융통성이 부족한 느낌을 줄 수 있어 너무 자주 선택하는 것은 피하는 것이 좋다.

④ **노랑 또는 노랑 계열의 색상**

- 노랑은 밝고 긍정적인 이미지를 줄 수 있지만 과하게 밝고 눈에 띄는 색상으로 때로는 경박하게 비칠 수 있다.
- 면접에서 성숙하고 진지한 인상을 주는 것이 더 중요하므로 노란색은 다소 부적절할 수 있다.

◆ 합격률을 높이는 답변 예시

"저는 흰색을 좋아합니다. 흰색은 깔끔하고 신뢰감을 주며, 다양한 상황에 잘 어울리는 색상이라고 생각합니다. 또한 순수함과 차분함을 나타내는 색으로, 업무를 진행할 때도 긍정적이고 편안한 분위기를 만들어준다고 느낍니다."

▶ ▶ ▶ **TIP**

색상에 대한 답변을 직무와 관련된 특성이나 인상에 맞춰 설명하는 것이 중요하다.

흰색은 안정성과 신뢰성을 강조할 수 있어, 면접에서 가장 좋은 선택이 될 수 있다.

22. 가장 좋아하는 동물을 묻는 질문에 대한 답변은?

① 호랑이와 같은 맹수류

② 비둘기와 같은 조류

③ 상어와 같은 어류

④ 개와 같은 가금류

이와 같은 동물 비유 또는 비교 질문은 지원자가 일을 잘할지 못할지를 알아보고자 하는 직무 연관성이 있는 질문도 아니고 회사에 대해 얼마나 잘 알고 있는지에 대해 묻는 조직 연관성 질문도 아니라서 좀 생뚱맞게 생각할 수 있다. 그렇게 무방비 상태 또는 전혀 그럴 게재(Momentum)가 아닌 시점에 면접관이 질문하면 황당해 하는 지원자들을 드물지 않게 만나게 된다. 개인적인 특정 선호도를 묻는 질문에 대개의 지원자들은 답변을 하는 데 어려워하는 경우도 많다. 왜냐하면 그렇게 일반적으로 동물을 좋아한다고 표현을 해볼 공식적인 기회가 유치원이나 초등학교 시절 외에는 그다지 많지 않았기 때문이다.

그래서 두 번째 변형을 해서 "지원자의 성격이나 개성을 만약 동물에 비유한다면 어떤 동물에 비유 또는 비교할 수 있느냐?"라는 질문이 되기도 한다. 답은 아주 간단하다. 평소 지원자가 가지고 있는 개성이 담긴 특유의 선호도를, 맡은 바 일을 해 나가는 스타일, 대인관계, 그리고 조직과 조직문화에 얼마나 잘 부합되는지에 대한 지원자의 자기평가를 엿볼 수 있다는 점에서 의미심장하고 탁월한 질문으로 평가되기도 한다.

① 호랑이와 같은 맹수류

많은 면접장에서 자주 나오는 이 질문은 단순한 유머나, 분위기 전환이 아니다. 면접관은 이 질문을 통해 지원자의 자기이해, 성향, 그리고 태도를 깊이 들여다보고자 하는 것이다. 예를 들어, 용맹무쌍함의 상징인 사자, 호랑이, 독수리 같은 동물을 선택하는 경우, 면접관은 왜 그런 동물을 골랐는지 궁금해 한다. "아, 나를 강하게 보이고 싶어 하는구나." 그걸로 끝이 아니다. 그 선택이 실제로 나의 업무 스타일과 얼마나 맞닿아 있는지, 진짜 그런 모습으로 일하고 있는지를 확인하고 싶어 하는 것이다.

예를 들어, "저는 호랑이처럼 과감하게 일을 추진하는 스타일입니다."라고 말한다면, 면접관은 반드시 되묻는다. "그럼 그렇게 과감하게 행동한 경험이 있다면 하나만 말씀해 보시겠어요?" 이때 경험이 없다면 말의 무게는 가벼워지고, 지원자의 진정성은 의심받게 된다. 반대로, 실제로 팀을 이끌고 중요한 프로젝트를 책임감 있게 밀어붙였던 경험이 있다면, 그 대답은 단순한 '상징'을 넘어 자기 신뢰와 일관성의 증거로 작용하게 된다.

많은 지원자들이 강한 이미지를 보여주고 싶어 이런 맹수를 선택하지만, 진짜 중요한 건 '무슨 동물을 골랐느냐'가 아니라 선택이 '나'라는 사람을 얼마나 솔직하게, 그리고 진실하게 설명해 주고 있느냐이다.

면접은 지원자를 무의미하게 포장하는 자리가 아니다. 지원자가 누구인지, 어떤 방식으로 세상과 일에 임하는지를 보여주는 진정성의 무대이다. 그러니 어떤 동물을 말하든, 그 동물의 특징이 진짜 지원자의 모습과 맞닿아 있어야 한다. 그 안에서 비로소 면접관은 지원자의 이야기에 고개를 끄덕이게 된다. 지원자의 선택이 스스로를 비추는 거울이 될 수 있다면, 그것만큼 설득력 있는 대답은 없다. 당신이 어떤 동물이든, 그 안에 담긴 '진짜 나'가 있다면, 그것이 바로 당신을 합격으로 이끄는 힘이 된다.

② 비둘기와 같은 조류

평화의 상징이자 좋은 소식의 전달자라는 이미지를 통해 지원하는 회사에 좋은 소식을 가져올 지원자로서의 자질을 선보이는 전략이다. 기업은 언제나 성과와 실적에 대한 좋은 소식 전달자 또는 실행자를 필요로 한다. 그래서 이런 필요에 대한 사실만이라도 인식하고 실천해 줄 사람이 있다고 한다면 언제든지 환영하고 반기는 입장이라 할 수 있다.

그런 차제에 새로운 조직 구성원을 채용하는 자리에서 그런 기쁜 소식의 필요성을 동물 유형과 연관 지어 설명할 수 있을 정도라면 그 지원자가 대단한 지혜와 선견지명이 있다고 간주될 수 있다.

앞에서 호랑이가 실행력을 갖춘 상직적인 도전정신을 의미한다면 비둘기는 지혜와 명철함을 바탕으로 한 선지자와 같은 역할로서 이미지 메이킹을 한다. 기업에서의 좋은 소식들이란 어떤 것이 있을지, 특별히 지원한 기업과 회사에서는 어떤 경쟁력과 업무능력이 필요한지를 사전조사를 하여 이를 논리의 근거로 삼으면 용맹성으로 무장한 추진력을 상징하는 동물 유형에 대한 비유보다 훨씬 효과적인 그림을 그려낼 수 있게 된다. 이 질문의 본질에 가까운 답변일수록 지원자에 대한 직감적인 선호도와 우선권이 발휘될 수 있는 상황을 유도하는 것이 좋은 방향이다.

③ 상어와 같은 어류

좋아하는 동물로 상어나 고래 또는 다양한 종류의 어류를 예로 드는 경우는 그리 많지 않다. 왜냐하면 어류를 동물로 보기에도 적합하지 않고, 왜 좋아하는지 그 이유를 직무와 연결해 설명하기에도 예사스럽지 않은 논리와 배경이 필요하기 때문이다.

면접관이 이런 질문을 하는 이유는 개인의 적성과 인성, 그리고 선호도에 따른 추후 새로운 과업 수행에 필요한 태도를 보기 위한 것이다. 지원자의 답변이 업무 연관성이 없거나 회사와의 특별한 관련성이 적다면 아무리 좋은 답변도 그다지 설득력을 가지지 못한다. 그렇다고 회사, 이익, 성과, 실적과 같은 말은 답변을 무미건조하게 만들 수도 있다는 한계점이 있다.

그럴 때 예기치 않게 출현해 바다의 뭇 생물을 압도하고 지배하는 상어와 같은 동물을 좋아한다는 답변을 통해, 상어와 시장을 주도하고 대인관계에 있어 상대를 압도하는 능력을 연계해 논리를 전개한다면 맹수나 조류에 비해 특이한 접근 방법을 가진 지원자로서 자리매김을 할 수도 있을 것이다. 언제 폭풍이 몰려오고 거센 파도가 몰아칠지 알 수 없는 바다와도 같은 시장 상황, 세상의 변화 속에서 두려움과 공포에 휩쓸리는 대신 오히려 주도력과 진취적 활약상을 바탕으로 조직에서의 역할에 최고의 리더십을 보이고자 하는 데 효과적인 답변이라고 할 수 있다.

④ 개와 같은 가금류

다양한 동물의 세계에 대해 특별히 관심이 없다고 하더라도 생활환경 가운데 친숙한 사람과 가까운 동물을 언급하는 것이 가장 무난한 답변이 되기도 한다. 사람과 가까운, 순종적이며, 인간의 생활과 가장 밀접하게 연관된 되어오던 가금류 동물을 언급함으로써 면접관의 평가기준 적용의 부담을 최소화하고 이 질문에 들어맞는 평범하면서도 부담 없는 답변으로 승부수를 던지는 것이다.

그 이유를 잘 설명하면서 개와 같은 가금류의 친화력과 따뜻한 온정을 가진 개인의 경험과 부담 없는 중립적인 성격을 잘 포장하여 기업의 친화, 화목, 동화, 자유로움 같은 것을 회사 또는 직무 내용과 견주어 답변하는 것이다.

대개 맹수나 조류 또는 어류 등은 현실적으로 가시적인 실제 대상으로 보기 어렵다. 반면, 평범하면서 부담 없는 가금류를 선택한 논리는 면접관의 친숙한 정감을 살리고 그 내적인 평온함을 자극할 수 있는 장점도 있다. 즉 면접관도 같은 경험을 했을 가능성이 크고, 따라서 지원자의 의도를 이해를 해 줄 것이라는 기대감과 함께, 평균 이하의 결격 답변(Failure answer)으로 평가되지는 않을 것이라는 답변 반응이 나타나기도 한다.

▶ 가장 합격률이 높은 답변

① 호랑이와 같은 맹수류

☑ **이유**

- 호랑이는 강력한 이미지, 자기주도적이며 리더십을 상징하는 동물로 인식된다. 이러한 이미지는 자신감, 독립적이며 결단력 있는 성격을 나타내는 데 유리한다. 직장에서 적극적이고 강한 리더십을 발휘할 수 있는 성향을 강조할 수 있다.
- 면접에서 강한 이미지를 보여주고자 할 때 유리하며, 도전적이고 목표지향적인 성격을 부각시킬 수 있다.

◎ **다른 선택지 분석**

② **비둘기와 같은 조류**

- 비둘기는 평화, 소통, 상징적인 의미를 가지고 있지만 어떤 직무나 환경에서는 다소 소극적이고 우유부단한 이미지로 해석될 수 있다.
- 동물의 이미지가 강하게 자기주도적인 이미지를 전달하지 않으면 면접에서 경쟁력이 떨어질 수 있다.

③ **상어와 같은 조류**

- 상어는 맹수지만 물속에서의 활동을 묘사할 때는 일부 부정적인 의미가 있을 수 있다. 예를 들어 냉정하고 공격적인 성향으로 해석될 수 있다.
- 직장 내에서 과도한 공격성이나 자기중심적 행동을 할 우려가 있는 지원자로 비쳐질 수 있기 때문에 면접에서는 선택을 피하는 것이 좋다.

④ **개와 같은 가금류**

- 개는 충성스럽고 친근한 이미지를 주기도 하지만 가금류는 인간과

의 관계에서 다소 약한 이미지를 줄 수 있다. 또한 개는 너무 흔하고 일반적인 답변으로 자신을 차별화 하는 데 부족할 수 있다.

◆ 합격률이 높은 답변 예시

"저는 호랑이를 좋아합니다. 호랑이는 강한 이미지와 함께 독립적이고 리더십을 발휘할 수 있는 상징적인 동물이라고 생각합니다. 제 성격과도 잘 맞는 것 같습니다. 도전적인 상황에서도 흔들리지 않고 목표를 향해 나아갈 수 있는 태도를 중요하게 생각합니다."

▶▶▶ **TIP**

이 질문은 성격이나 스타일을 드러내는 기회이므로, 자신이 가진 리더십과 강한 목표 의식을 강조할 수 있는 동물을 선택하는 것이 중요하다. 호랑이는 특히, 면접에서 적극적이고 긍정적인 인상을 남길 수 있는 좋은 선택이 된다.

---

23. 가장 좋아하는 취미는 무엇인지 묻는 질문에 대한 답변은?

① 운동, 체육과 같은 활동성 취미

② 독서, 음악과 같은 감상성 취미

③ 여행, 등산과 같은 탐험성 취미

④ 공부, 연구와 같은 탐구성 취미

취미를 묻는 면접관의 의도는 어느 정도 지원자에 대한 경계심과 통제에 대한 의지를 완화하고 있음을 보여준다. 즉 합격이든 불합격이든 이미 결과를 결정했다는 암묵적인 표시이자 지원자가 이와 같은 질문에 어떻게 반응하는지 최종적으로 '확인하고자 하는 질문'이라고 볼 수 있다는 것이다.

인간적인 면에 대한 관심이 있다고 하더라도 처음부터 묻기에는 다소 부담스러운 질문인데, 면접 중반 또는 후반에 지원자에 정서적인 관심의 표현함으로써 앞으로 조직 구성원이 될 수 있을 것이라는 강한 메시지를 보여주는 것이라고 할 수도 있다. 즉 직무와 관련된 질문을 통해서 보지 못했던, 물에 잠긴 빙산처럼 드러나지 않은 지원자의 내밀한 욕망을 자연스럽게 드러내도록 하는 면접관의 의도가 숨어 있기도 하다.

또한 단순히 개인적으로 무슨 일을 하는 걸 좋아하는지에 대한 선호도를 측정한다기보다 한 인간으로서 가지고 있는 삶에 대한 가치관, 의미, 여유 그리고 거기에 담긴 내적 기쁨과 자기 자신과의 소통을 위한 통로로서 어떤 삶의 모습을 영위해 나가는지 알아보고자 하는, 다소 심오하고, 철학적이고, 심미적인 요소가 담긴 질문이라고도 할 수 있다. 인지심리학적인 측면에서 중요한 질문이기도 하다.

① 운동, 체육과 같은 활동성 취미

지원자가 활동적인 취미를 가지고 있다는 것은 지원자의 조직의 업무에 역동적으로 참여하고 그에 따른 리더십을 갖추고 있음을 보여주는 것이라 해석할 수 있다. 즉 지원자가 회사의 다양한 프로젝트와 업무에 참여하고 리더십을 발휘하여 조직이 원하는 목표를 십분 달성할 수 있도록 하는 자질을 가지고 있음을 보여주는 답변이 되기도 한다.

이와 같은 답변의 장점은 지원자의 내적인 열정과 에너지가 외적인 업무 파워 또는 추진력으로 나타나 회사나 조직이 필요로 하는 직무에 대해 자발적이고 주도적인 추진력을 발휘한다는 간접적인 표현으로 보기 때문이다.

면접관들이 이런 답변을 평가함에 있어서 활동성과 진취성, 그리고 자기주도적인 리더십을 요구하는 직무에 필요한 지원자를 찾는 경향도 인지된다. 대신 연구 또는 개발직과 같은 직무에 필요한 섬세하고 과학적이며 체계적인 업무 활동과는 거리가 있는 지원자로 평가될 우려도 있다는 점을 기억하자.

② 독서, 음악과 같은 감상성 취미

정적인 취미를 가진 지원자들의 특성은 업무 집중도가 높다는 점과 실수하는 과정과 정도에 있어 그 심각성이 현저히 적다는 점이다. 그리고 대인관계에 있어서 지원자의 역량에 대한 자각적인 판단이 빨라서 상대하는 대인관계의 정서적인 공감도가 뛰어나다는 점이다.

이를 십분 살려 면접관의 확신과 안심의 단계에까지 이를 수 있도록 최고의 신뢰도를 높이는 답변이 감상성의 취미 활동을 하고 있다는 답변에 있어 합격 확률이 높은 경향으로 나타난다.

활동적인 취미와는 달리 업무에서 분석적 역량이 필요한 경우, 이를 활용하는 것이 바람직하기도 하며, 되도록 직무 특성과 연관된 취미는 면접관으로부터 좋은 평가를 받는 데 유리하다.

이 취미 답변은 기획이나 신규 사업 프로젝트, 연구 또는 시장분석과 같은 경영학 측면에서 조사와 사전연구 활동이 필요한 직무 특성의 요건에 부합되는 취미이자 맞춤 답변이라고 할 수 있다. 되도록 면접 상황에서 질문의 의도를 간파하고 그 진위를 나름대로 판단하여 답변하면 좋을 결과를 얻을 수 있을 것이다.

지원자가 차분한 성격에 심사숙고하는 경향을 가지고 있다면 활동성과 진취성, 그리고 자기주도적인 리더십을 요구하는 면접관이나 그런 직무는 되도록 피하는 것이 좋다.

③ 여행, 등산과 같은 탐험성 취미

면접관들의 80퍼센트 이상이 탐험성 취미에 선호도를 보인다는 연구 결과가 있다. 창의적이고 탐험가적 취미는 자신의 직무 또는 업무 환경에 보다 더 강한 열의를 보이는 경향이 있다. 지원자가 대체로 연구 분야, 개발 분야, 기술 분야 등과 같은 창의적이고 새로운 신기술에 대한 경험치와 안착률이 높은 경우, 이를 최대한 활용하는 방향이 필요하다고 판단되는 것이 바로 그 근거라 할 수 있다.

탐험성 취미는 면접관으로 하여금 새로운 과정이 주어지면 그 상황을 받아들이는 데 어려워 하거나 주저하지 않고 새로운 연구 분야를 조사하고 찾아서 결국에는 달성해 내는 '정복 욕구'가 강한 지원자로 인식하는 경향이 있다.

이와 같은 배경을 잘 이해하고 답변함으로써 면접관의 신뢰와 믿음을 저버리지 않을 것임을 보여줘야 한다. 특히, 어려운 과제를 헤쳐 나가야 하는 직무 역량이 필요한 경우, 이런 답변을 내놓음으로써 면접관이 확신을 가지고 합격 평가를 내리는 경향이 강하게 나타난다. 단, 유의해야 할 점은 좌충우돌하는 논리적 함정을 피하고 상황을 예의주시하며 관리할 수 있다는 확신을 주면서 지원자가 가지고 있는 탐구심과 모험심을 최대한 어필해야 한다.

④ 공부, 연구와 같은 탐구성 취미

그는 지금 회사의 문제를 해결해야 하는 책임자이다. 성과가 나지 않는 이유, 조직이 잘 돌아가지 않는 구조적인 문제들을 해결하는 것이 그의 중요한 임무라는 것이다. 그래서 채용은 그저 빈자리를 채우는 일이 아니라, 이 문제를 함께 해결해 줄 새로운 힘을 찾는 과정이 된다. 면접관은 매번 "이번에야말로 진짜 해결의 열쇠가 될 사람을 만날 수 있을까?" 하는 절박한 마음으로 면접 자리에 앉게 된다.

이때, 지원자가 자신의 경험이나 취미 속에서 무언가를 끈기 있게 파고들며 해결책을 찾아가는 '탐구적인 자세'를 보여준다면, 면접관의 눈빛은 달라진다. "이 사람이라면 우리가 미처 생각하지 못했던 방법으로 문제를 풀 수도 있겠는데?"라는 기대가 생기게 되고, 그 순간 지원자는 단순한 면접자가 아니라 보석 같은 인재, 반드시 함께 일하고 싶은 사람으로 보이기 시작한다. 즉 단순히 "이런 취미가 있습니다."라고 말하는 것이 아니라 그 취미를 통해 배우고 쌓아온 탐구심과 문제 해결력을 잘 보여준다면, 면접관은 그 지원자에게서 조직의 미래를 보는 희망을 품게 된다.

그리고 조용히, 긍정적인 미소를 짓게 되는 것이다.

➤ **가장 합격률이 높은 답변**

④ 공부, 연구와 같은 탐구성 취미

☑ **이유**

- 탐구성과 연구는 직무와 직결되는 중요한 특성으로 자기계발과 지식 습득에 대한 강한 의지를 보여줄 수 있다.
- 면접에서 지속적인 성장과 학습에 대한 열정을 강조할 수 있어 특히, 지식 기반 산업이나 연구, 분석 직무에서는 매우 긍정적으로 평가될 수 있다.
- 책임감과 진지함, 성실성을 드러내는 취미가 될 수 있어 자기계발을 중요하게 여기는 기업에서 높은 평가를 받을 가능성이 크다.

◎ **다른 선택지 분석**

① 운동, 체육과 같은 활동성 취미

- 운동은 건강한 라이프스타일을 상징하고, 체력적인 면에서 중요한 요소가 될 수 있다.
- 하지만 직무와의 직접적인 연관성이 부족할 수 있고, 단기적인 취미로 인식될 수 있어 지속적인 자기계발 의지보다는 잠시의 휴식과 여가활동으로 보일 수 있다.

② 독서, 음악과 같은 감상성 취미

- 독서나 음악은 지적인 활동을 강조하지만 단순히 감상적인 취미로만 보일 수 있다.
- 물론 문화적, 감성적인 요소를 강조할 수 있지만 직무와 관련된 능

력 개발의 측면에서는 연구, 공부와 같은 탐구성 취미가 더 긍정적
으로 평가될 수 있다.

③ 여행, 등산과 같은 탐험성 취미

- 여행이나 등산은 모험적인 성향과 열린 사고를 강조할 수 있지만
  직무와의 연관성이 상대적으로 적고, 탐험적인 취미가 면접에서 실
  질적인 업무능력과 어떻게 연결되는지를 보여주지 못할 수 있다.

◆ **합격률이 높은 답변 예시**

"저는 주로 공부나 연구를 취미로 삼고 있습니다. 새로운 지식을 배우고, 이를 통해 문제를 해결하는 과정에서 큰 만족감을 느낍니다. 이 과정은 직무에 필요한 정보나 기술을 습득하는 데에도 많은 도움이 됩니다."

▶▶▶ **TIP**

이 질문은 자기계발과 직무 적합성을 강조하는 좋은 기회다. 공부나 연구와 같은 취미는 지속적인 성장과 발전을 추구하는 태도를 부각시킬 수 있어, 경쟁력을 높이는 답변이 된다.

---

24. 친구들과의 대인관계 스타일에 대한 질문의 답변은?

① 소수의 사람과 깊은 대인관계

② 다수의 사람과 얕은 대인관계

③ 소수의 사람과 얕은 대인관계

④ 다수의 사람과 깊은 대인관계

대인관계는 단순히 개인적으로 가까운 친구들과의 소통 관계만을 의미하는 것이 아니다. 회사나 조직에서의 대인관계의 유형을 보면 친구들과의 교우관계에서부터 시작해 사회적, 문화적 유대관계의 폭과 깊이를 가늠해 볼 수 있는, 다양한 계층의 사람들까지 망라하여 펼쳐져 있기 마련이다.

그래서 면접관이 그 중에서도 학창시절의 교우관계 또는 친구들과의 대인관계 스타일을 질문하는 경우는 직무와 연관되어 있지는 않지만 실제 직무를 수행하는 과정이나 일하는 과정에서 지원자의 대인관계 스타일을 엿볼 수 있고, 이를 통해 회사에서의 정서적인 공감대와 교류 관계의 성공 여부를 대충은 가늠해 볼 수 있다는 전제를 가지고 하는 질문인 셈이다.

그래서 답변도 작은 규모의 개인적 친분 관계의 범위에서 깊이 사귀는지, 얕고 넓게 사귀는지의 4가지 경우를 가지고 지원자를 평가하게 된다. 즉 유형적 평가를 통해 입사를 하는 경우 어떠한 팀워크적인 측면의 고려가 필요한지도 생각하면서 질문하는 약간은 중장기적인 측면의 포지셔닝이라고 할 수 있다. 그만큼 지원자의 대인관계의 유형의 근저에 깔려 있는 사람에 대한 선입견과 교우 관계의 깊이는 여러모로 직원을 새로 받아들이는 조직 측면에서 굉장히 중요한 요소로 작용하고 있다는 뜻이 된다. 이런 측면에서 답변도 신중해야 하고 섣불리 답할 수 있는 것이 아니라는 판단을 해야 한다.

① 소수의 사람과 깊은 대인관계

면접에서 "좁고 깊은 인간관계를 선호한다."라고 말하면, 자칫 기업이나 조직이 원하는 열린 성격, 원만한 대인관계와는 거리가 있어 보일 수 있다. 이런 대답은 잘못 전달되면 오해를 살 수도 있지만, 오히려 면접관이 "왜 그렇게 생각하나?" 하고 관심을 갖게 만드는 매력적인 답변이 될 수도 있다.

특히, 소수정예의 팀 문화를 중시하는 컨설팅 회사나 연구개발 분야와 같이 깊이 있는 협업과 창의성이 중요한 직무라면, 이런 인간관계 스타일은 오히려 큰 장점이 된다.

"저는 많은 사람과 넓게 어울리기보다는, 몇몇 사람과 깊고 진정성 있는 관계를 맺으며 서로 신뢰하고 솔직하게 소통하는 방식이 더 좋습니다."라는 식으로 이야기한다면, 단순한 성격 소개를 넘어 조직 안에서 신뢰를 쌓고, 고객과도 진심으로 소통할 수 있는 사람이라는 인상을 줄 수 있다.

중요한 것은, 이러한 관계 방식이 어떻게 업무에 긍정적인 영향을 주는지, 협업과 창의적 성과로 이어졌던 실제 경험이 있다면, 면접관은 그 순간, 당신을 '깊이 있는 사람'으로 바라보게 된다.

따라서 제한적인 인간관계를 단점처럼 여길 필요는 없다. 오히려 깊은 소통, 진솔한 신뢰, 그리고 집중력 있는 협업의 장점으로 발전시켜 자신만의 진정성 있는 커뮤니케이션 방식으로 보여준다면, 그것이야 말로 조직이 원하는 진짜 인재상이 될 수 있다.

② 다수의 사람과 얕은 대인관계

다양성을 널리 포용하고 관심을 기울이는 조직문화를 가진 기업이나 조직에서 임원급 면접관들이 선호하는 답변이고, 시장 중심의 다양성과 폭넓은 포괄성을 강조하는 관리자들에게 최선의 답변 전략이 되기도 한다.

원래 소비재 상품 시장의 특성이 가벼운 마음으로 작은 것을 구매하는 것으로부터 시작해 충성고객이 되는 것처럼 대인관계에 있어서도 신입사원의 입장에서는 다수의 사람들과 대인관계의 폭과 넓이를 잘 관리해 가는 것이 제일 소중한 임무라는 것을 지원자가 이미 알고 있음을 피력하는 것이다.

이를 증명할 수 있는 예를 들 수 있다면 더할 나위 없는 금상첨화 답변이 된다. 대인관계는 깊이와 넓이와 사이즈가 중요하다고 판단되면, 그 상태에서의 판매, 영업, 고객관리 같은 특별한 직무 특성에 100퍼센트 부합한다는 신뢰를 줄 수 있는 답변이 된다.

③ 소수의 사람과 얕은 대인관계

『대인관계론』이라는 책에서 보면, 가장 피해야 할 대인관계 유형의 하나로 지적되는 것이 바로 소수의 특정한 사람들과 짧고 단순한 피상적인 대인관계를 유지하는 것이라 한다. 즉 사교성의 결여 또는 폐쇄성이 높은 사람들의 특성 중 하나로 대개의 심리학자들은 생각하기 때문이다.

그래서 우수한 인재를 뽑는 대기업의 채용 담당자나 면접관들은 자기소개서나 이력서를 평가 또는 심사할 때 대인관계 영역이 좁거나 그 깊이가 얕은 지원자는 일단 사회성에 문제가 있다고 판단하는 것이 대부분이다. 그래서 이런 질문에 대한 답변도 소수의 사람들과 얕은 대인관계를 맺고 있는 사실을 굳이 드러낼 필요는 없다. 이런 답변을 통해 얻을 수 있는 것은 남다른 특정 유형의 대인관계 유형으로 보기 드문 지원자라는 평가만을 듣게 될 우려가 있다는 것이다.

전문적인 온라인 투자상담 업무나 고개관리 서비스 영역과 같은 특정 전문적인 업무에 한하여 이런 답변이 효과적이라 할 수 있으나 대개의 초급 또는 중급의 직무 또는 보통 난이도의 직무의 경우에는 바람직하지 않은 직무 답변으로 해석된다.

④ 다수의 사람과 깊은 대인관계

상당히 어려운 답변 중 하나이다. 왜냐하면 어떻게 이와 같은 대인관계가 가능한지를 예로 들어 설명하라고 다그치면 그 사례를 제시하기가 어렵기 때문이다.

"현실적으로 어떻게 많은 사람들과 깊이 있는 대인관계를 맺을 수 있을까?" 필자 역시 그 비결이 궁금하다. 또 반대로 그런 대인관계 유형에 반감을 가지고 있는 면접관도 도대체 어떤 장점이 있기에 그런 대인관계에서의 성공담을 가지고 있는지를 궁금해 하기도 한다.

이와 같은 대인관계를 유지하기 위해서는 기본적으로 시간과 노력이 절대적으로 많이 필요하다. 하지만 그 대인관계의 성공 사례로서 최고의 베스트 프랙티스Best Practice를 잘 보여줄 수 있다면 대인관계 하나만으로도 우수한 지원자로서의 경쟁력을 보여줄 수 있다.

예를 들어, 학생회 회장을 역임하는 과정에서 다양한 사회적 활동을 통해 얻은 인맥을 활용하여 개인적인 친분을 유지하고, 이를 통해 사회단체와 학생회가 공동의 이익을 추구했던 일, 거주하는 지역의 각종 종교기관과 연합하여 연말행사를 개최하고 이를 통해 알게 된 지역유지들과 각종 단체들의 필요에 따른 정기 행사를 실시하여 각 단체장들 또는 그 조직의 리더들과 개인적인 멘토-멘티의 관계를 맞는 일 등.

다수의 사람들과의 친분 채널을 잘 유지하면서 개인적인 성장의 계기로 삼았던 다양한 사례들을 선보이는 답변으로 대인관계의 경쟁력과 차별성을 선보이는 답변 전략이다.

▶ 가장 합격률이 높은 답변

④ 다수의 사람과 깊은 대인관계

☑ 이유

- 다수의 사람과 깊은 대인관계를 유지하는 스타일은 팀워크와 협업을 중시하는 직장 환경에서 매우 중요한 특성으로 평가된다. 직장에서 여러 사람과의 원활한 소통과 깊은 관계 형성은 조직 내 갈등을 줄이고 효율적인 업무 진행을 도와준다.

- 대인관계가 깊고 넓은 사람은 유연성과 사람들 간의 조화를 중요하게 여기며 다양한 사람들과 협력할 수 있는 능력을 보여주기 때문

에 조직의 성과를 올리는 데 기여할 수 있다는 장점이 있다.

- 적극적인 네크워킹 능력을 강조하며, 이는 면접에서 협업과 소통 능력을 중요하게 여기는 많은 기업에서 긍정적인 평가를 받을 수 있다.

◎ 다른 선택지 분석

① 소수의 사람과 깊은 대인관계

- 소수의 사람과 깊은 관계를 유지하는 것도 장점이 있지만 많은 직장 내 상황에서는 다양한 사람들과 소통하는 능력이 중요하다.
- 소수와 깊은 관계만을 유지하는 사람은 협업에 있어 제한적인 역할만 할 수 있는 지원자로 인식될 수 있다.

② 다수의 사람과 얕은 대인관계

- 많은 사람들과 얕은 관계를 유지하는 스타일은 표면적인 소통에 그칠 수 있기 때문에 깊은 신뢰와 관계 구축이 필요한 직무에서는 부정적인 인식이 있을 수 있다.
- 이는 직장 내에서 진정성과 깊이를 요구하는 관계에서 약점으로 보일 수 있다.

③ 소수의 사람과 얕은 대인관계

- 소수와 얕은 유지하는 스타일은 직장에서 팀워크가 중요한 업무에서 불리할 수 있다.
- 깊은 관계를 추구하지 않으면서도 그 수가 적다면 직장에서의 사회적 상호작용에 있어 부족함을 느낄 수 있다.

"저는 다양한 사람들과 깊은 관계를 형성하는 것을 중요하게 생각합니다. 각기 다른 성격과 배경을 가진 사람들과 원활하게 소통하고, 서로의 신뢰를 쌓아가는 과정에서 큰 의미를 느낍니다. 이는 직장 내 협업과 팀워크에 매우 중요한 요소라고 믿습니다."

> ▶▶▶ **TIP**
>
> 다양한 사람들과의 깊은 관계를 형성하는 능력은 직장 내에서 협력적이고 긍정적인 분위기를 만드는 데 중요한 역할을 하므로, 면접에서 매우 긍정적으로 평가된다.

---

25. 점이나 사주팔자, 부적 등을 믿느냐는 질문에 대한 답변은?

① "믿는다."라고 단답형으로 답한다.

② "믿지 않는다."라고 부정적으로 답한다.

③ "참고만 한다."라고 융통성 있게 답한다.

④ 불합리성을 강조하며 필요성조차 없다고 말한다.

점이나 사주팔자와 같은 질문은 동양적인 문화가 짙은 기업에서 간혹

개인의 취향 또는 의사결정 성향을 궁금해 하는 면접관들이 가끔 묻는 질문 유형 중의 하나다. 이러한 질문을 통해 면접관은 지원자의 일반적 의사결정 과정에 담겨 있는 프로세스와 그 결정에 대한 주체성을 어떻게 받아들이고 적용하는지를 간접적으로 보고자 하는 것이다.

실제 면접 현장에서는 면접관이 던지는 질문에 대해 지원자들이 "맞을 수도 있고 아닐 수도 있다"는 식의 애매한 답변을 하는 경우가 많다. 또 어떤 지원자들은 면접 분위기를 살피며, 그 질문이 논리적이고 과학적인 것인지, 혹은 비과학적이거나 운에 가까운 것인지 자기 나름대로 판단하고 답변하려는 모습을 보인다. 이런 반응은 단순한 답변을 넘어서 지원자가 실제로 업무를 어떻게 받아들이고, 해석하며, 해결하는지를 보여주는 단서가 된다.

특히, 직무 중심의 면접에서는 정형화된 정답보다 지원자가 업무에서 마주하게 될 불확실한 상황을 어떻게 이해하고 접근하는지를 더 중요하게 보게 된다. 이런 맥락에서 보면, 면접관은 지원자의 답변 속에서 '경험에서 우러나온 암묵적인 지식(숨겨진 노하우)'을 찾아내려는 것이고, 지원자의 이런 태도 자체가 면접 결과에 참고할 만한 가치 있는 요소가 될 수 있다.

면접관이 이 질문을 통해 지원자에 대해 알고 싶어 하는 본질이 있다면, 지원자가 어떤 가치 기준과 생각을 가지고 선택하고 판단을 내리는가 하는 데 있다. 운명론적인 사고를 통해 결과 중심으로 일하는지, 아니면 개인의 역할을 강조하여 최선의 의식과 노력으로 그 결과를 변경하고자 하는 과정 중심으로 일하는지 알고 싶은 것이다.

① **"믿는다."라고 단답형으로 답한다.**

면접에서 "점을 믿느냐?"라는 질문이 나왔을 때, 그에 대한 지원자의 대답이 과학적 사고나 논리적인 사고방식과 꼭 연결되어 있다고 보지는 않는다. 면접관들은 오히려 그것을 그 사람의 의사결정 방식이나 문화적 성향을 엿볼 수 있는 힌트로 본다.

예를 들어, "저는 점을 믿어요."라고 답한 지원자는 논리나 제도보다는 사람들의 경험에서 나온 통계적 흐름이나 감각을 더 신뢰하는 편일 수 있다. 이런 지원자는 결과에 대한 명확한 기준이나 확신이 설 수 있는 근거를 중요하게 여기고, 가끔은 부적이나 점과 같은 심리적인 안정을 주는 요소를 통해 자신감을 얻기도 한다. 그래서 조직에서도 성과나 보상을 받을 때 "이 일은 분명히 나에게 도움이 될 거야."라는 식의 확실한 결과를 기대하는 경향이 있고, 그 기대가 충족되어야 더 열심히 몰입하는 스타일일 수 있다.

물론, 이런 성향이 비현실적이거나 비합리적이라고 보는 면접관도 있을 수 있다. 하지만 실제 일하는 현장에서는, 그런 성향이 다른 방식으로 긍정적인 성과로 이어지는 경우도 많기 때문에, 성급하게 판단해서는 안 되는 부분이기도 하다.

② **"믿지 않는다."라고 부정적으로 답한다.**

이런 답변의 유형의 지원자는 '과학적'이라는 평가를 받고자 하는 강렬한 동기를 가지고 있다. 그래서 "가시적 증거뿐만 아니라 지원자 본인의 신념과 가치체계에 120퍼센트 확신이 없다면 결정하지 않겠다."라는 의지의 표명이기도 한다.

"믿지 않는다."라는 답변에 담겨 있는 의미는 '모든 의사결정에 따른 책임은 자신에게 있다'는 '업무에 책임감'을 보여주는 것이다. 만약 지원자가 조직을 관리하는 책임자라고 한다면 부하직원보다는 관리자인 자신이 더 큰 책임을 짊어져야 한다고 생각하며, 따라서 일하는 과정에서의 디테일한 상황까지 책임지는 경향을 보인다.

지나치게 세부적인 관리(Micro management) 경향을 가지고 있다고 해서 부정적으로 보지는 않지만 조직의 팀원들과 융화되고 조직문화에 잘 녹아들 수 있도록 코칭이 필요할 수 있다는 평가를 받을 수 있다.

③ "참고만 한다."라고 융통성 있게 답한다.

조직생활에서 융통성이 있다는 평판은 꼭 필요한 요소다. 그리고 이런 점은 이와 같은 질문의 답변에서 확연하게 나타난다.

점을 믿는 것은 과학적이지 못한 일이라며 비난하거나 무시하는 태도를 취함으로써 자신을 과학적인 사람이라고 포장하는 대신 '점을 신봉하는 사람'에 대해서도 열려 있는 태도를 취하는 전략이다. 즉 점에 대해 절대적으로 신봉하지는 않지만 그와 같은 의견을 받아들여 의사결정을 하는 데 참조할 수도 있고, 고려하지 않을 수도 있다는 '열린 답변'으로서 지원자와 반대 논리에 서 있을지도 모를 면접관의 믿음을 수용할 수 있다는 전향적인 사고의 소유자임을 의도적으로 보여주는 전략이다. 상대를 존중해 주는 태도를 보여주는 전략이기도 하고, 편협한 자신만의 믿음에 갇혀 홀로 고립되는 상황에 놓이지 않겠다는 의지의 표현이기도 하다.

점이나 사주팔자를 믿는 것은 개인적인 선호도에 따른 것일 뿐이므로 자신은 거기에 얽매여 있지 않다는 논리다. 점과 사주팔자에 대한 믿음을 단지 미신으로 치부해 무시하는 것이 아니라는 태도를 어필을 하면서 많은 부분에서의 문제를 흑백논리가 아닌 융합의 길 가운데서 찾아낸다는 태도를 보여주는 답변으로, 취업면접에서 좋은 전략이 된다.

④ 불합리성을 강조하며 필요성조차 없다고 말한다.

단호한 답변으로 강한 의지의 피력이 필요한 경우, 필요에 따라 사안의 우발성과 비과학성을 명확하게 제시하는 답변이다.

강할수록 부러지기 쉽다는 우려도 있기는 하지만, 그래도 이런 질문을 하게 된 면접관에게 자신의 의지를 피력할 수 있는 기회로서 과학적 태도와 객관성으로 무장하고 있음을 강하게 어필하는 전략이다.

과학과 사실, 그리고 개인의 신념을 객관적인 관점을 통해 주장하며, 불특정한 누군가의 흐리멍덩한 의견이 아니라 "과학적 검증 결과를 의사결정의 근거로 믿는다."라는 태도를 어필함으로써 자신이 철저하게 사실에 근거해 판단하고, 과학적 사고로 무장해 문제를 해결할 자세를 갖추고 있음을 보여줌으로써 면접관들의 평가를 기대하는 것이다.

면접관들 특히, 조직의 임원들이 최종 합격자를 선발하는 과정에 참여한다면, 이러 태도를 가지고 있는 지원자가 조직문화에 더 잘 맞을 것이라고 판단하기 쉽다.

▶ 가장 합격률이 높은 답변
③ "참고만 한다."라고 융통성 있게 답한다.

☑ 이유

- "참고만 한다"는 답변은 개방적이고 융통성 있는 태도를 보여준다. 이것은 비즈니스 환경에서 유연하게 대응할 수 있는 능력을 보여주는 것이며, 다양한 사람들과의 관계에서 긍정적인 이미지를 심어줄 수 있다.

- 조직 내 문화나 상사, 동료의 다양한 믿음에 대해 존중하는 태도를 보여주며 단호하게 "믿지 않는다"고 부정적으로 말하기보다는 중립적이고 열린 자세로 접근하는 것이 더 성숙한 대인관계를 형성하는 데 도움이 된다.

- 상대방의 가치관에 대해 존중하는 태도는 협업을 위한 중요한 자질로 평가되며, 상황에 따라 유연하게 대응할 수 있는 능력을 보여줄 수 있다.

◎ 다른 선택지 분석

① "믿는다."라고 단답형으로 답한다.

- 단호하게 "믿는다"고 답변하는 것은 직장 내에서 다른 사람들의 믿음이나 가치관을 존중하는 데 부족할 수 있다.

- 특정한 신념에 대한 고수는 조직 내에서 협업과 소통에 어려움을 겪을 가능성을 높일 수 있다.

② "믿지 않는다."라고 부정적으로 답한다.

- 부정적으로 대답하는 것은 종종 개방적인 태도나 유연성 부족으로 비쳐질 수 있다.

- 불필요한 논란을 피하기 위해 "믿지 않는다"고 말하는 것은 조직

내 다양한 문화적 배경을 존중하는 태도와 거리가 있을 수 있다.

④ 불합리성을 강조하며 필요성조차 없다고 말한다.

- 불합리성을 강조하거나 필요성을 부정적으로 말하는 것은 과도하게 고집을 부리거나 타인의 믿음을 비하하는 것으로 보일 수 있다.
- 직장 내에서의 협력이나 관계 형성에 장애가 될 가능성이 크다.

◆ 합격률이 높은 답변 예시

"저는 개인적으로 점이나 사주팔자에 대해 깊이 신뢰하지는 않지만 사람마다 다양한 믿음과 가치관이 있기 때문에 그것들을 참고하는 정도로 생각하고 있습니다. 업무를 수행하는 데 있어서는 논리적인 접근과 실질적인 문제 해결을 중요하게 생각합니다."

> ▶▶▶ **TIP**
>
> 융통성 있고 존중하는 태도를 보여주는 것이 면접에서 긍정적인 평가를 받을 수 있는 중요한 요소다. 개방적인 태도로 자신의 가치관을 밝히되, 다른 사람의 믿음을 존중하는 모습을 보여주는 것이 이상적이다.

---

26. 지금까지 살아오는 동안 느꼈던 가장 어려운 문제는?

① 명예적인 어려움을 당한 때라고 답한다.

② 인간적으로 어려움을 당한 때라고 답한다.

③ 금전적인 문제라고 답한다.

④ 건강과 관련된 문제라고 답한다.

면접관으로서 가장 부담이 적으면서도 지원자의 적합성을 판단하기 좋은 질문 중 하나다. 사실 면접관도 인간이고, 그래서 "회사나 조직에 대해 어떤 비전과 바람을 가지고 있느냐? 우리 회사에 지원한 동기가 무엇이냐? 앞으로 5년 후에 어떤 것을 꿈꾸느냐?" 등과 같은 구태의연한 질문들을 하고, 듣다 보면 아무리 좋은 답변이라고 할지라도 60점 이상의 점수를 매기기 어렵다.

이 질문은 사실 경력사원을 대상으로 하는 것이다. 직장생활을 하면서 겪게 되는 수많은 문제들 속에서 어떤 문제를 겪었고 해결해 왔는지 면접관 스스로도 궁금할 것이다.

면접관은 왜 이런 질문을 할까?

내가 당신을 합격시켜서 이 조직의 일원이 된다면, 그때 당신이 믿을 수 있는 동료가 될 수 있는지 여부를 묻는 것이다.

그래서 면접은 면접관과 지원자의 갑과 을만의 게임은 아닌 듯싶다.

① 명예적인 어려움을 당한 때라고 답한다.

직장생활에서 자존감과 존재감은 신입사원이든 경력사원이든 모두에게 중요한 가치이다. 회사는 개인을 조직의 일부로 바라볼 수 있지만, 동시에 개인의 가치를 존중하는 곳이기도 하기 때문이다.

면접에서 자신의 경험을 솔직하게 공유하는 것은 자존감과 존재감을 드러내는 방식으로, 면접관에게 긍정적인 인상을 줄 수 있다. 다만, 개인의 명예를 지키는 동시에 회사와 조직의 명예 또한 존중하는 태도를 갖추는 것이 중요하다. 면접관이 지원자에게 이러한 균형 잡힌 자세를 기대하는 것은 직장생활에 있어서 상호존중과 신뢰를 바탕으로 한 협력적인 관계를 형성하는 데 도움이 된다고 보기 때문이다.

② 인간적으로 어려움을 당한 때라고 답한다.

사람과 사람의 관계가 가장 현실적이고 실존적인 어려움이었다는 고백을 통해서 직장생활에서 겪게 되는 수많은 어려움 중에서도 많은 어려움이 인간적인 면에서 비롯된다는 점에서 공감대를 얻고자 하는 것이다.

사실 인간적 관계에 어려움을 느끼는 것은 면접관이라고 해서 다르지 않다. 따라서 유사한 환경에 처했던 경험을 가진 면접관이라면 공감을 이끌어내는 데 더할 나위 없는 좋은 사례가 된다.

인간적인 관계에서 비롯된 어려움을 겪고 그것을 극복해낸 지원자라면, 입사 후에 겪을 수 있는 비슷한 문제들에 대해 무난히 대응하면서 조직생활을 더 잘 해낼 수 있는 지원자라는 평가를 받을 수 있을 것이다. 이전에 이와 같은 문제를 겪었던 경력을 가지고 있는 일부 지원자들로부터 볼 수 있는 답변이다.

③ 금전적인 문제라고 답한다.

삶에서 금전적인 문제는 끊을 수 없는 불가분의 문제다. 개인이 가지고 있는 금전적인 문제는 직접 그와 같은 상황에 처해 보지 않으면 모르기 마련이고, 사실 직장생활에 있어 가장 현실적이고 절박한 문제의 하나다.

회사와 조직조차도 겪게 되는 어려움의 절반 이상이 재무적인 문제라는 사실을 잘 알고 있는 면접관에게는 동질감과 동료의식을 느끼게 되는 답변이라고 할 수 있다. 개인으로서 혹은 가장으로서 현실적인 재정적 요구와 필요를 충족시키기 위한 무거운 책임을 자각하는 것만으로도 대충 둘러대면서 어려움을 꼬집어 얘기하지 못하는 지원자보다 100배 더 신뢰를 얻을 수 있다. 재정적인 어려움을 해결할 수 있는 상황이 될 수도 있고 그렇지 않을 수도 있지만 면접관의 입장에서는 지원자의 진실성을 발견하게 되는 계기가 된다.

단, 금전적인 어려움으로 인해 부정한 행위에 대한 유혹을 받을 가능성이 있지 않을까 하는 인상을 주어서는 안 된다. 금전적인 문제의 어려움에 대해 답변하는 동안 이와 같은 인상을 알게 모르게 드러나는 경우도 꽤 있기 때문에 매우 주의해야 하는 답변이기도 하다.

④ 건강과 관련된 문제라고 답한다.

건강을 잃으면 모든 것을 잃는다는 말이 있다. 당연한 말이다. 그만큼 건강은 중요한 문제다. 면접관의 인지상정에 호소하는 방법 중 하나로 건강에 관련된 문제를 이야기하는 지원자도 있다.

일 잘하고 직장동료와 좋은 관계를 유지하는 것은, 물론 최선을 다한 면접 답변의 한 축이지만 건강도 작지 않은 핵심 문제다. 그래서 건강한 신체와 건전한 정신, 정서적으로 안정된 모습을 어필하는 것은 면접 답변의 핵심이며, 지원자가 얼마나 자기관리를 잘하고 있는지 평가하고자 하는 면접관의 질문에 대한 효과적인 답변이다. 대부분의 면접관에게 평균 이상의 동의를 받는 답변이다.

➤ 가장 합격률이 높은 답변

② 인간적 어려움을 당한 때라 답한다.

☑ **이유**

- 인간적 어려움은 직장 내에서의 대인관계나 협업에서 발생할 수 있는 갈등 혹은 직장 내 사회적 압박감과 관련된 문제를 의미한다. 이는 직장인들이 겪을 수 있는 어려움이며, 면접에서 이를 언급하는 것은 감정적 지능과 대인관계 능력을 중요하게 생각하는 많은 기업들에서 긍정적으로 평가된다.

- 직장에서는 협업, 갈등 해결, 팀워크 등이 중요하기 때문에 인간적인 어려움을 잘 극복하는 능력은 직장생활에서 중요한 자질로 인정받는다. 이와 함께 어려움을 극복할 수 있는 긍정적인 태도나 대인관계에서의 해결책을 언급하면 좋다.

◎ **다른 선택지 분석**

① 명예적인 어려움을 당한 때라 답한다.

- 명예적인 어려움은 다소 주관적이고 감정적인 문제로 들릴 수 있다. 직장에서는 구체적인 해결책과 협업 능력이 더 중요한 평가기준이므로 이 선택지는 부정적인 인상을 줄 수 있다.

③ 금전적 어려움을 당한 때라 답한다.

- 금전적 어려움은 직장에서 겪을 수 있는 중요한 문제일 수 있지만 금전적인 문제를 직장 내에서의 어려움으로 언급하는 것은 다소 개인적인 문제로 여겨질 수 있다. 직장에서 금전 문제보다는 대인관계에서의 어려움을 언급하는 것이 더 적절하다.

④ 건강의 어려움을 당한 때라 답한다.

- 건강의 어려움도 중요한 문제지만 직장에서의 어려움에 대한 질문에 대해서는 업무와 관련된 어려움을 중점적으로 이야기하는 것이 더 적합하다. 건강 문제보다는 업무에 영향을 미칠 수 있는 대인관계 문제를 언급하는 것이 더 직관적이고, 직장 내에서 유용한 경험으로 받아들여질 수 있다.

◆ 합격률이 높은 답변 예시

"직장생활 중 제일 어려운 때는 주로 대인관계에서의 갈등이나 어려움을 겪을 때라고 생각합니다. 팀워크가 중요한 업무에서 사람들과의 협력이 원활하지 않으면 업무의 효율성이 떨어지기 때문에, 그런 상황에서 어떻게 해결할 수 있을지에 대해 고민하며 극복해 왔습니다. 이런 경험을 통해 사람들과의 의사소통과 갈등 해결 능력이 중요하다는 것을 배웠습니다."

▶ ▶ ▶ **TIP**

직장 내에서 겪을 수 있는 대인관계의 어려움을 진지하게 다루고, 이를 어떻게 극복해 왔는지 구체적인 사례를 들어 말하는 것이 좋다. 협업과 소통능력을 강조하면서도 어려움을 해결하는 태도를 보여주는 것이 중요한 포인트다.

27. 개인적으로 대중 앞에서 발표를 할 때 제일 좋아하는 주제는 무엇인가?

① 개인 신상에 대한 내용

② 학창생활에 대한 내용

③ 대인관계에 대한 내용

④ 취미생활에 대한 내용

면접에서 발표능력을 평가하는 질문은 그 깊이에 따라 차별화된다. 예를 들어, "발표를 잘 하시나요?"라는 질문은 기본적인 수준의 질문이다. "특별한 발표 기법이 있으신가요?"는 중간 수준의 질문으로, 지원자의 기술적인 능력을 파악하려는 의도가 담겨 있다. 반면, "좋아하는 발표 주제가 있으신가요?"라는 질문은 상급 수준의 질문으로, 지원자의 열정과 관심사를 파악하려는 목적이 있다.

사람들은 자신이 좋아하는 주제에 대해 이야기할 때 더 열정적이고 설득력 있게 표현하는 경향이 있다. 따라서 면접에서 좋아하는 발표 주제에 대해 묻는 것은 지원자의 진정성과 열정을 확인할 수 있는 좋은 방법이다. 이는 발표능력뿐만 아니라 지원자의 관심사와 동기를 이해하는 데도 도움이 된다.

결론적으로, 면접에서 발표 능력을 평가할 때는 단순한 기술적인 질

문보다는 지원자의 관심사와 열정을 이끌어낼 수 있는 질문이 더 효과
적일 수 있다. 이를 통해 지원자의 진정한 능력과 잠재력을 파악할 수
있기 때문이다.

① 개인 신상에 대한 내용

면접관이 지원자에게 발표력을 묻는 경우, 효과적인 답변 중 하나는
개인 신상을 주제로 답하는 것이다. 면접관은 발표 주제가 아무리 개
인적인 문제라고 할지라도 쉽게 넘겨듣지 않는다. 왜냐하면 면접관에
게 있어 지원자에 대한 중요한 평가항목 중 하나가 자기소개를 하든지
개인적인 관심사에 대해 말하든지 간에 발표하는 과정에 담긴 언어구
사 능력 자체이기 때문이다. 개인적인 신상에 관한 이야기인지라 부담
없이 이야기할 수 있는 주제이면서 자신만의 삶의 철학이나 경험을 언
급함으로써 자신의 가치를 어필할 수 있는 좋은 기회가 되기도 한다.

자신을 과대평가 하거나 감추고 싶어 하는 내용도 간혹 노출되므로
주의를 기울여야 하지만 지원자가 살아오는 동안 겪었던 경험담과 관심
사항에 대해 이야기하는 동안 입사지원서에 담기지 않았던 의외의 장점
이 들어나 좋은 평가를 받는 계기가 될 수 있다. 물론 단점이 드러나게
될 수도 있으므로 조심할 필요는 있다.

② 학창생활에 대한 내용

학창생활에 대한 주제를 발표 아이템으로 선정한 지원자는 배움의 과
정에 담긴 자신의 열정과 탐구심을 누군가는 알아줄 것으로 기대하는
창의적인 지원자일 가능성이 높다고 평가된다. 대체로 경쟁심이 강한

우수한 인재 그룹에게서 자주 나타나기 때문에 새로운 프로젝트나 다소 난해한 고객관리제도, 시장, 경영환경에 맞는 다양한 대책을 만들어 내야 하는 업무에 적합한 지원자라고 할 수 있다.

그래서 성취 지향적인 면접관들은, 이런 주제에 대해 다소 흥분 상태로 발표를 하는 지원자에게 좋은 점수를 주는 경향도 있다. 개인주의적이고 사회성이 떨어지는 경향이 나타날 우려가 있기는 하지만 열정을 인정하는 것이다.

이런 지원자들은 '나 홀로 프로젝트'에서 좋은 성과를 내는 경향이 있고, 그룹으로 수행하는 업무 환경에는 다소 취약한 성취 경향을 나타내는 것으로 판단한다.

이는 면접관에 따라 호불호가 갈리는 평가 요인이다.

③ 대인관계에 대한 내용

면접관들은 사람 만나는 걸 좋아하거나 혹은 대인관계의 경험에 대해 발표하는 걸 좋아하는 지원자들에게 상당히 높은 점수로 평가하는 경우가 많다. 왜냐하면 업무를 익히고 활용하는 과정이 업무 그 자체로서만 이루어지는 것이 아니라 다양한 사람들과 융화되는 활동 속에서 이루어지기 때문이다.

면접관들은 이런 지원자들은 능동적인 참여정신과 리더십에 대해 이해하고 있으며, 그에 맞는 직무와 역할이 주어진다면 평균 이상의 성과를 보여줄 것이라는 평가를 내리는 경향이 있다. 대체로 합격 비율이 높고 대체로 양호한 평가를 얻는 경우가 많다.

④ 취미 생활에 대한 내용

개인적인 취미에 관한 발표 주제에 대해서는 면접관들이 그다지 심도 있게 보지 않는 경우가 많다. 즉 학습에 대한 관심이 약하며 업무 대한 몰입, 성취가 다른 지원자들에 비해 그다지 강하지 않은 것으로 보는 것이다.

면접관들은 대개 쉽게 조직에 동화되고 수용성 강한 지원자를 선호하는 경향이 있다. '좋은 지원자일 것 같다'는 면접관의 잠재적 평가에도 불구하고 다소 실망스러운 평가 결과를 얻을 수 있다. 지원하는 회사의 직무 특성에 따라 완급 조절이 필요한 답변이다.

➤ 가장 합격률이 높은 답변

③ 대인관계에 대한 내용

☑ 이유

- 대인관계에 대한 내용은 직장에서 매우 중요한 주제다. 직장 내에서의 소통, 협업, 리더십, 팀워크 등은 모두 대인관계와 관련된 분야이기 때문에 이를 다루는 발표는 면접관에게 긍정적인 인상을 줄 수 있다.
- 대인관계에 대한 경험과 이해는 직장 내에서 중요한 역량으로 평가되며, 조직 내 상호작용을 잘 다룰 수 있다는 인상을 준다. 이는 직장 내에서의 협업 능력, 소통 능력 그리고 문제 해결 능력을 보여줄 수 있는 좋은 기회가 된다.

- 또한 대중 앞에서 발표를 잘하는 능력은 자신감, 소통 능력, 사람들과의 관계를 잘 이끌어 나가는 능력을 보여주는 중요한 지표다.

◎ 다른 선택지 분석

① 개인 신상에 대한 내용

- 개인적인 신상에 대한 내용은 취업 면접에서는 너무 사적이고, 업무와 관련이 적기 때문에 직장생활과의 연결성이 부족하다. 발표 주제로는 더 전문적이고 직무와 관련된 주제가 바람직하다.

② 학창 생활에 대한 내용

- 학창생활에 대한 내용은 일부 회사에서는 긍정적으로 받아들일 수 있지만 직장 면접에서는 경력이나 직무와 관련된 경험을 강조하는 것이 더 중요하다. 특히 성인기 이후의 경험을 중시하는 경향이 있다.

④ 취미 생활에 대한 내용

- 취미생활은 개인적인 관심사로, 직장 내에서의 업무와 관련된 내용과는 거리가 있을 수 있다. 물론 취미가 직무와 관련이 있다면 도움이 되겠지만 일반적으로는 직장생활에서의 역량과 경험을 중심으로 발표 주제를 선택하는 것이 좋다.

◆ 합격률이 높은 답변 예시

"저는 대인관계에 대한 주제를 다루는 것을 좋아합니다. 사람들과의 소통과 협업에서 발생하는 다양한 상황을 어떻게 해결하는지, 그리고 그 경험들이 어떻게 저 자신을 성장시킬 수 있는지에 대해 이야기하는 것을 즐깁니다. 이러한 발표를 통해 사람들이 어떻게 관계를 잘 맺고, 팀워크를 형성하는지 배울 수 있다는 점에서 매우 보람을 느낍니다."

28. 가장 만나고 싶지 않은 사람은 누구인가?

① 거짓말을 쉽게 하는 사람

② 지식이 없는 사람

③ 인생을 무의미하게 사는 사람

④ 종교나 신앙이 없는 사람

지원자의 대인관계 유형이나 선호도를 묻는 면접관의 의도는 무엇일까? 이 정도의 질문이라면, 필자든 독자든 다 안다. 확실하게 말하자면 조직에 잘 적응할 수 있는 사람인지 아닌지를 판단하고 싶은 것이다.

이런 질문을 평범하면서도 일상적인 질문으로 포장해서 질문을 할 때, 유의해야 한다.

① 거짓말을 쉽게 하는 사람

면접에서 정직함을 강조하는 것은 지원자의 진실성과 신뢰성을 어필하는 데 효과적이다. 그러나 모든 상황에서 정직함만을 내세우는 것이 항상 긍정적으로 작용하지는 않을 수 있다. 특히 다양한 고객과의 관계 유지가 중요한 업무에서는 융통성과 유연한 대처 능력도 필요하다.

예를 들어, 고객과의 협상이나 거래에서 지나치게 원칙만을 고수하면 관계 형성에 어려움을 겪을 수 있다. 따라서 면접에서는 정직함을 기본으로 하되, 상황에 따라 유연하게 대처할 수 있는 지혜와 균형 감각을 함께 보여주는 것이 중요하다는 뜻이다.

이러한 접근은 지원자의 신뢰성과 진실성을 강조하면서도, 업무에 필요한 융통성을 갖춘 인재로 평가받을 수 있게 한다. 또한, 면접관은 지원자의 답변을 통해 그 사람의 가치관과 업무 스타일을 파악하려고 한다.

따라서 정직함을 강조하면서도, 팀워크와 협업 능력, 고객과의 원활한 소통 능력 등을 함께 언급하면 더욱 긍정적인 인상을 줄 수 있다. 결론적으로, 면접에서 정직함을 강조하는 것은 중요하지만, 그것이 업무 수행에 있어 유연성과 융통성을 제한하지 않는다는 점을 함께 전달하는 것이 효과적이다. 이를 통해 지원자에 대한 신뢰감을 높임과 동시에 다양한 상황에 능동적으로 대처할 수 있는 인재로 평가받을 수 있다.

② 지식이 없는 사람

많은 면접관들은 자신의 업무 지식을 통해 회사의 발전에 기여한 경험을 가지고 있다. 이러한 경험은 면접관으로 하여금 지원자에게도 자신이 걸어온 자기계발에 대한 의지를 기대하게 된다. 특히, 실무 관리자들은 지원자가 입사 후에도 지속적으로 학습하고 성장하려는 자세를 갖추기를 바란다. 조직 심리학적 관점에서, 지식이 부족한 사람에 대한 무시는 단순한 편견이 아니라 조직 내에서의 효율성과 성과를 중시하는 문화에서 비롯된 것이다. 면접관들은 지원자가 현재 어떤 지식을 가지고 있는지 뿐만 아니라, 앞으로 어떻게 지식을 습득하고 활용할 것인지에 대한 태도를 중요하게 평가한다. 그래서 이와 같은 답변을 하는 지원자는 학습과 자기계발 그리고 교육에 무관심한 지원자 유형 중 하나로 인정된다. 면접에서 중요한 것은 단순히 많은 지식을 보유하고 있는 것이 아니라, 지속적인 학습과 성장에 대한 태도를 갖추는 것이다.

면접관들은 지원자가 현재의 지식 수준에 안주하지 않고, 끊임없이 자기계발을 통해 조직에 기여할 수 있는지를 평가한다. 따라서, 지원자는 자신의 지식과 경험을 바탕으로 어떻게 조직에 기여할 수 있을지를 구체적으로 설명하고, 부족한 부분에 대해서는 학습 계획과 의지를 명확하게 전달하는 것이 중요하다. 이러한 균형 잡힌 접근은 면접관에게 신뢰를 주며, 긍정적인 평가를 받을 수 있는 기반이 된다.

③ 인생을 무의미하게 사는 사람

삶을 대하는 태도, 가치관이라는 관점에서 한 차원 높은 세계관과 인생관을 선보이는 답변은 최고경영자나 회사 창업자가 면접 현장에 참석하는 경우 최고의 효과를 발휘한다.

업무지식이나 삶을 대하는 태도로서의 진실성이 최고의 가치로 인정받던 시기는 이미 지났다고 보기는 하지만 그럼에도 풍부한 인생 경험을 가지고 기업의 설립 가치를 펼치고자 하는 최고경영자의 입장에서 지원자가 보여주는 인생에서의 철학적 가치는 좋은 결과를 가져오는 경우가 많다.

이제 갓 대학을 졸업한 경우 어려운 답변일 수도 있지만, 그래도 첫 직장생활에 대한 기대와 소망을 가진 지원자로서는 이런 답변을 통해서 가치 있는 조직원으로서의 포부를 보여줄 계기가 될 수 있다. 이런 기본적인 가치관과 세계관을 가진 지원자는 답변에 있어 그 면접장의 최고 의사결정 권한을 가지고 있다고 판단되는 면접관에 대한 예우 차원의 답변 기법도 반드시 필요하다고 할 수 있다.

④ 종교나 신앙이 없는 사람

면접에서 종교나 개인적인 신념을 언급하는 것은 일반적으로 권장되지 않는다. 이는 면접이 직무 역량과 조직 적합성을 평가하는 자리이기 때문이다. 그러나 이러한 신념이 지원자의 가치관 형성이나 대인관계에 긍정적인 영향을 미쳤다면, 이를 간결하고 객관적으로 표현하는 것이 도움이 될 수 있다.

예를 들어, "저는 신앙을 통해 배운 인내와 경청의 자세를 업무에 적용하여 팀원들과의 협업에서 긍정적인 결과를 이끌어낸 경험이 있습니다."와 같이 접근하는 것은 지원자의 가치관과 업무 스타일을 자연스럽게 드러내는 데 도움이 된다.

이러한 표현은 지원자의 진정성과 독창성을 강조하면서도, 면접관에게 긍정적인 인상을 줄 수 있다. 그러나 주의할 점도 있다. 종교적 신념을 강조할 때는 다음과 같은 사항을 유의해야 한다.

첫째, 상대방의 신념 존중하여 자신의 신념을 표현하더라도, 면접관이나 조직의 다양한 배경과 신념을 존중하는 태도를 보여야 하며, 둘째 특정 종교나 신념의 우월성 피하며, 자신의 신념이 다른 신념보다 우월하다는 인상을 주지 않도록 주의해야 한다. 결론적으로, 종교적 신념은 지원자의 가치관과 인성을 드러내는 하나의 방법일 수 있다. 이를 통해 지원자는 자신의 독창성과 진정성을 효과적으로 전달할 수 있으며, 이는 면접에서 긍정적인 인상을 남기는 데 도움이 될 것이다. 다만, 이러한 표현은 신중하고 세심하게 접근해야 하며, 조직 문화와 면접 상황을 고려하여 적절하게 조절해야 한다.

➤ 가장 합격률이 높은 답변

① 거짓말을 쉽게 하는 사람

☑ 이유

- 정직성은 대부분의 기업이 가장 중요한 가치 중 하나다. 직장 내에서 신뢰를 쌓고 원활한 협업을 이루기 위해서는 정직한 사람과 함께 일하는 것이 매우 중요하다. 따라서 거짓말을 쉽게 하는 사람을 피하고 싶다는 답변은 정직함과 신뢰를 중시하는 직장에서 긍정적인 평가를 받을 수 있다.

- 이 답변은 성실함과 업무에서의 신뢰성을 강조하는 것으로, 리더십, 팀워크, 윤리적 기준 등을 중요하게 생각하는 직장에서는 강한 인상을 줄 수 있다.

◎ 다른 선택지 분석

② 지식이 없는 사람

- 지식이 부족한 사람을 피하고 싶다는 답변은 부정적인 인상을 줄 수 있다. 이 답변은 배우려는 자세를 강조하기보다는 배움의 의지가 부족한 사람을 비판하는 것으로 해석될 수 있다. 또한 직장에서는 서로의 부족한 부분을 보완하는 협업이 중요한데, 지식의 부족이 문제라는 식의 답변은 다소 협업에 대한 부정적인 시각으로 비칠 수 있다.

③ 인생을 무의미하게 사는 사람

- 무의미한 삶을 살고 있다고 평가하는 것은 지나치게 개인적이고, 다른 사람의 삶을 판단하는 부정적인 태도로 보일 수 있다. 직장에서 상대방을 존중하는 태도는 매우 주요하며, 이 답변은 그 반대의 모습을 보일 수 있다.

④ 종교나 신앙이 없는 사람

- 종교나 신앙에 관한 질문은 매우 민감하고 개인적인 부분에 해당한다. 종교가 없다는 이유로 누군가를 피하고 싶다는 답변은 차별적으로 비칠 수 있으며, 다양성 존중이 중요한 현재 직장에서 부정적인 영향을 줄 수 있다. 직장 내에서 중요한 것은 업무능력과 협업 능력이므로 종교적인 문제를 언급하는 것은 적절하지 않을 수 있다.

◆ **합격률이 높은 답변 예시**

"저는 거짓말을 쉽게 하는 사람을 만나지 않기를 원합니다. 직장에서 신뢰와 투명성은 매우 중요하다고 생각합니다. 어떤 문제든 솔직하고 정직한 대화로 해결하려는 태도가 중요하며, 거짓말은 팀워크를 해치는 요소가 될 수 있기 때문입니다."

이 질문에 답변을 할 때는 정직성과 신뢰의 중요성을 강조하는 것이 핵심이다. 기업들이 특히, 중요하게 여기는 가치는 정직, 책임감, 그리고 상호 존중이기 때문에 이에 부합하는 긍정적인 특성을 부각시키는 것이 중요하다.

29. "열정을 무엇이라 정의하고 싶은가?"라는 질문에 대한 당신의 답변은?

① 열심히 최선을 다해 사는 것

② 남들을 위해 봉사하며 사는 것

③ 결과를 내며 조직에 도움이 되게 사는 것

④ 돈을 많이 벌며 인생을 의미 있게 사는 것

열정에 대한 정의는 사람마다 다르지만 공통적으로 떠오르는 개념이 있다면, '몰입'과 '심취'라는 단어다. 경제학적인 관점에서는 선택과 집중이라고 하지만 일반 인문, 사회학적인 관점에서는 어떤 특정한 성과, 목표를 위해 업무에 몰입하고 그 성취 과정에 심취하는 것이다. 즉 '빠져 든다'는 의미의 과정에 담긴 '몰입'과 그 안에서의 결과로 나타나는 '심취'라는 점이다.

그래서 열정에 대한 정의를 어떻게 내리고 있는지 지원자의 답변을 들어보면 지원자가 가지고 있는 업무에 대한 생각과 조직에 대한 가치관을 엿볼 수 있고 이를 조직과 사람 그리고 목표와 연관 짓는, '조직 삼위일체(organizational trinity)'의 관계를 소상히 그리고 직접적으로 판단해 보게 되는 중요한 질문이 된다.

쉬운 질문처럼 들리지만 철학적 의미와 전략적 접근법이 어떤 것인지를 판단해 보기 위한 질문이 숨어 있기 때문에 문제를 쉽게 생각하고 단순한 답변을 하는 경우, 면접관의 실망어린 눈빛을 보게 된다.

쉬운 질문이라고 여겨질수록 그 행간에 더 심오한 질문의 본질이 숨어 있다는 사실을 유의해야 한다.

① 열심히 최선을 다해 사는 것

일반적인 질문에 일반적인 답변으로 대응하는 것처럼 재미없는 면접도 없다. 그런 그림이 그려지는 면접장이라면 어떤 면접관도 면접에 들어오고 싶어 하지 않을 것이다. 수많은 지원자 중에 최고의 인재를 선발해야 하는 면접관들의 실망어린 표정을 보고 싶지 않다면, 평범해 보이는 질문에 이와 같은, 그럭저럭한 답변은 하지 않도록 최선을 다해야 한다.

그러나 열심히 최선을 다해 사는 것이 어떤 것인지 지원자 자신의 삶 속에서 건져 올린 모습으로 리얼하게 그릴 수 있다면 이야기가 달라진다.

② 남들을 위해 봉사하며 사는 것

면접에서 자신의 장점을 드러내는 것은 중요하지만, 이를 과도하게 강조하면 오히려 부정적인 인상을 줄 수 있다. 특히, 자신을 지나치게 자랑하는 태도는 면접관에게 거부감을 일으킬 수 있다. 따라서 자신의 역량을 효과적으로 어필하면서도 겸손함을 유지하는 전략이 필요하다.

이러한 전략 중 하나는 자신의 능력을 타인을 위한 봉사와 헌신에 연결 지어 설명하는 것이다. 예를 들어, "저는 제 능력을 팀원들과 공유하며 함께 성장하는 데 보람을 느낍니다. 이전 프로젝트에서 동료들의 성장을 도우며 조직의 성과를 향상시켰던 경험이 있습니다."와 같은 표현은 지원자의 협업 능력과 조직에 대한 헌신을 자연스럽게 드러낸다.

이러한 접근 방식은 면접관에게 지원자가 단순히 개인의 성공을 추구하는 것이 아니라 조직의 발전과 팀의 성공을 위해 노력하는 사람이라는 인상을 준다. 이는 면접관이 중요하게 여기는 가치 중 하나이며, 이러한 태도를 가진 지원자는 높은 평가를 받을 가능성이 크다. 또한, 자신의 경험을 구체적으로 서술하면서도 그 과정에서의 배움과 성장을 강조하는 것이 중요하다. 예를 들어, "프로젝트 진행 중 팀원 간의 의견 차이를 조율하며, 효과적인 커뮤니케이션의 중요성을 깨달았습니다."와 같은 표현은 지원자의 문제 해결 능력과 학습 태도를 보여준다.

결론적으로, 면접에서 자신의 역량을 어필할 때는 겸손함을 유지하면서도 구체적인 경험과 그로 인한 배움을 강조하는 것이 효과적이다. 이를 통해 면접관에게 긍정적인 인상을 남기고, 조직에 잘 적응할 수 있는 지원자로 평가받을 수 있다.

③ 결과를 내며 조직에 도움이 되게 사는 것

면접에서 성과와 결과 중심의 기업 가치를 강조하는 전략은 지원자의 열정과 도전 정신을 부각시키는 데 효과적이다. 이리한 집근은 지원자가 목표 달성을 위해 노력해온 학업 성취와 경력을 통해 성과를 이루어 냈다는 점을 강조한다. 그러나 이러한 방식은 지원자를 단순히 성과를 내는 '일꾼'으로만 보이게 할 위험이 있다. 이를 방지하기 위해, 성과를 이루는 과정에서의 인간적인 면모, 팀워크, 그리고 개인의 존중을 함께 강조하는 것이 중요하다.

"저는 목표 달성을 위해 끊임없이 노력해 왔습니다. 이전 프로젝트에서는 팀원들과의 협업을 통해 어려움을 극복하고, 최종적으로 성공적인 결과를 이끌어냈습니다. 이 과정에서 팀워크의 중요성과 서로에 대한 존중이 얼마나 큰 힘이 되는지를 깨달았습니다."와 같은 답변은 지원자의 성과 중심적인 면모와 함께 인간적인 가치관을 동시에 전달하여 면접관에게 긍정적인 인상을 줄 수 있다.

한 가지 단점이 있다면 열정이 담긴 인간적이고 개성을 가진 한 개인으로서의 모습이 회사가 원하는 성과와 결실 중심으로만 비춰지지 않고 오히려 '일꾼 또는 마당쇠' 정신으로 해석될 수 있다는 점이다.

이를 예방하기 위해서 성과와 결실을 이끌기 위해 그 안에 남달리 회자되는 인간적인 모습들과 팀워크, 개인의 존중 같은 인간적인 모습들이 다양하게 들어가면 최선의 답변이라고 할 수 있다.

④ 돈을 많이 벌며 인생을 의미 있게 사는 것

사실 이 답변은 쉽게 내던질 수 있는 정견 발표장에서의 선거공약 같은 것이 아니다. 왜냐하면 지원자가 입사하고 난 뒤 오로지 돈을 위해서만 회사나 조직이 요구하는 일이나 프로젝트를 수행해 가는 것은 아니기 때문이다. 돈을 벌기 위한 투자와 지원자의 열정을 연결 짓는 데 따른 논리적 타당성이 그다지 맞지 않기 때문이기도 하다.

그런데 현실은 열정을 통한 개인의 금전적 필요 충족과 이를 통해서 개인의 인생을 의미 있게 살고자 한다는 의지의 표명에 대해 그 누구도 비난하거나 손가락질하지 않는다. 그래서 인생의 의미를 더 다듬기 위한 전략적인 선택으로 좋은 직장을 선택하고, 그럼으로써 좋은 수준의 급여를 받고, 안정되게 직장생활을 영위해 가는 것이 목표가 된다. 즉 좋고 나쁘고의 취사선택의 문제가 아닌 어디에 인생의 의미를 둘 것인지에 대한 가치 판단의 문제인 점을 최종적으로 밝히는 것이 최고의 대응법이다.

➤ 가장 합격률이 높은 답변

③ 결과를 내며 조직에 도움이 되게 사는 것.

☑ 이유

- 기업에서는 열정을 단순히 일에 대한 노력을 넘어서 시제적인 성과

와 조직에의 기여로 연결 짓는 경향이 강하다. 이 답변은 결과 중심
적인 접근을 보여주며, 성과를 통해 조직의 목표를 달성하는 열정
을 강조하고 있다. 조직 내에서 성과를 내고 팀과 회사의 발전에 기
여하는 사람이야말로 매우 중요한 자원으로 평가를 받는다.

- 조직에 대한 기여와 결과 도출을 통해 업무에 대한 열정을 보여준
다는 점에서 긍정적인 인상을 남길 수 있다.

◎ 다른 선택지 분석

① 열심히 최선을 다해 사는 것.

- 노력과 열정을 강조하는 것은 긍정적이나 결과에 대한 구체적인 언
급이 부족하며, 다소 추상적으로 들릴 수 있다. 열정은 결과와 업무
성과로 이어져야 한다는 점에서 조금 더 구체적이고 실용적인 답변
이 필요하다.

② 남들을 위해 봉사하며 사는 것.

- 봉사정신을 강조하는 것은 좋은 가치지만 직장에서의 열정은 보통
자기계발과 조직에의 기여를 중심으로 정의되는 경우가 많다. 이
답변은 다소 개인적이고 추상적일 수 있어 직장 내에서는 결과 지
향적인 태도를 선호하는 경향이 있다.

④ 돈을 많이 벌며 인생을 의미 있게 사는 것.

- 돈을 강조하는 답변은 물질적인 목표를 우선시 하는 것처럼 보일 수
있으며, 기업의 가치관과 부합하지 않을 수 있다. 많은 기업은 사회
적 책임과 직무에 대한 열정을 강조하므로 돈보다는 업무에 대한 열
정을 통해 가치를 창출하는 방향이 더 긍정적으로 평가될 수 있다.

"저에게 있어 열정은 단순히 열심히 일하는 것이 아니라 결과를 내며 조직의 목표를 달성하는 것입니다. 목표를 향해 최선을 다하고, 그 결과로 조직에 실질적인 가치를 제공하는 것이 진정한 열정이라고 생각합니다."

▶▶▶ TIP

이 질문에 대한 답변은 구체적이고 실용적인 접근을 강조하면서도, 조직에 대한 기여와 성과 중심의 열정을 부각시켜 면접관에게 긍정적인 인상을 줄 수 있다. 결과 지향적이고, 책임감 있는 태도가 중요한 현대 직장에서 효과적인 답변이다.

---

30. "본인이 합격할 것 같은가?"라는 질문에 대한 답변은?

① 근거는 없지만, 무조건 합격할 수 있다는 자신감을 내보인다.

② 합리적인 이유를 들어가면서 분석적으로 설명한다.

③ 완벽하지는 않지만 부족한 부분을 진솔하고도 논리적으로 답변한다.

④ 모든 결과는 회사가 판단할 것이라는 신념으로 답변한다.

면접의 마지막 단계에서 면접관이 던지는 질문 중 하나로서 지원자

에게 가장 어려운 질문일 수 있다. 이는 면접 전체를 아우르는 핵심적인 질문으로, 지원자의 진정성과 열정을 평가하는 중요한 순간이 된다. 아무리 면접이 순조롭게 진행되었더라도 이 질문에 제대로 답변하지 못하면 불합격할 수 있으며, 반대로 이전까지의 면접이 다소 미흡했더라도 이 질문에 대한 탁월한 답변으로 합격하는 경우도 많다.

따라서 이 질문은 지원자의 소신, 자신감, 그리고 조직에 대한 의지를 보여줄 수 있는 마지막 기회이자 결정적인 찬스라고 할 수 있다. 이러한 질문은 지원자를 곤란하게 만들기 위한 것이 아니라 지원자의 진정한 열정과 역량을 확인하려는 의도에서 나오는 것이다.

그러나 막상 이러한 질문을 받으면 심리적으로 위축될 수 있는 것이 사실이다. 그럼에도 불구하고, 지원자는 자신의 열정과 역량을 변호하고, 최선을 다해 조직의 발전에 기여하겠다는 의지를 명확하게 표현해야 한다. 단순히 합리적인 답변보다는 설득력 있는 답변이 훨씬 효과적이다.

이러한 질문에는 정답이 없지만 정답에 가까운 현명한 답변은 수백 가지가 있을 수 있다. 중요한 것은 어떻게 전달하느냐다. 지원자는 자신의 경험과 가치관을 바탕으로 진정성 있게 답변을 구성해야 하며, 이를 통해 면접관에게 강한 인상을 남길 수 있다.

예를 들어, 자신의 과거 경험에서 얻은 교훈이나 조직에 기여한 사례를 구체적으로 언급하면서, 앞으로의 포부와 조직에 대한 헌신을 강조하는 것이 좋다. 결론적으로 면접의 마지막 질문은 지원자의 진정성과 열정을 평가하는 중요한 순간이다. 지원자는 이 기회를 최대한 활용하여 자신의 역량과 의지를 효과적으로 전달해야 하며, 이를 통해 면접관에게 긍정적인 인상을 남기고 합격의 가능성을 높일 수 있다.

① 근거는 없지만 무조건 합격할 수 있다는 자신감을 내보인다.

합격이라는 결정을 받을 만한 뚜렷한 근거가 없음에도 막무가내로 어필하는 답변이다. 면접관으로서는 '자신감에 불타는' 이 지원자에게 합격의 영광을 선사해야 할지 아니면 '무모한 만용'에 압박질문으로 응징할지 고민이 된다.

이와 같은 답변을 하기 위해서는 입사한 후에 실제 업무에서 어떤 실적을 낼 수 있는지 정확한 논리적 배경을 바탕으로 설명할 수 있어야 한다.

② 합리적인 이유를 들어가면서 분석적으로 설명한다.

면접에서 자신의 역량을 효과적으로 어필하려면, 단순한 주장보다는 합리적인 이유와 명확한 근거를 바탕으로 한 분석적인 답변 자세가 중요하다. 이는 면접관에게 지원자가 철저한 준비와 깊은 사고를 통해 면접에 임하고 있음을 보여주는 설득력 있는 방법이다.

그러나 이러한 논리와 근거는 면접관이 실제로 겪는 업무 환경, 인재 유치 전략 그리고 지원자의 경력관리 계획 등과 잘 맞아야 한다. 예를 들어, 지원자가 제시하는 논리적인 근거가 회사의 현재 상황이나 방향성과 동떨어져 있다면, 면접관과의 질문-답변 과정에서 불협화음이 생길 수 있다. 따라서 지원자는 자신의 답변이 면접관의 기대와 회사의 현실에 부합하는지를 고려해야 한다.

이러한 논리적인 접근은 단순히 의미 있는 것이 아니라 면접관이 가지고 있는 질문의 틀에 맞아야 완성된다. 마치 동그란 구멍에 네모난 조각을 넣을 수 없듯이 논리와 설득의 기법은 면접관의 합격 판단 기준에 들어맞는 관점과 눈높이를 잘 맞추어야 한다. 이를 통해 지원자는 면접관에게 긍정적인 인상을 남기고, 합격이라는 결과를 얻을 수 있다.

또한 면접의 합격 판단 기준은 객관적이면서도 주관적인 요소가 공존한다. 이를 고려하여, 지원자는 자신의 경력, 역량, 지식, 기술, 태도, 활동 상황, 추천서, 업무 전문성 등 다양한 요소를 활용하여 설득력 있는 답변을 준비해야 한다.

이러한 전략은 면접관들에게 신뢰를 주고, 지원자의 진정성과 열정을 효과적으로 전달하는 데 도움이 된다. 결론적으로, 면접에서의 효과적인 답변은 단순한 주장보다는 면접관의 기대와 회사의 현실에 부합하는 논리적인 근거와 분석적인 자세를 바탕으로 해야 한다. 이를 통해 지원자는 면접관에게 긍정적인 인상을 남기고, 합격의 가능성을 높일 수 있다

③ 완벽하지는 않지만 부족한 부분을 진술하고도 논리적으로 답변한다.

겸손의 미덕은 지원자의 겸양지덕의 한 덕목으로 충분하다. 왜냐하면 면접관은 이러한 답변에서 지원자가 신념이 확고하지 못하고 자신감이나 부족한 것은 아닌지 의심하게 될 수 있기 때문이다. 즉 정말로 겸손해서 이런 답변을 하는 것인지, 아니면 실제로 면접을 통해 자신의 실력이나 역량이 부족하다고 느껴서 그런 답변을 하는 것인지, 이 마지막 면접 문항에서 백기를 흔들고 있는 것인지 분간하기 어렵기 때문이다.

완벽하게 준비하지 못했다고 해도 면접에 최선을 다했고, '진인사대천명盡人事待天命'이라고, 이제 현명한 면접관의 판단에 맡긴다는, 즉 면접관에 대한 믿음과 신뢰를 피력하는 것만으로도 지원자는 적절한 대응을 하고 있다고 판단될 수 있는 상황이다. '겸손'과 '자신감 없는' 모습은 경계가 희미하다.

④ 모든 결과는 회사가 판단할 것이라는 신념으로 답변한다.

섣불리 자신의 입장을 밝히는 대신 채용 책임자의 역할과 권한에 '믿고 맡긴다'는 선언적 의미의 답변으로 대응하는 전략이다. 이 답변은 정답으로서의 가치보다는 상황에 대한 인식과 회사가 가지고 있는 의사결정 권한에 대한 존중의 뜻을 표시함으로써 자신으로서는 최선을 다할 뿐이라면서 겸손의 미덕으로 승부하는 것이다.

이런 상황이 지원자가 내세울 수 있는 것은 좋은 스펙과 남다른 경쟁력을 갖추고 있다는 객관적인 상황에서도 '회사의 주관적 판단에 따라 상황이 180도 바뀔 수 있다'는 전제를 이해한다는 뜻이 된다.

그렇게 함으로써 면접이라고 하는 특별한 상황에서 '지혜롭고 현명하게 대처해 가고 있다.'라는 지원자의 답변 태도가 자연스럽게 면접관을 호의적이고 긍정적으로 설득하는 분위기로 만들어가는 힘을 제공하는 것이다.

결과적으로는 회사가 결정하는 것이 맞는 것이지만, 지원자가 포기하는 의미로 회사 결정을 기다린다고 말하는 것과 최선을 다했으니 최선의 결과를 믿으며 기다린다고 말하는 것은 천양지차라고 할 수 있다. 면접관의 입장에서 과연 어떤 답변을 하는 지원자를 선택할 것인지는 지원자 역시 판가름할 수 있을 것이다.

▶ 가장 합격률이 높은 답변

② 합리적인 이유를 들어가면서 분석적으로 설명한다.

☑ 이유

- 이 답변은 자신감과 분석적 사고를 동시에 보여준다. 자신이 왜 합격할 가능성이 높은지 구체적으로 설명함으로써 면접관에게 논리적이고 체계적인 사고능력을 어필할 수 있다.
- 합격 여부에 대한 질문에 대해 자기 자신을 객관적으로 평가하는 능력을 보여주는 것은 중요한 특징이다. 또한 자신이 해당 직무에 적합한 이유나 자신의 강점을 언급함으로써 자신감을 과시하면서도 성실하고 현실적인 자세를 유지하는 모습도 강조할 수 있다.

◎ 다른 선택지 분석

① 근거는 없지만 무조건 합격할 수 있다는 자신감을 내보인다.

- 자신감을 강조하는 것은 좋은 점이지만 근거 없이 무조건적인 자신감을 내세우는 것은 비현실적이고 과도한 자만심을 내보이는 것처럼 보일 수 있다. 면접에서는 근거와 함께 자신감을 표현하는 것이 긍정적인 평가를 받을 가능성이 높다.

③ 완벽하지 않지만 부족한 부분을 진술하고도 논리적으로 말한다.

- 자기반성과 진솔한 접근은 좋은 태도지만 부족한 점을 먼저 언급하는 것은 불필요한 약점을 부각시키는 결과를 초래할 수 있다. 면접에서는 강점을 중심으로 이야기하고, 부족한 부분은 개선 의지를 강조하는 방식으로 언급하는 것이 더욱 효과적이다.

④ 모든 결과는 회사가 판단한다는 신념으로 답변한다.

- 회사의 판단을 존중하는 것은 좋지만 너무 수동적인 태도로 보일 수 있다. 면접에서는 자신이 이 직무에 적합하다는 적극적인 자세와 근거를 보여주는 것이 더 유리하다.

◆ 합격률이 높은 답변 예시

"저는 제가 이 직무에 적합하다고 생각합니다. 제 경험과 스킬 셋이 이 직무의 요구 사항과 잘 맞아떨어지며, 특히 [구체적인 예시나 경험]을 통해 저는 이미 유사한 업무에서 좋은 결과를 얻은 바 있습니다. 그뿐만 아니라 그 자리에서 더 나은 가치를 제공할 수 있다고 확신합니다."

▶ ▶ ▶ **TIP**

이 질문에 대한 답변은 구체적이고 논리적인 근거를 바탕으로 자신감을 표현한다. 자신이 이 자리에 적합하다는 점을 명확히 하고, 면접관에게 자기 자신을 설득력 있게 표현할 수 있는 기회이다.

아래는 실제 면접 평가표의 한 양식이다. 지원자들이 스스로 면접 답안을 정한 뒤, 본인의 답변 유형을 스스로 체크해 보고 합격 대책을 준비하도록 준비했다.

면접을 위한 자기 평가표 : 면접 유형별로 본 합격, 불합격 예상 표

면접 유형	답변 성향	합격 대책
수준 1	자기중심적인 답변이 많다. 면접관은 당신이 입사하게 되면 독선적인 업무태도를 가질 것으로 우려할 수 있다. 지원하는 회사가 원하는 인재상과 기업문화를 잘 이해 못하여 효과적인 답변을 못하는 경향이 나타난다.	인재상, 경영철학, 조직문화, 회사의 상품과 업종의 성격, 고객과 시장, 경쟁사, 미래 전략 등의 변화를 충분히 이해하고 답변을 연습하도록 한다. 또 성급한 답변을 피하도록 해야 한다.
수준 2	생각이 많고 우왕좌왕하는 답변이 많다. 면접관이 지원자의 답변에 일관성이 없다고 느끼고 평범한 지원자라고 평가하게 된다. 또 개성이 없어 차별화 된 내용을 발견하기 어렵다. 면접관에게 강한 인상을 남기는 '답변 차별화 전략'이 부재하다.	지원하는 분야와 직무에 대한 일관성 있는 답변 습관을 길러야 한다. 또 너무 진부한 답변 습관을 피하고 조직이 원하는 창의성, 차별성, 독창성 있는 사례로 답변해야 한다.
수준 3	성과 중심의 조직관이 없다. 과정과 프로세스 중심의 답변으로 일에 대한 마땅한 성과를 보여주지 못하고 있다. 단순히 '열심히' 하는 것으로는 합격이라는 결과를 얻기 어렵다. "So what?"이라는 질문 또는 압박질문을 받을 수 있다.	실제 사례를 들어, '예를 들면' 이라는 실제 경험을 강조하여 설명하도록 한다. 이론에 치우친 설명보다는 경험과 실제 경험한 사례와 일화, 경험, 결과물 등을 강조하도록 한다.
수준 4	인성과 적성이 뛰어난 지원자로 인정받을 수 있다. 직무 전문성에 대한 능력은 다소 미흡하게 판단될 수 있으나 업무 전문성이 요구되는 회사나 직무에 부족한 지원 역량이 나타나는 경우로 직무 지식이나 업무 기법, 태도가 더욱 보강이 되어야 한다.	직무가 요구하는 필수지식과 기법, 태도, 경험해 보았던 구체성 있는 내용을 전문적인 언어로 답변하는 모습을 연마하도록 해야 한다. 전공학과의 프로젝트 경험을 이용하면 도움이 된다.
수준 5	직무에 관련된 전문성에 있어서는 탁월한 지원자라는 평가를 받을 수 있다. 지원자의 기본 자질인 인성과 적성이라는 측면에서 기본기 부족의 느낌을 주어 면접관이 합격 평가를 내리는 데 다소 주저하게 된다. 일관성과 남다른 탁월성이 부족해 보인다.	자원자로서 중요하게 여기는 가치와 인생에 대한 조명을 통해 인재상과 공통점을 가진 10가지의 실제 사례를 만들어 보도록 하자. 그리고 발표 연습을 하면 탁월성이 향상된다.

수준 6	조직에 대한 부합성이 뛰어난 현명한 생존형 지원자다. 단, 조직에서의 성공을 위한 첫 단추인, 조직이 요구하는 인성이나 직무 적성에는 부합하지 않으므로 조기에 퇴사하게 될 우려가 면접관의 평가를 받을 수 있다. 기본기에 대한 신뢰가 필요하다.	대인관계에 있어 장점을 10가지 정도 파악하고 그것을 통해 이룩한 좋은 실적을 예로 들어 설명하는 기법이 필요하다. 또 단점을 10가지 조사하여 보완 전략을 디자인하자.
수준 7	여러 차례의 면접 경험이 있는 실전 대비 전략형 인재로 평가된다. 그러나 면접에 대한 준비의 토대에 필요한 신뢰와 업적 위주의 사례가 없이는 면접관이 취업 대비형 인재로 평가하게 할 수 있다. 단순히 합격을 뛰어 넘는 실무 중심의 핵심인재가 되는 모습이 다소 부족하다.	이론과 더불어 실제 겪은 실패나 성공 사례를 시기, 동기, 결과를 예로 들어 답변을 강화하도록 한다. 실무 중심과 현장 경험을 가진 탁월한 지원자로서 핵심 인재임을 답변으로 증명하도록 한다.
수준 8	우수한 지원자라는 평가를 받을 수 있는 핵심 답변을 잘 아는 지원자다. 그러나 기업이나 조직에서 팀워크와 조직 결속력이 필요한 상황에서 개인의 탁월한 우수성이 오히려 조직 성과를 저해할 수 있는 지원자로 인식되는 답변 스타일을 보이고 있다.	남다른 조직의 성과를 거두었던 경험과 그 실제 결과물로서 처음부터 면접관에게 어필하기 바란다. 그 과정에서 자신의 희생을 바탕으로 성과를 올리는 데 기여했다는 마인드를 강조하여야 한다.
수준 9	인·적성과 직무 전문성, 그리고 조직 부합성에서 우수한 결과를 보이는 지원자다. 단, 성과와 실적 중심의 사례들이 사실적인 것으로 인정되어야 하는데, 그런 부분에서 설득력이 다소 부족하다. 3단계의 심화된 압박질문에서 실력이 검증될 필요가 있다.	압박질문의 1단계인 사실 파악과 2단계인 결과물 검증, 3단계인 조직에의 기여 방법 등에 대한 논리적인 단계를 잘 준비하여 답변하면 그 어떤 압박도 물리칠 수 있다.
수준 10	이미 합격의 문을 통과할 수준을 넘어 핵심 인재로 인정받기 위한 첫걸음을 향하고 있다. 면접관을 오히려 면접을 한 수준으로, 조직의 미래리더(Future leader)로서의 자질이 엿보이는 지원자다.	합격에 만족하는 수준이 아닌 미래 핵심인재로서의 조직이 성과를 올리는 데 기여할 가능성을 더욱 강조한다. 확신을 가진 신념 답변을 강화하도록 한다.

면접은 방향이다

The interview is a Direction

면접은 단순한 일방향의 직진이 아니다.
그저 직업을 얻기 위한 통과의례가 아니라 삶의 방향성
과 직업적 정체성을 가늠하는 깊은 성찰의 여정이다.
우리는 아무렇게나 삶의 직업과 사회적 관계의 방향
을 정하지 않는다. 면접은 그 방향을 잡기 위한 준비
이며, 그 과정에서 신중함과 자기 이해를 다지는 소중
한 기회이다.
어디로 나아갈 것인지는 아무도 모르지만 지원자는
나아갈 방향에 서야 한다. 그 방향에 따른 권한과 책
임 모두 지원자에게 달려 있다. 그래서 그 방향에 따
라 합격과 불합격을 가르는 기준이 되는 중요한 순간
이 된다.
면접은 단순한 질문과 답변의 교환이 아니라 자신의
삶과 경력에 대한 깊은 통찰과 결단의 순간이다.

면접 답변의 오해들을 파악하라

1. 왜 하필 그 질문을 내게만 했을까?

"면접 질문은 운에 따라 다른가?"

면접이 끝나고 집으로 돌아가는 길에 생각해 보면, 그 결과의 좋고 나쁨을 떠나서 '왜 하필 그런 질문을 나에게, 그때 했을까?'라는 궁금증을 갖게 되는 것이 모든 지원자들의 공통적인 현상인 것 같다. 면접관의 입장에서는 지원자가 제출한 입사지원서의 내용이 미심쩍어서 다시 확인하고자 하는 의도였을 수도 있고, 지원자가 정말 마음에 드는데, 혹시나 하는 마음에 확신을 다지기 위해 그런 질문을 할 수도 있다. 사실 이러한 면접 질문의 맥락에 대한 궁금증도 있지만 중요한 것은 다른 데 있다.

일단 면접관으로부터 질문이 나오면 몇 초도 생각할 시간을 요구하지 않고 바로 답변을 쏟아내는 지원자들이 너무 많아지고 있음을 근래 면접 현장에서 많이 발견하게 된다. 여유를 가지고 면접관이 던진 질문에 담긴 심오한 이유와 배경을 음미해 보고 답변하기까지 몇 초의 침묵이 그렇게 부담스러운 것일까?

지원자는 면접관의 질문에 곧바로 답하는 순발력보다는 의도적으로 5초 정도의 여유를 가지면서 그 질문의 본질에 대해 파악하는 것이 먼저다. 왜 면접관은 '하필 이때, 나에게 이런 질문을 했는지?' 몇 가지 본질적인 문제에 대해 숙고하는 것이 필요하다. 그 숙고하는 몇 초를 통해 값진 합격의 결실을 가져올 수 있다고 보기 때문이다.

순발력이 있어 보이긴 하지만 너무 성급하게 답변을 내놓을 경우에는 대개 논리성에 문제가 많고, 면접관이 원하는 차별화된 답변의 수준까지 가지 못하는 경우가 허다하다.

심사숙고하는 모습도 보여야 한다 : 드라마틱한 순간이 필요하다.

몇 초 정도의 여유를 가지게 되면 면접관의 질문 이유와 본질에 대해 지원자 입장에서 객관적으로 답변할 수 있게 된다. 그리고 질문과 연관시켜 심사숙고하는 태도를 보여줌으로써 '왜 그런 질문을 나에게 했는지? 다른 지원자들의 답변이 있는 경우에 나는 어떠한 답변의 모습을 보여 줄 것인지'를 생각해 보아야 한다는 것이다

면접관 입장에 서 봐야 한다 : 신발을 바꿔 신어라.

면접관이나 인사부장은 면접 시점에서 어떤 현안에 가장 큰 중심을

두고 있으며, 그런 배경에서 어떻게 그 현안이 면접 질문에 녹여져 있는지를 유추해 볼 수 있어야 한다.

예를 들면, 인성과 적성이 좋지 않아서 직장을 그만두는 신입사원이 많이 나타난다면 인·적성에 관한 질문이 많이 나올 것이고, 업무 전문성이 떨어지는 신입사원의 문제점이 나타나면 자연스레 조심하는 마음으로 직무에 관한 전문성이 있는 질문들을 많이 나오게 될 것이다. 그리고 조직문화에 잘 적응하지 못하는 신세대 신입사원의 행동이나 경향이 나타나면 아무래도 조직문화에 잘 적응할 수 있을지를 묻는 질문을 많이 만들어낼 것이다.

생각이 아닌 경험으로 답해야 한다 : 입이 아닌 손발로 답하라.

지원자의 생각을 묻는지 아니면 실제 경험을 묻는지에 대해 잘 생각하며 답해야 한다. 면접관의 모든 질문에 대한 답변은 반드시 내 머리 속에 있는 '생각형 동사'가 아닌 '행동형 동사'들로 변화시켜 그 단어에 생기를 불어넣어야 한다. 모든 질문마다 뼈대와 근육과 신경을 덧붙여 답변을 하는 것이 면접관의 질문에 대한 시점과 질문 내용, 지원자 자신에 대한 3가지 본질적 궁금증을 해결할 수 있는 답을 제대로 하고 있는 것이다.

면접관의 질문에는 그 회사의 설립 철학과 기업문화, 창업 가치관, 경영전략, 우수한 인재에 대한 가능성과 성과에 따른 보상에 대한 정신까지도 담고 있다고 해도 과언이 아니다. 지원자 자신에게 하필 그 시점에 그런 질문을 한 이유를 분석하기 위해서는 당연히 3대 산맥(인·적성 산맥, 직무 전문성 산맥, 조직 부합성 산맥)에 정통하여야 하고, 그 맥락에서 조직의 문제를 해결할 지원자를 찾고 있다는 것을 알고 있어야 한다. 그것이 바로 합격을 담보할 수 있는 비결이다.

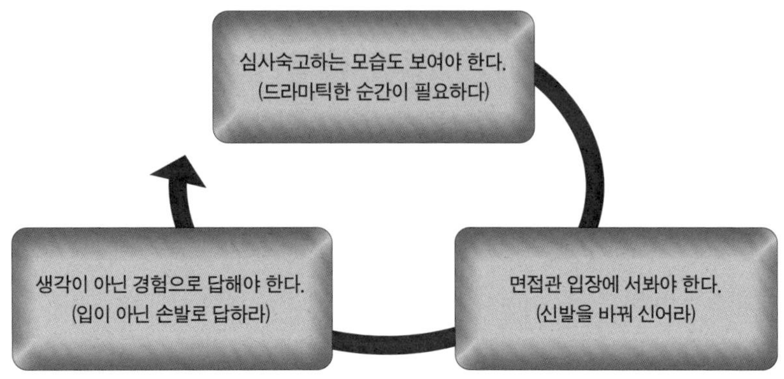

탐욕을 버리는 면접에서의 3가지 준비 사항

2. 합격 '욕심'이 지나쳐 '탐욕'이 되어 버린 면접

"준비하지 않은 면접에서 지나친 합격 욕심은 탐욕 일까?"

면접 준비가 잘 되어 있지 않았음에도, 합격하고자 하는 지원자의 욕심은 다양한 형태로 나타난다. 특별히 취업 면접에서는 평소 잘 드러나지 않던 모습들이 더 뚜렷이 나타나기도 한다. 즉 자신을 꾸미고 거짓으로 포장하는 모습이 자주 보이게 된다. 그래서 불신, 의혹, 머뭇거림, 논리 충돌 등과 같은 모습들이 나타난다.

문제는 면접관들이 이와 같은 모습들을 잡아내는 데 특화돼 있다는 것이다. 그래서 이런 거짓 모습들은 자신도 모르게 불합격으로 가는 지름길이 된다.

물론 면접관 중에는 이런 욕망의 표출에 대해 우호적이고 인간적으로 이해하고 받아들이는 사람도 있다.

하지만 대개의 경우는 불합격 도장을 찍는다. 그래서 합격에 대한 욕망에 초연한 지원자에게 오히려 합격의 기회가 오는 경우도 많다. 즉 '반드시 합격해야 한다'는 왜곡된 욕심이 오히려 불합격의 길로 인도하는 것이다.

그렇다면 합격을 향한 욕망을 잘 다루는 우수한 지원자들의 양상은 어떠할까?

합격이 가져다 줄 '회사 입장에서의 장점'을 우선 생각한다.

많은 사람들이 면접을 단순히 '합격이냐 불합격이냐'의 문제로만 생각하지만 그 시선의 초점을 살짝 바꿔보면, 면접의 진짜 본질이 보이기 시작한다.

사실 면접은 지원자의 운명을 결정짓는 무대이기도 하지만 동시에 회사가 자신에게 어떤 이익을 가져다 사람을 선택하는 자리이기도 하다. 즉 면접의 중심은 '나'가 아니라 '회사'에 있다는 것이다.

회사가 왜 채용을 위한 면접을 보는지를 따져보면 답은 명확하다. 회사가 더 잘되기 위해서이다. 지원자가 보여주는 능력, 경험, 태도 —이 모든 것들이 회사의 미래에 어떤 긍정적인 변화를 줄 수 있을지를 평가하는 것이다. 그러니까 중요한 건 "내가 얼마나 잘났는가"를 말하는 것이 아니라, "내가 이 회사에 들어오면 어떤 점이 좋아지는가"를 보여주는 것이다.

면접의 시운전을 미리 충분히 해본다.

'면접 욕망'을 인터뷰가 있기 전 미리 시운전을 해볼 필요가 있다는 사실을 눈치 빠른 지원자라면 바로 깨달을 것이다. 지원자가 이루고자 하는 단기(1년), 중기(1년-3년), 장기(3년 이상) 목표가 무엇이며, 어떻게 이룰 것인지를 늘 상기하며, 지원자가 가지고 있는 합격에 대한 욕심과 욕망을 미래 비전으로 승화시켜 답변을 준비하는 리허설rehearsal을 해보는 것이다.

그래서 면접관이 지원자의 3년 후 모습에 대한 질문을 하는 경우, 무엇을 답변해야 할지 모르는 것이 아니라 인생의 목표를 잘 수립하고 삶의 여정에 잘 반영하여 'VIP'로 불리는, 비전과 성찰과 철학(Vision, Insight, Philosophy)이 살아 있는 차별화된 삶의 모습을 보여줄 수 있으면 이는 단순한 합격을 위한 욕심이나 욕망이 아닌 비전과 꿈이 된다는 것이다.

지원자의 욕망을 회사 입장에 맞춰 '의미 있게' 표현한다.

자기소개서에 쓴 입사지원동기에 대해 다시금 묻지 않도록 자신의 합격에 대한 욕망을 최대한 의미 있게 만들어야 한다. 단순히 다른 취업 경쟁자들에 대한 '열등감 극복', '만년실업자 극복'이라는 내심으로 면접 분위기를 '일자리 구하기'로만 국한시키지 않도록 하자. 면접관은 1년만 근무하고 뛰쳐나갈 자원을 제일 먼저 골라내기 때문이다.

이를 위해서 면접은 '속도'가 아니라 '방향'이 문제라는 생각을 반드시 해야 한다. 면접에서는 너무 무리해서 욕망이라는 이름의 전차와 같이 생각 없는 답변으로 폭주하지 말아야 한다. 속도만을 중시하는 면접 준비의 가장 큰 병폐는 면접 족보나 기출문제 암기와 같은 잘못된 관행을 그대로 신봉하는 것이다.

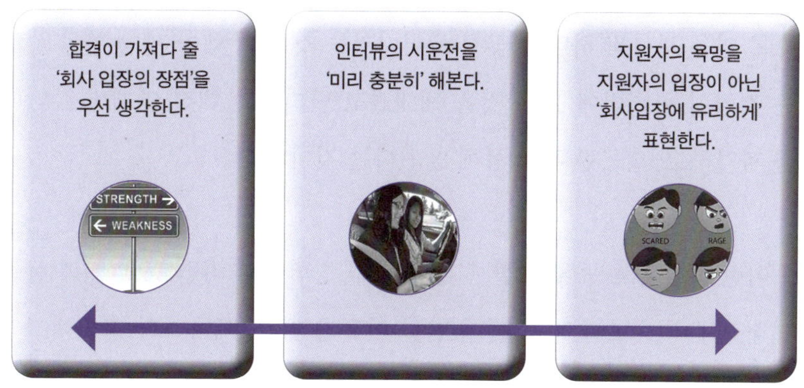

탐욕을 버리는 면접에서의 3가지 준비 사항

3. 복잡할수록 단순하게 : 뱀처럼 지혜로운 면접

"면접 문제가 복잡해지면 불합격시킨다는 뜻일까?"

『성경』에 '뱀처럼 지혜롭게'라는 말이 있다. 이 말을 인용하는 이유는 면접관으로서 채용면접을 진행하며 예상 외로 지원자들로부터 훌륭하고 다양한 답변을 들을 수 있었기 때문이다. 지원자들이 우수한 답변을 할 수 있게 된 데는 면접관 질문의 핵심을 잘 파악하고, 그 질문이 요구하는 가장 적절하고도 탁월한 답변을 내놓기 위해 많은 준비를 했기 때문일 것이다.

특별히 복잡한 내용들이 많은 상황에서 이를 어떻게 단순화하고 효과적으로 관리했는지를 물어볼 때 '뱀 같은 지혜로움'이 필요하다는 것이다. 방법은 간단하다. 조각조각 나눈 뒤 퍼즐을 맞추는 것처럼 볼록 면과 오목 면을 하나씩 하나씩 맞춰 풀어나가는 것이다. 뱀이 사냥 활동을 하는 것처럼 한꺼번에 모든 것을 해내려고 달려드는 대신 단계별로 먹이를 파악하고, 접근한 후 행동에 옮긴다는 것이다.

이런 복합적 활동에 대한 원활한 관리 경험이나 비법 등에 대해 묻는 면접관에게는 그런 질문을 할 만한 이유가 있다. 왜냐하면 학교에서의 성공적인 성과관리 능력이 회사에 입사한 후의 업무성과와 100퍼센트 연관되어 있다고 믿는 경우가 대부분이고, 성적과 관련 있는 모든 정보(학점, 수상 경력, 시험 결과, 수험 태도, 고득점 비법 등)와 관련 있는 정보를 모두 모아서 우수한 업무성과를 올릴 토대가 된다고 믿기 때문이다.

만약 성적이 뛰어난 지원자가 이 질문만 잘 넘긴다고 하면 합격의 문에 한층 더 가까워질 것이라고 판단된다. 대개 면접 현장에서 보면, 국내에서 5개 정도의 손에 꼽히는 대학 출신자에 대한 질문들에서 이런 현상들이 많이 보인다. 이때 지원자는 비둘기보다는 뱀처럼 지혜롭게 답변하면 된다.

"학생과 사회인의 차이점은 무엇이라고 생각합니까?" "상사와 의견이 다를 때는 어떻게 하실 겁니까?" "자기주장과 협조성에 대해서 어떻게 생각합니까?"

이렇게 외형적 복잡성이 내포된 질문에는 학창시절 그 많은 학교활동을 어떻게 잘 관리해 나갔는지를 효과적으로 답변하면 정답이 되는 것이다.

성공적인 합격 답변은 어떻게 만들면 될까?

아래 예를 참고해 보자.

신입사원 : "학교에서의 다양한 학과활동을 통해 전공지식은 물론이고, 보다 현실적이고 실질적인 업무 적용 능력을 키워 왔다고 스스로 확신합니다. 기업이 필요로 하는 주도적 업무 태도와 구태의연함을 벗어난 창의적인 개선 의식에 대해서 저의 4년간의 과대표 활동과 연구 프로젝트 같은 것들로 실질적인 준 기업 경험을 하였다고 자신할 수 있습니다. 특히 이 회사가 중시하는 팀워크와 인화단결의 좋은 모델이 되도록 사례를 만들어 보겠습니다. 복잡하고 다양한 교과목의 수강과 평가 그리고 연관된 프로젝트의 실시 과정에서 지도교수님의 실질적인 교육 목표에 부합하는 핵심 중점 교과목을 집중해서 연마하고, 좋은 성적을 거두는 데 성공적인 시간관리를 잘 해왔던 점에 자부심으로 갖고 있습니다."

경력사원 : "인사관리 프로젝트를 수행하는 과정에서 성과관리 제도를 통해 직원들이 효과적으로 개인의 성과를 관리할 수 있도록 OKR(Objective Key Result)이라고 하는 개념을 도입하였습니다. 이는 SMART라고 하는 목표수립 과정에서의 구체적이고 실질적인 첫 단계를 만들고, 이어서 개인과 팀과 조직이 가져가야 할 성과, 실적, 결과에

대한 상호 동의를 얻은 후, 이를 통해 목표 달성에 대한 구체적인 최종 산출물을 검토하는 제도를 운영하는 것이었습니다. 이 프로젝트의 중간 참여자로서 초기 제도 시행의 어려움을 직원들과의 격주별 교육과 미팅, 월별 경영진 보고, 분기별 평가시스템 운영이라고 하는 체계적인 3단계 절차를 효과적으로 운영하여, 성공적인 제도 시행을 이룰 수 있었습니다."

면접관이 제일 먼저 합격 평가를 내리는 지원자의 특성

❖ 나에게만 있는 인성, 적성, 그리고 업무 경쟁력이 무엇일까?

----

4. 면접 답변을 하는 중에 '아차' 하고 느끼는 순간

"면접 중간에 실수를 했다고 느끼면 다시 복구할 수 있을까?"

면접은 처음 자기소개를 하는 순간부터가 긴장의 연속이다. 어쩌다 면접관과 분위기가 서로 잘 맞아서 술술 풀리는 면접이 있는가 하면, 점점 더 꼬이기만 하고 어려운 질문만 닥치는 난감한 상황도 있다.

어떤 상황이 되든지 간에 한 번의 실수 또는 단 한 번의 잘못된 답변으로 인해 '아차' 하며 복구하기 어려운 실패를 맛보는 경우를 많이 볼 수 있다. 면접 분위기의 문제가 아니라 지원자가 답변하는 과정에서 의도했거나 의도하지 않았거나 간에 각별히 유의해야 할 순간들이 있다는 것이다.

지원한 여러 회사에 대한 실수 가능성

여러 회사에 동시에 입사지원서를 제출하고 면접을 기다리는 지원자는 자기소개 내용을 외우거나 여러 예상 질문들에 대한 답을 준비할 때 그 회사 고유의 이름과 브랜드, 가치관, 경영철학, 문화 또 그 회사만의 조직 구조, 경영 어휘나 상용어들을 인터넷이나 여러 경로를 통해 익히게 된다.

그런데 신기한 것은 그렇게 면접을 준비하는 과정에서부터 자신도 모르게 회사의 문화에 동화되어 가는 지원자가 많다는 것이다. 그래서 자신이 마치 그 회사의 홍보부장처럼 회사를 가족이나 친구들에게 선전하고, 그 가치관이 최선의 것이며 그 경영철학이 자신이 살아온 역사의 축소판인양 홍보하게 된다는 것이다.

여기서 중요한 것은 그 면접을 준비한 회사에서는 좋은 자원으로 인정받을 수 있지만 만약 다른 회사에서 면접을 치러야 되는 여러 상황에서는 그 전에 면접을 준비한 회사의 이름, 가치관, 인재상, 다른 회사의 경영 목표 등이 지원자 자신도 모르게 튀어 나와 면접관들로부터 신뢰성에 감점을 받거나 아예 합격자 명단에서 제외하게 된다. 따라서 이외에도 유의해야 할 점들을 잘 살펴두어야 한다.

타 회사에 지원한 경험

타 회사의 이름이나 기관 명칭에 대해서는 어떤 지원서 상의 표현이나 답변 준비 문구에도 남기지 않아야 한다. 면접관은 중복 지원자들을 족집게처럼 구별해 내는 능력이 있다. 이런 남다른 능력을 가진 면접관에게 발각되는 지원자는 다양한 압박질문 공세를 받게 되고, 끝내 불합격이라는 결과를 스스로 인지하고 면접장을 나오게 된다.

경쟁사에 관한 질문

면접관이 경쟁사와의 비교 질문에 준비된 우호적인 답변으로 지원 사실을 왜곡하지 않도록 해야 한다. 특히 경쟁사에 대한 우호적인 관점을 보이는 것은 치명적일 뿐만 아니라 중복 지원자라는 것을 스스로 알리는 셈이 된다.

여기서 필요한 것이 바로 블루오션 전략이다. 경쟁사도 배울 만한 점이 있지만 지원한 회사는 더 탁월한 경쟁력이 있다는 사실을 강조하는 것이다.

다른 회사의 채용 정보

지원한 회사의 인재상이나 채용 정보의 피상적인 구호(예, 창의성, 도전 정신, 긍정적 사고 등)만을 외워서 면접관이 질문할 때마다 동일하게 외쳐대면 면접관은 여러모로 스트레스를 받게 된다. 면접관이 원하는 지원자의 신뢰성은 외운 것을 반복하는 앵무새가 아니라 지원자가 체득한 경험이 반영된 살아 있는 아이디어를 원하는 것이다.

면접에서 '아차' 싶은 순간의 회피 전략

반드시 사례를 들어 말하라.

실질적인 직무에 대한 '실질적이고 구체적인 사례'(예, 교환학생 시절의 어려운 과제에 대해 좋은 아이디어 제공한 성공담, 재정적 어려움에 대해 가족이 보여준 지혜로운 재정관리, 지난여름 아르바이트 시절에 동료와의 프로젝트 진행 등)들을 보여주어야 한다. 구체적인 사례가 많을수록 압박질문을 받을 가능성이 거의 줄어드는 것을 경험할 수 있다.

업무 전문성을 꼭 포함시켜라.

면접관의 질문을 잘 이해하지 못해 재차 동일한 질문을 받았을 때, 필히 면접관이 지속적으로 강조하고 있는 질문 포인트를 잘 이해해야 한다. 세 번째까지 이해를 못하면 그 회사의 새로운 구성원이 되기 힘들다고 볼 수 있다. 즉 불합격이란 뜻이다.

주로 직무 전문성에 대한 내용이 나올 경우, 질문에 대한 이해를 하지 못해 실수를 할 수 있다. 필히 지원하는 업무부서의 전문용어를 잘 파악하고 있어야 한다.

대부분 이 불합격의 원인을 모르고 상심해 하는 경우가 많다.

잘 경청하고 꼭 감사를 표하라.

다른 지원자를 상대적으로 깔보거나 비웃는 행위는 반사회적이며, 반조직적으로 이해 될 수 있다. 면접관을 상호 비교하는 것도 마찬가지 결과를 가져온다. 오히려 경청하고 "좋은 의견입니다."라고 격려해 주는 'listen and thanks' 전법을 사용하면 100퍼센트 효과적인 캐릭터character로서의 인상을 남길 수 있다.

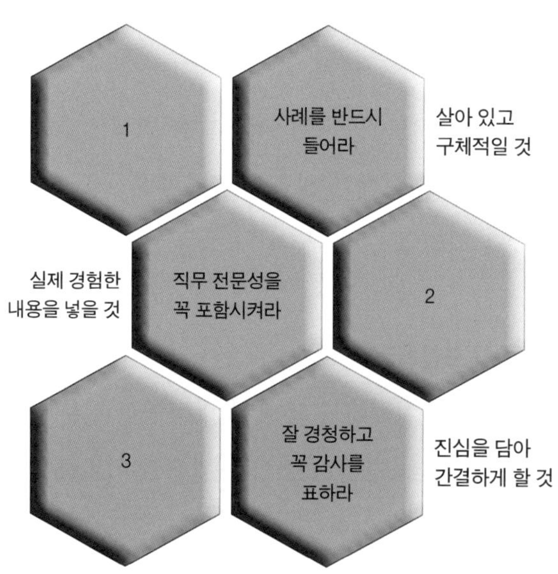

면접 중간에 '실수'가 느껴지면 리셋하는 3가지 방법

5. 다른 지원자와의 보이지 않는 전쟁

"면접관과의 보이는 전쟁, 다른 지원자와의 보이지 않는 전쟁…."

면접 질문을 "어떻게 이해하고 받아들이느냐."하는 것도 중요한 면접 성공요인 중 하나가 되지만 특히, 대등한 조건을 가진 경쟁자들과 동일한 면접 조로 편성되어 있는 상태에서, 다른 지원자들과 동일한 맥락의 질문을 받은 경우, 다소 다른 관점에서 그 질문을 숙고할 필요가 있는 이유가 바로 여기에 있다.

동료 지원자의 면접 답변이 나보다 탁월해 보이는 이유는 바로 면접관의 문제에 대해 지원자가 극히 '긴장되어 있고 부자연스럽게' 그 상황을 수용하고 있다는 증거가 된다. 만약 다른 지원자의 면접 답변이 평범하다고 판단된다면 그것은 지원자가 면접관 질문의 본질을 잘 이해하고 있고, 더 어려운 질문이 나올 때에도 다른 지원자보다 더욱 탁월한 답변을 할 수 있게 된다는 뜻으로 파악할 수 있다.

지원자가 준비한 답변이 다른 지원자와 동일한 또는 평범한 수준의 답변 내용으로 전달된 경우, 그 상대 지원자가 어떻게 그 다음 상황을 이어나가는지를 분석, 파악하는 것도 중요한 '면접 지혜(interview wisdom)'에 속한다고 할 수 있다. 지원자가 다른 지원자보다 경쟁에서 열세로 밀리지 않고 '상대적인 탁월성(competitive advantage)'을 잘 발휘할 수 있는 방법은 아래 세 가지를 기억하자.

면접 질문 길이에 신경을 끄고 나만의 '핵심 표현'을 사용하라.

면접관의 질문의 핵심을 빨리 잡아채는 것이다. 면접의 핵심은 바로 인성 또는 적성, 직무 전문성 아니면 조직 부합성 중 하나일 터이므로 염려할 필요 없이 질문의 핵심을 공략하고 다른 지원자에게서 발견할 수 없는 요소를 찾아 더욱 더 자신의 답변에 핵심 어휘를 포함, 소통의 메시지를 강화하도록 한다.

대개 지원자 개개인에 따라서 특징적인 장점이 있는데, 이를 면접관의 지적 욕구에 재빨리 일대일 부합시켜 해소시키는 기회를 잡는 것이 제일 중요하다. 면접관이 원하는 답이 인성과 적성인지, 직무인지, 조직인지를 파악 후 경쟁자의 부족한 면에 지원자의 장점 한두 가지의 사례를 포시키는 전략이 가장 효과적이다.

상대 경쟁 지원자의 답변을 역이용하라.

다른 지원자가 놓치고 있는 부분(실제 사례가 없거나, 논리가 빈약하거나, 질문의 맥락을 이해하고 있지 못하거나, 동문서답일 때)에 대해 나만의 성공 사례 스토리를 첨가하여 50퍼센트 이상의 상대적 우위를 얻도록 한다.

상대 지원자보다 뛰어난 경쟁적 우위는 50퍼센트 이상만 잘 전달되더라도 면접관의 평가관점에는 굉장히 크게 인식되는 경향이 있다. (평가의 상대적 현혹성을 이용하는 전략이다.)

나만의 성공 스토리로 최후의 낙점을 받으라.

면접관의 이어지는 질문에는 '합격 쐐기답변'이 되도록 신념을 불어넣는다. 예를 들어 "다른 지원자보다 탁월한 점이 있다면?"이라는 질문에는 여러 동료의 논리, 창의, 적극성을 칭찬하지만 이를 조직화하고 시너지를 만든 경험과 실제 사례를 확신시켜 주도록 한다.

면접관은 실제 있었던 스토리텔링 식의 답변에는 보상적 심리를 발휘하게 되어 훨씬 설득력이 높아지는 것을 이용하는 것이다. 면접관은 상대적인 평가에 익숙하므로 지원자의 바로 앞선 지원자의 답변보다 뛰어나다고 판단되면 전체적인 평가에 있어 우위에 있다고 평가하기 마련이다. 이를 '직접적인 상대성 효과'라 부르고, 이를 잘 이용하는 것이다.

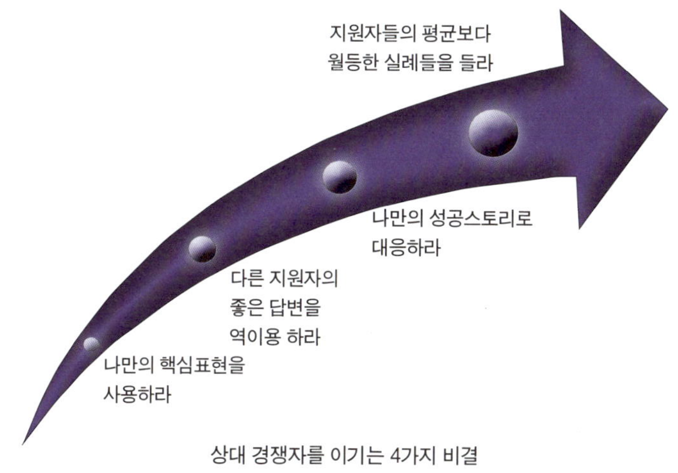

6. 인재상, 머리보다는 마음으로

"인재상이 뭐기에 그리 중요할까?"

일반 대기업이나 중소기업의 인재상人才象을 보면, 실제로 그 회사의 직원들이 그렇게 회사의 인재상을 적용하며 근무하고 있는지 의구심이 든다는 지원자가 의외로 많다. 너무 이상적이고 추상적이기 때문일 것이다. 그래서 일단은 외우고 본다고 고백하기도 했다.

채용 담당자나 총괄 책임자로서 기업의 인재상이 의미하는 '채용 관점(hiring perspective)'을 알려 주기 위해 채용 설명회를 열기도 하지만 그 인재상이 무엇을 의미(purpose)하며, 어떤 성과(result)를 가지고 있는 지원자를 찾는지도 분명하지 않다는 것이다.

예를 들어 '창의성'이 뛰어난 인재를 찾는 기업에서 그 요건에 맞는 자원을 선발하기 위해 여러 모형을 제시하지만 그 모형은 귀걸이에 걸면 귀걸이, 코에 걸면 코걸이 식의 논리로 전락하기 쉽다.

창의적인 인재란 그 창의성을 발휘하기 위해 남다른 관점이 있어야 하고(판단력과 독창성), 그 관점을 꾸준히 유지하는 능력이 있고(지구력과 끈기), 발상의 전환에 능해야 하며(착상 능력), 다른 사람이 보지 못하는 것을 보고(통찰력), 문제해결 능력이 뛰어나고(체계적 사고), 분석적이며(과학적 사고), 최선을 다하며(열정), 주도적이며(승부 근성), 합리적인 사고의 소유자(이성적 사고)라 할 수 있다.

이를 보더라고 '창의적 인재'란 말에 담겨 있는 필수요건에 부합하기란 평범한 인간으로서 매우 힘들다. 인재를 선발하는 기업에서도 과연 "창의적인 것이 무엇을 의미하는지?"에 대한 명확한 채용기준과 면접 문항이 개발되어 있는 경우를 드물게 보아왔고, 그 문항에 대해서도 완벽하게 이해하는 면접관조차 드문 실정이다.

이제 어떤 매체에서 '인재상'이라는 제목의 글을 만나거든 아래와 같이 편하게 생각하자. 그래야 면접 참가에 부담 없기 때문이다.

공통된 메시지 파악

"저희 회사는 채용을 조금은 까다롭게 합니다."라는 공통된 메시지의 일환임을 깨닫는 것이다. 인재상을 가지고 있는 회사는 아무래도 없는 회사보다는 그 기준점이 인재상의 방향에 의해 수립되고 집중화 되어 있기 때문이다.

숨은 메시지 파악

"그런데 실은 그 내용에 대해 인사부장들도 잘 알지 못할 수 있습니다."라는 숨은 메시지가 있다는 것이다. 인사담당 부서나 채용관리 부서의 면접교육 현황이 체계적이라면 다행이지만, 채용을 위해 급조된 질문문항이 쓰일 수도 있다는 점이다.

사례로 판세 장악

지원자로서 인재상 하나하나를 외울 필요는 없지만 사실적인 스토리로 연결하여 면접 시에 생각해 둘 것을 권장한다. 인재상에 나온 항목들에 대해 지원자로서 어떤 성공사례로서의 스토리가 있는지, 실패한 사례가 있는지를 정리하고 그런 사례를 들어 보여주면 면접관은 '사실성 (feasibility)'이 높은 답안으로 합격을 판가름하는 경향이 있다.

기업문화 연관 전략

4가지 혹은 5가지가 되는 인재상에서 공통적으로 뽑을 수 있는 핵심 요소들과 지원한 기업의 문화를 연관 지어 생각해 보는 것이다.

인재상을 연구하면 공통의 문화와 철학이 느껴진다. 이를 합격의 '키 포인트'라 부른다. 그래서 그 연구 결과를 토대로 자기소개에 녹일 수 있는(반영할 수 있는) 사례를 만들어 정리하면 '기업정신'과 지원자의 삶이 함께 녹여져 있는 경우를 발견하게 될 때도 많다.

예를 들어 창의성, 주도성, 적극성, 경쟁의식이라는 개념이 담긴 기업의 인재상은 "남들과 다른 제품력으로 업계 1위로서 경쟁 위주의 영업 전략을 펼치겠다."라는 시장 전략임을 파악하고, "도전적 인재가 많이 필요하다"는 기업정신에 맞는 자기소개를 펼치면 실제적으로 합격 가능성이 훨씬 높아진다는 것이다.

면접 중간 중간, 인재상과 면접 답변에 대한 셀프 체크리스트

7. 공기업과 사기업, 나의 베스트 초이스는 어디로?

"공기업과 사기업의 선택 조건은 월급 때문일까? 기업문화 때문일까?"

일반 영리기업의 면접 내용을 특정 공기업의 그것과 비교하여 문제 유형과 다양한 대처 방안을 내놓은 책들이 많이 나오고 있다. 그만큼 공기업 입사가 많이 어려워진 반면, 입사 후의 근로조건의 차이와 변화에 의한 '첫 직장'의 선택과 마음의 변화가 발생하여 이후 미래 결정의 한 요소로 작용하게 된다는 뜻으로 재해석되기도 한다.

그런데 문제는 두 조직의 특징적인 채용 여건을 잘 살펴서 나온 내용들도 있는가 하면, 저자의 피상적인 관찰과 단순 면접 질문 문항의 답변 의도가 독자나 지원자들에게는 굳이 필요 없는데도 혼란만 주는 다소 무성의한 책도 많이 존재하는 듯하다. 실제로, 채용경험이 풍부한 저자 또는 작가가 쓴 글인지 의심이 들 정도의 느낌이 드는 책도 본 적이 있다.

따라서 두 조직의 채용 방식을 구분하면 면접 준비에 보다 더 수월한 몇 가지 장점을 가지는 것을 목표로 공기업과 일반기업의 인재선발 방식에서 다른 점을 세 가지 측면에서 다뤄 보고자 한다.

첫째, 사기업의 목표 중 하나는 재화와 용역의 판매와 공급을 통한 영리의 극대화인 반면, 공기업은 국가의 공공성과 수급의 안정성을 높이는 것이다.

둘째, 사기업은 영리를 극대화하기 위한 신입 구성원들의 전문적인 역량(지식, 기술,태도)이 공기업의 공공성에 부합된 기본적 요건과 큰 차이가 있다.

셋째, 공기업이 가지고 있는 조직의 문화와 업무 수행의 분위기가 시장 중심보다는 공익 차원이라는 점에서 일반 사기업과 현저히 다르다고 할 수 있다.

그러나 이러한 차이점에도 불구하고 일반 사기업에서의 면접에서 좌절한 지원자가 공기업 또는 국가기관의 공무원시험에 응시하면서 다른 결과와 합격의 기쁨이 있을 것이라 생각하고 지원하는 경우도 많다.

그런데 그것은 엄밀히 생각해 보면 일반 사기업이든 공기업이든 조직에서의 채용요건은 인성·적성, 직무의 수행능력 그리고 조직 적합성 측면에서 사실 큰 차이가 없다고 할 수 있다는 것을 알면 그렇게 넘겨짚지는 않을 것이라는 점이다. 즉 공무원으로서 적합한 인성이나 적성이 따로 있을 것이라고 생각하거나, 직무를 수행하는 데 필요한 역량이 180도 다르다고 알고 있거나, 조직의 문화와 그 특유의 가치관을 수용하는 것이 천양지차로 다를 것이라고 믿는 지원자는 실패율이 오히려 더 높다고 볼 수 있다.

어떤 기업이든 조직이든 공적, 사적 기업을 지원하든 간에 필요로 하는 교집합이 있다는 사실을 알고 보면 보다 편안한 마음으로 면접 프로세스로의 진입이 가능해 진다는 것이다.

첫째, 인성과 적성을 자연스럽게 표현하라.

지원한 조직의 구성원들의 특색을 살펴보면 인성·적성에 대한 개략적인 대답이 나올 수 있다. 그런데 공기업이든 사기업이든 그 문화적인 특성을 살펴서 인성과 적성을 따로따로 디자인하고 맞춘다는 것에 대해 일종의 부담감이 있을 수도 있다.

그러나 그것은 자기 개성에 대해 어느 부분을 중심으로 표현하고 연출하느냐의 문제로 볼 수 있기 때문에 그리 염려할 문제는 아니다. 예를 들어 공기업의 보수성향이 높은 조직에서는 개인적인 역량으로 규범, 통제, 일관성, 효율성, 협동정신, 실천력 등이 주요 개성이자 장점으로 부각되는 반면 사기업은 창의성, 다양성, 자율성, 임의성, 독창성 같은 데서 차이를 가진다고 할 수 있다.

그래서 개인이 그런 내용들을 공기업에서 나타내는 것보다는 일반 기업에서 강하게 어필하는 것이 필요하다는 것이다. 면접 답변의 사례를 들 때에도 그 부분에 무게 중심을 둔 내용으로 디자인하고 그 부분에 포커스를 맞추면 예상외의 득점을 얻을 수 있다. 특별히 요즘처럼 새로이 조직을 개편하여 자유로운 의사소통과 의사결정을 표방한 공무원 조직 또는 공공조직 같은 곳에서는 창의성과 자율성, 의사결정의 개방성, 그리고 독립적인 프로젝트의 운영 경험 등이 보다 고득점을 받을 수 있는 질문의 답변 방향들이다. 즉 큰 변별적인 차이가 약해지고 있다는 것이다.

둘째, 의도된 엄격성과 규율성을 버려라.

공기업체에서 보수 성향이 높을 것으로 생각하고 보다 엄격하고 통제된 면접 답안을 만드는 경우를 많이 본다. 특히 인·적성 또는 지원 분야에 대한 역량(지식, 기술, 태도)에 대한 질문에 대해 굉장히 경직된 답변과 빙하와도 같은 '냉정함'을 의도적으로 보여주려고 한다는 것이다.

그러나 그런 태도는 신입 지원자를 융통성이 없는 자원으로 인식하게 되며, 긴장 수준이 너무 높아 채용면접관으로 하여금 여러 가지 불편한 이미지를 면접 중간 중간 남기게 되는 것이 사실이다. 즉 공무원이 되기 위해 미리부터 일부러 엄격한 체 하지 않아도 된다는 뜻이다.

셋째, 자연스러운 표현방식과 어휘를 선택하라.

면접관의 다양한 질문의 양식과 방식 그리고 작게나마 질문 의도와 표현 어휘 등의 세심한 관찰들이 현장에서 지원자들이 평소 잘 발견할 수 없는 공·사기업의 특색을 어느 정도 파악할 수 있게 된 것에 유의할 필요가 있다. 그래서 필요한 전략은 조직문화와 그 인재상의 연관성을 살피고, 최고의 답변(학점 우수, 동아리 회장, 교환학생 최고성적, 동료 최다 등)보다는 최선의 답변(협력 우호적, 동료관계, 문제해결, 조직 우선, 인간성, 친밀감 등)을 통해 여러 가능성의 문을 열어놓도록 하는 것이다. 공기업이라고 해서 일부러 보수적이고 소극적인 조직 관점을 가지지 않아도 된다는 것이다.

관점 변화

- 공기업에서 10년 이상의 경력으로 인재채용을 담당한 경력은 인재에 대한 관점이 조직순화, 순종적, 의존적, 도덕윤리적 사고의 어필이 강할수록 안정적인 조직부합 지원자라 판단된다.

이해 변화

- 일반 사기업은 그 반대의 성향이 나타나기 때문에 프로 지원자들은 중도적인 입장을 취하며, 그 경계를 자연스럽게 넘나들며 면접관의 눈에 적임자라는 눈도장을 찍게 되는 것이 사실이다.
- 중요한 것은 그런 과정에 오염되지 않는 것이 합격 100퍼센트의 관건이 된다.

적용 변화

- 공무원이라고 하는 직업 속성을 너무 주눅 들게 이해하려 하지 말자.
- 젊은 시절의 도전적, 창의적, 팀워크적인 주도성으로, 보수-진보의 이분법적 사고체계를 버리도록 하자.
- 대개의 면접관은 이분법적 사고자思考者에 대해 굉장히 부정적인 경향이 강하게 나타난다.

❖ 나에게만 있는 공기업에 적합한 자질은 무엇일까? 반대로 사기업으로 가야만 하는 이유는? 10가지 이유를 생각해 보자. 2-3개에서 멈추면 실패!

----

8. 채용설명회의 질문 수준

"채용설명회에서 진짜로 얻어가야 할 것은 무엇일까?"

채용설명회를 진행하다 보면 필히 순서 끝자락에 질의응답 시간을 갖게 마련이다. 설명회 도중 나왔던 내용인데, 잘 모르는 사항들, 설명회에 나오지 않았거나 관계없는 내용인데, 궁금한 사항으로 모두에게 또는 특정한 사람들에게 잘 인식되지 못할 때 등 여러 가지 경우의 수에 따라 수십 수백 가지 질문이 있다.

그중에서도 열과 성을 다해 답해 주고 싶은 질문이 있는가 하면, '두세 번 설명한 내용인데 어떤 부분이 어려워 또 질문할까?'라는 느낌으로 답답함을 숨겨야 하는 질문들이 있다. 그런 질문을 하는 지원자들이 들어온 회사 분위기는 어떠할지 염려가 된다는 참가자도 있는 듯하다.

대체로 이런 질문들이다.

• 학점은 어느 정도여야 합니까?

• 토익 성적은 최소한 어느 정도 수준이어야 하지요?

• 어떤 학과 전공자를 주로 뽑나요?

• 채용규모는 어떻게 됩니까?

• 다른 회사와 같은 날에 입사시험을 보는 이유가 있습니까?

• 급여 수준은 어느 정도입니까?

• 동점자 처리는 어떻게 합니까?

• 대학원 지원도 해 주나요?

• 연간휴가는 몇일입니까?

• 주택대출 프로그램이 있습니까?

• 복리후생 정책을 알려주십시오.

• 면접에서는 대개 무엇을 물어봅니까?

이런 질문들은 일상적으로 들릴지 모르지만 채용담당자로서 기쁜 마음으로 기대하는 질문들은 아니다. 위의 질문들에서 공통점은 대개 채용과 전공과 학점의 중요성에 대한 것인데, 그런 것들은 채용설명회에서 굳이 밝힐 수 있는 것이 아니라 채용 절차를 통해 일정한 상대적 기준을 가지고 진행하기 때문에 정확한 정답도 없는 셈이다.

그래서 "절대적으로 서울지역에 있는 주요 대학의 경제, 경영학과로서 학점 3.5 이상으로 학과 순위 상위 30퍼센트에 들어야 합니다"와 같은 조건을 공공연하게 말해 줄 수 있는 상황은 그리 쉽게 오지 않는다. 따라서 "중상위권의 학점 관리와 전공을 불문하고 성실한 학교생활을 하신 분이면 저희 회사에 모두 입사할 수 있습니다."라고 답변해 주기 마련이다.

토익성적과 입사시험도 마찬가지로 상대적이기 때문에 그 상대성을 가진 질문은 안 하는 것이 좋다. 오히려 이런 질문들은 어떨까?

- 작년에 뽑으신 인재 중에서 눈에 띄는 지원자는 어떤 지원자들이 있었나요?
- 입사를 위해 1년 동안 주로 어떤 부분의 실력 연마가 대체로 필요합니까?
- 저희 신입 지원자들에게 특히, 부족한 것이 무엇이라고 느끼시는지요?
- 현업 관리자들이 특히, 필요로 하는 인재는 어떤 능력이 가장 필요합니까?

실제 채용하는 회사의 인재상과 채용요건(스펙) 등을 물어보는 것이다. 복리후생을 물어볼 때 모두 다 자세한 내용으로 지원자들을 황홀하게 해 주고 싶은 마음가짐은 면접관에게 특별히 강하게 느껴지지 않는다. 회사의 요건에 맞는 지원자를 찾는 것이 최우선이며, 채용담당자에게 입사 후에 벌어질 일들에 대한 질문은 그리 어필하지 못한다. 즉 채용관은 채용에 초점이 맞춰지기를 바라는 것이 당연하다.

급여 수준에 대한 질문에 직접적으로 답할 수 있는 용기 있는 채용담당자는 드물다. 모든 회사에서 평균적으로 가지고 있는 급여 정책이 있기 때문에 이를 공개석상에서 "몇 천 만 원이다."라고 말할 수 있는 사안이 아니란 뜻이다. 그저 동종업계에 비해 경쟁력 있는 규모라고 말해 주면서, 지원자들의 직무 능력을 감안한 타당한 수준이라고만 말할 뿐이기 때문이다. 이를 가지고 무성의한 답변이라 말하는 사람도 있으나 기업 인사담당자로서 보자면, 그건 무성의한 것이 아니라 입사지원자에게 보다 편안하게 '채용요건 중심'으로의 전환을 기대하는 답변임을 명심해 주었으면 하는 바람을 갖게 된다. 즉 결론은 입사지원자는 채용이라고 하는 상황에서 채용절차에 필요한 요건과 그 자질을 궁금해 하고 거기에 지원자의 요건이 잘 부합되는지에 대한 각자의 분석과 이해가 필요하다는 것이다.

미리 걱정하지 않아도 될 요소를 끄집어내 걱정할 필요가 없다.

탁월한 질문을 통해 취업설명회 시간을 꿰뚫어 보고, 핵심질문 한두 가지를 개발하여 채용 담당자의 머릿속에 이름이 남겨지고 "이메일이 뭐냐?"는 질문도 받아보도록 하자. 아니면 "다음 주 회사에 와서 점심이나 같이 하자."라는 초대도 받아 보도록 하자.

채용설명회를 다녀온 면접관의 지원자에 대한 인식

❖ 채용설명회에서 얻을 수 있는 정보가 아닌 '나만의 정보 확보 채널'은 어디

　가 좋을까?

----

9. 면접관은 '생각 답변'보다 '경험 답변'에 감동한다

"면접에서 흔히 듣는 '생각합니다'보다 '했었습니다'가 더 중요하다는 사실!"

　신입사원 채용 시즌이 되면 으레 신문 경제면이나 사회면에서 어렵지 않게 발견할 수 있는 헤드라인이 있다. 채용을 준비하는 사람이나 채용이 되어 직장에 근무하는 사람 모두 '채용採用'이라고 하는 말에 한 번쯤 유심히 보게 되는 기사이기도 하다.

　올해의 채용시장 변화는 예년과 비교해 어떤 중요한 포인트가 있을까? 일반적인 지원자들은 그 기사의 '문자'들만 읽지만 우수한 인재 지원자들은 기사의 행간을 읽고 면접의 흐름을 예상해 보는 것이라 할 수 있다.

　면접관들이 주로 보는 항목으로는 도전정신, 성취의식, 도덕성, 가치

관, 협동성, 조직 적응력 등이며, 지원자들에게 느끼는 미흡한 면은 협동심과 아이디어의 구체화와 현실화 정신 그리고 커뮤니케이션 능력으로 지적하고 있다. 어떤 질문이 예상될 수 있을까? '도전정신'을 이슈로 일례를 들어 보고자 한다.

도전정신에 대한 면접관의 질문 : "동아리 활동을 하시면서 동아리 회장을 2년 정도 경험하셨다고 지원서에 쓰셨는데, 회장이라는 책임을 맡은 경험을 통해서 조직 간의 화합이 어려울 때나 어떤 목표가 잘 이루어지지 않은 경우가 있었나요? 구체적인 예를 들어 주시고, 지원자 특유의 문제 해결과 극복의 사례를 설명해 보시기 바랍니다."

이젠 면접관들도 "지원자는 도전정신이 충만한 사람이라고 생각하나요?" 또는 "도전정신이 왜 중요하다고 생각하시나요?"라고 질문하지 않는다. 지원자는 '생각'을 말하라는 질문을 받았을 뿐 '경험'을 말하도록 요구하지 않았기 때문에 그냥 이론적인 답변만 하고 달리 진도가 나가지 않기 때문이다. 그리고 조직 적응력을 묻는 질문에 대해서도, 어떤 식으로든 그 질문이 원하는 바는 지원자가 조직에 적극적으로 잘 적응하며 특유의 조직 리더 또는 구성원으로서의 모습을 기대하고 있다는 것이고, 이를 실질적으로 '경험한 사례'를 들어 설명해야 제대로 된 답변을 하고 있다고 면접관은 판단하고 있다는 것이다. 즉 성공적인 답변은 3가지를 준비되어야 한다는 것이다. 개념의 정의, 구체적 사례 그리고 미래 문제 적용이다.

실제 답변 사례

조직 적응이라고 하는 것에 대한 개인적 창의적인 해석과 그 경험

"저는 조직 적응이라고 하는 것은 자신이 입사함으로써 생기는 부가가치 창출이라 믿습니다. 조직에 가입한 회원들의 자발적인 참여가 우선 필요하고, 그 참여를 통해 기존 회원과 신규회원 간의 다양한 활동, 대내외의 홍보, 재원과 기금의 모집, 그리고 제일 중요한 조직에 적응할 수 있도록 동아리의 비전과 미션 같은 것들을 잘 이해시키고 참여를 높였습니다."

조직에 대한 적응의 구체적 사례와 스토리텔링

"사회활동을 위해 새로 가입한 신입회원과의 모임에 새로운 프로젝트와 활동계획을 각 분기별로 구체적으로 제시하여 저희 동아리 모임의 취지와 목적, 각 회원에게 주는 활동의 이익과 채용 같은 것에 도움을 주는 내용들을 상세하게 코칭 하는 활동을 마련하였습니다. 참여율 95퍼센트 이상 관리되는 '최우수 동아리 상'을 총장님께 받은 영광도 있었습니다."

새로운 조직, 회사에 입사 후 적응에 대한 문제 다룰 계획

"그저 개인 사교모임을 위해 동아리 활동에 참여하는 동료들에게 개인적으로 솔직하게 모임의 취지와 목적을 동아리 회장으로서 체계적으로 안내, 설명하고 주도적인 참여와 협조를 정중히 요청하였습니다."

❖ 제일 활용하고 싶은 성공답변으로 어떤 것이 있을까? 어떤 사례를 들 수 있

을까?

종이 한 장 차이로 달라지는 면접 결과

1. 합격이 불합격으로 바뀌는 면접

"지원자가 아무리 합격을 확신해도 불합격되는 경우가 많다면?"

제목부터가 불안하고 기분 나쁜 주제임에는 틀림없다. 혹자는 느낌이 좋지 않다고 이 챕터는 건너뛰고 싶을 수도 있다. 그럼에도 그 마음속에서는 "조심해야지!"하는 의식이 있기 마련이다. 실제로 그런 경우가 많기 때문에 고민 끝에 닻을 올린 제목이다.

합격이 예상되는 흐름을 타고 있다가 갑자기 지원자의 태도가 지원자에게 가지고 있던 면접관의 기대와 좋은 인상을 망가뜨릴 수 있는 세 가지의 경우가 있다. 마당쇠지원자, 무조건 지원자 그리고 무례한 지원자의 경우이다.

"무조건 열심히 한다"는 '마당쇠 정신으로 무장된' 돌쇠 지원자의 모습을 보일 때.

회사는 종을 뽑으려고 하지 않는다. 이런 사고를 가지고 입사하는 지원자는 대개 입사 후 다양한 모습으로 처음의 다짐과 달리 변절하는 경우를 면접관들은 많이 보아 왔기 때문이다.

마당쇠의 답변 : "저는 어떤 일이든 최선을 다해 성심 성의껏 열심히 하겠습니다. 절대 실망시켜 드리지 않을 것입니다. 죽을힘을 다해 이 회사를 위해 충성을 다하겠습니다."

면접관(개인)에 대한 무조건적인 복종심, 맹종심 같은 것들이 전반적으로 느껴질 때.

그럴 필요가 없는데도 이런 표현이 합격을 보장할 것이라고 생각하는 경우가 있는 듯하다. 지원자를 채용하는 것은 면접관이 아니라 회사의 평가기준을 면접관이 단지 수행하는 것이므로 지원자들은 면접 프로세스에 대한 명확한 이해가 필요하다.

무조건 지원자의 답변 : "면접관님의 탁월하고 훌륭하신 질문에 저는 정말 감명받았습니다. 제가 들어올 이 회사가 세계 최고가 될 수 있을 것이라는 확신을 너무나도 많이 가지고 있습니다. 최고의 회사에 최고의 사원이 되겠습니다."

경쟁사에 대한 무차별적인 무례함이 나타날 때 : 선의의 경쟁도 필요한 사회

이다.

지원자가 만약 경쟁사에 대해 그런 적대감을 가지고 있다면 그것은 바로 자기 업무에 대한 아집과 편견, 고집으로 변질되기 마련이다. 그리고 그 면접관이 경쟁회사에서 이직해 온 사람일 수도 있다는 점을 기억하라.

무례한 지원자의 답변 : "경쟁회사인 A사는 고객의 신뢰를 잘못 이용한 회사이고 문제가 많은 회사입니다. 결함이 많은 제품으로 소비자를 호객하고 있습니다. 저는 앞으로 그 경쟁회사와는 상대도 안 하겠습니다. 배울 것이 전혀 없는 회사라 생각합니다."

❖ 합격이 불합격으로 바뀔 만한 나만의 커뮤니케이션 습관이나 버릇은 뭐가 있을까?

----

2. 불합격이 합격으로 바뀌는 답변

"불합격 통지가 오기 전까지는 불합격이 아니다."

90퍼센트의 불합격 상황이 전개되다가 10퍼센트의 핵심이 되는 답변으로 면접 분위기의 쇄신에 성공한다면 합격통지를 받을 수 있다. 요행을 바라는 것은 아니지만 자신의 단점이나 결점이 다 드러나 90퍼센트의 불합격 결과를 받게 될 상태에서 그래도 10퍼센트의 개인적 소신과 최선을 다하는 장점을 보이는 경우는 행운의 천사의 미소를 볼 수 있다는 것이다.

이것은 면접이 평가자의 주관적인 판단이 많이 작용하고 있다는 것을 의미한다. 세 가지의 경우가 있다. 성과에 대한 개념을 아는 지원자, 실제적 경험이 많은 지원자, 그리고 인간적인 지원자의 경우이다.

개인의 성공에 대한 소신과 성과를 명확히 표현하는 자신감을 유지할 때.

어찌 보면 면접에 참가하는 지원자들은 면접관의 관점에서 보면 '기업이 요구하는 전문적인 업무를 잘할 수 있을까?' 하는 의문 덩어리라 할 수 있다. 그런데도 지원자가 철저한 신념을 바탕으로 지원자의 학교생활과 인턴십, 아르바이트, 동아리, 봉사활동 또는 여러 조직생활에 있어 자신감과 결과를 일관성 있게 드러내고 있음을 보여줄 때 면접관은 '참 강한 지원자군, 신념이 있어.'라면서 일종의 믿음과 신뢰의 느낌을 은연 중에 갖게 된다. 혹, 불합격의 꼬투리를 그 지원자에게 가지고 있었다 해도 젊은이다운 신념과 자아감自我感은 약간은 나이가 든 면접관을 감명시키기에 충분하다.

다행이 복수의 면접관이 평가하게 되므로 그 분들 중 누군가는 좋은 평가로 좋은 점수를 줄 수 있다는 점을 꼭 기억하자.

구체적인 성공사례(실제 경험과 이야기들)**들과 그 탁월성이 다른 지원자보다 사실적이고 현실적일 때.**

영업이론이 MBA 수준으로 뛰어난 지원자도 훌륭하지만 실제 영업현장에서 겪은 힘들지만 실적 달성에 성공하는 영업 담당자의 모습이 우리를 더 감동시키는 이유는 무엇일까? 면접관도 이와 같이 실제적인 사례에 감동하기 마련이고 이런 지원자라고 한다면 이론이나 지식적인 측면이 다소 부족하다 하더라도 채용 후에 열심히 지도하고 교육하면 성장 가능성이 남들 못지않을 것이라 확신하게 된다.

과연 나는 그런 면접관에게 어필할 정도의 진솔하고 다양한 사례들이 충분히 준비되어 있는지 분석해 볼 필요가 있다. 아니라면 시간을 두고 앞 챕터에 나와 있는 30여 가지의 평가항목에 대한 간단한 사례들과 실제 겪은 이야기들을 성공과 실패 노트(성실 스토리 북)를 만들어 보도록 하자. 다음 챕터로 넘어가기 전에 좋은 사례 5개를 만들고 가자.

인간적인 배려와 배움의 적극성이 남다를 때.

지원자들이 면접관 앞에 앉아 있을 때 당연히 주관적인 평가보다는 상대적인 평가의 척도를 내세우게 된다. 미안한 얘기지만 외모와 성격, 말하는 태도, 문제를 해석하고, 답변하는 모든 면을 평가하다 보면 업무적인 능력이 떨어지는 지원자는 아무래도 커뮤니케이션 능력이 다소 부족하다 판단되고, 문제의 핵심도 잘 파악하지 못하는 것 같고, 다른 지원자에 비해 학습능력도 떨어진다고 느껴지게 된다.

그런데 여기서 중요한 것은 지원자 중에 그렇게 느껴지는 부분이 있을 때 승부수는 인간성과 적극성이 남다르다고 하는 판정을 받아야 한다는 점이다. 특히 인간적인 온정이나 배려, 그리고 신사다움, 조직에 대한 희생, 멸사봉공과 같은 어려운 표현이 아니더라도 조직 적응에 부합되는 정신과 철학을 가진 지원자들은 여러 모로 면접관들을 감동시키기에 충분하다고 판단된다. 썰렁한 그 면접장의 분위기를 따뜻한 온기와 정감 있는 부드러움으로 채우는 지원자 특유의 '탁월성'을 드러내는 답변이라면 좋은 결실을 기대할 수 있다는 것이다.

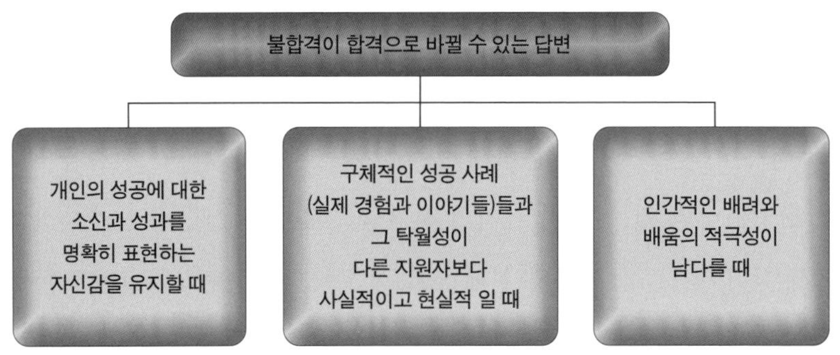

불합격이 합격으로 바뀔 수 있는 명 답변

3. 압박질문 되받아 치기

"면접관이 던지는 압박질문을 받아 쳐 홈런 날리기"

면접관이 잘 진행되던 면접 중간에, "만약 오늘 면접에 떨어지고 난 뒤, 무슨 일을 제일 먼저 하시겠습니까?" 또는 "오늘 저희 회사로부터 불합격 통지를 받는다면 무슨 이유 때문이라고 생각하십니까?"라는 질문을 한다고 가정해 보자.

이런 질문은 그 내용을 떠나 무조건 기분이 나빠지는 질문이다. 떨어지는 것도 기분이 나쁜데, 그 이유를 말해 보라고? 이런 상황은 필히 면접관의 평가 전략이 담겨 있는 상황임을 즉시 눈치 채야 한다. 설사 불합격을 시키고자 마음을 먹고 하는 질문이라 할지라도 효과적으로 응수하면 이보다 더 확실한 합격의 보증수표도 없다.

면접관이 이런 질문을 하는 것은 세 가지의 경우에 해당되는 사안이 지원자로부터 간혹 또는 상당 부분 많이 발견되는 경우이다. 이것이 바로 불합격 요인이다. 면접관이 지원자에게 "당신은 불합격입니다."라고 말하지 않는 세 가지 경우에 해당된다. 불합격을 하는 요인은 크게 세 가지이다.

첫째, 인성 또는 적성 부분에서 결격사유가 있는 경우.
둘째, 직무를 수행함에 있어 필요로 하는 전문성이 없거나 부족한 경우.
셋째, 앞으로 입사하게 될 새로운 조직이나 문화에 잘 부합하지 못한다고 파악될 경우.

이 중요한 세 가지 평가기준에 의거해 의식적이든 무의식적이든 간에 지원자의 의지와 판단의 준거를 평가하여 보는 것이다. 그 설명하는 과정에서 지원자나 면접관의 판단이나 의지에 변화가 있다고 판단되면 그것은 다분히 '자극과 반응평가(stimulus and response evaluation)'라는 관점에서 긍정적으로 평가해 볼 수 있는 좋은 처방이 될 수 있다. 성공을 기약하는 효과적인 답변을 미리 준비해 보는 것도 좋은 전략 중의 하나가 아닐까? 수십 가지 구구절절한 답변보다는 한두 가지로 요약하여 하는 답변이 효과적이다.

성실성과 책임을 강조한다.

가능성 : "제가 그렇게 되지는 않겠지만 만약 불합격을 한다면 저의 기본적인 인성과 자질이 합격요건에 맞지 않거나 업무를 수행하는 데 필요한 능력이 부족하거나, 아니면 새로운 조직에 잘 맞지 않아서일 것으로 생각됩니다."

반론 제시 : "그러나 제가 가지고 있는 기본적인 자질은 다른 지원자와 마찬가지로 저의 대학 4년 동안의 성실한 교육과정 이수와 사회인으로서 필요로 하는 다양한 조직 체험 등을 통해 부족합니다만, 최선을 다해 연마했음을 강조하여 말씀드릴 수 있을 것입니다."

조직문화에서의 부합성을 강조한다.

가능성 : "새로운 조직문화란 처음 조직에 들어온 신입사원들로서는 감당하기 어려운 숙제가 될 것입니다. 아마 제가 초등학교 때 미국으로 이민을 가서 생활했던 느낌과도 같을 수도 있을 것 같습니다."

반론 제시 : "그러나 지원한 기획업무를 수행하는 데 필요한 기본적인 지식에 대해서는 제가 조직을 새로이 경험하면서 조직문화와 공동체가

원하는 미션을 바로 이해하도록 최선을 다할 것임이 분명합니다. 왜냐하면 제가 이 회사의 미션과 조직 가치를 너무 신뢰하고 그렇게 가정교육도 받았습니다. 그래서 다른 지원자 못지않게 그 가치를 잘 발휘할 수 있다고 믿으며, 이 조직의 문화와 가치에 부합되는 그러한 역할을 수행할 수 있는 준비가 되어 있음을 자신 있게 말씀드리고 싶습니다."

힌트 : 면접관의 의도를 파악한다는 것은 면접 답변을 외우는 조작적 반응 수준이 아니라 면접관이 필요한 질문을 할 수 있도록 하는 면접 리더십을 지원자가 발휘하는 수준이 된다. 나타나는 현상은 문제와 답이 톱니바퀴처럼 딱딱 맞아떨어지는 상황이 연출된다는 것이다.

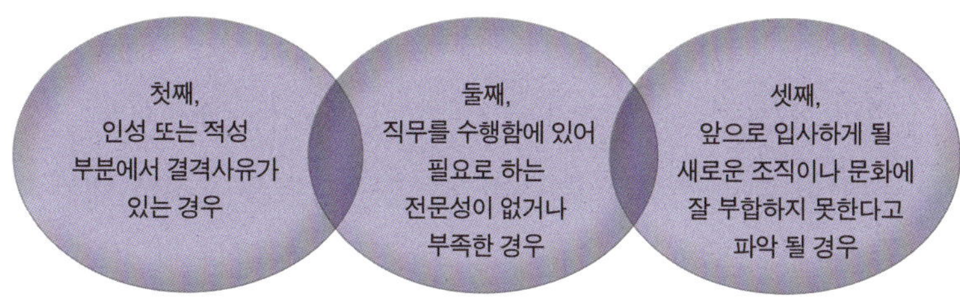

면접관이 불합격시키는 3가지 이유

❖ 나에게 불합격되는 잠재요인이 있다면 위의 3가지 중 어떤 부분일까? 지금 생각해 보자.

----

4. 면접에서 돌발 상황이 생기면 합격의 기회로

"예상치 못한 면접 돌발 상황을 의외의 합격의 기회로 바꿀 수도 있다."

면접관이 갑자기 커피나 음료수를 면접 도중에 엎질렀다면 어떤 상황일까? 또는 계속되는 면접관의 재채기나 기침으로 면접 분위기가 중간에 이상해지면 어떨까? 갑자기 면접장 위층에서나 옆 사무실에서 공사하는 소리나 싸우는 소리나 분쟁이 있는 경우가 있다면 또 어떨까?

이런 돌발 상황 가운데 지원자들이 취할 수 있는 입장은 무엇일까? 그냥 가만히 상황을 지켜보며 앉아 있을 것인가? 아니면 적극적으로 나서서 문제의 해결에 도움을 주는 모습을 보여줄 것인가?

실제로 이런 경우가 가끔 나타나는데, 상황이 좋아지기를 기다리며 가만히 앉아 있는 경우도 있을 수 있지만 자연스러운 태도로 그런 분위기를 변화시킬 수 있는 행동을 취할 수 있는 방법을 생각해 내는 것도 좋을 것이다. 이런 돌발 상황이 지원자들의 평가에 미칠 수 있는 영향은 그리 크지 않다고 판단되지만 면접관들은 이런 상황 가운데 어느 지원자가 어떤 행동을 취했는지 강한 인상을 받기 마련이다.

행동적 요령과 기지

돌발 상황 가운데서의 문제 해결에 대한 능력을 발휘하는 것이나 돌발 질문 시에 효과적으로 응답하는 능력들은 모두 중요하게 판단되는 위기관리와 문제해결 능력의 일환이다. 상황이 정말 긴급해서 지원자의 적극적인 협력이 필요하다고 판단되면 제일 먼저 그 상황 해결의 중심에 위치해 있는 것이 필요하다. 중간자로 있다가 마지못해 참여하거나 미적미적하는 사이에 상황이 종료되어 버린 경우 굉장히 피동적이고 무책임한 사람으로 자신도 모르게 인식되는 경우도 있다.

하지만 만약 상황이 면접관들 사이에 해결 가능한 문제라고 판단되는 경우인 데도 불구하고 지원자의 입장에서 오버해 해결하고자 나선다면 이는 오히려 문제 해결보다는 문제를 가중시키는 역할을 담당하게 되는 꼴이 될 수도 있다. 단지 감정 이입을 하고 있다는 표정으로서의 동정(sympathy)만 취해도 된다. 그런 돌발 상황으로 인해 잠시 면접 진행을 중지하거나 면접관이 잠시 퇴실하여 상황이 관리되는 경우가 일반적이므로 지원자는 다소 중립적인 상황 대응으로 효과적인 지원자로서의 태도를 유지하도록 하자. 즉 상황이 우발적이든 계획적이든 돌발 상황이 발생한 상황에 대해 예리하고 직감적인 판단을 하라는 것이다.

이 챕터의 목적과 같이, 여기서의 지혜로운 처신과 행동이 면접관들에게는 훌륭한 면접 답변보다 100퍼센트 더 좋은 신뢰를 부여받을 수 있다는 것을 생각하고, 평소 지원자의 태도가 녹아져 있는 결과가 면접 장소에서도 빛나기를 기대해 본다.

면접은 계획된 상태보다는 예상치 못한 상황의 연속이라 할 수 있다. 이런 우발성과 즉흥적인 상황의 연출로 인한 다양한 상호작용의 과정이 면접이라는 점을 이해하고 프로답게 어떤 상황에서도 리더로서의 자질을 보이는 것이 최고의 인재로서 낙점 받게 되는 기회다.

5. 장기근속을 보장하는 면접

"십 년을 근속할 지원자인가, 한 달 후에 퇴직할 자인가."

이 면접을 마지막으로 더 이상 이직, 전직을 위한 면접이 필요 없는 '평생직장'이 되기를 원한다고 말하는 지원자가 많다. 특히 여러 번의 구직 면접에도 불구하고 취업에 실패한 지원자들의 경우는 더욱 그런 생각을 할 것이라 여겨진다. 그래서 '최후의 면접'이라고 생각되는 면접 상황을 머릿속에 두고 면접에 임하면 그만큼 신중함과 긴장이 복합적으로 얽히게 되는 경우도 있다.

신입사원과 면접관, 각각의 다른 관점을 비교하자.

신입사원을 채용하는 면접 과정에 있어 대학을 갓 졸업한 지원자는 지원하는 직장을 평생직장으로 여기고 지원하는 경우가 많지 않다. 일단은 입사를 해서 직장생활을 해야겠다고 생각하는 경우가 대부분이다. 따라서 입사지원자로서의 일단 합격하기 위해 면접관의 모든 질문에 최선을 다해서 답변하는 것을 의무 사항처럼 여기고 참여하게 된다.

그래서 면접관의 입장에서 생각해 보자면, 지원자가 다소 객관적이고 덜 긴장한 상태, 즉 참관자와도 같은 모습으로 면접에 대응할 때 훨씬 더 좋은 면접 결과를 얻게 될 때가 있다.

누구나 직업 선택의 자유가 있다. 그래서 언제 그만두고 싶다면 그만 둘 수 있다. 그래서 힘든 면접 과정을 뚫고 입사한 뒤에도 마음과 상황이 바뀌어 그만두는 경우가 허다하다.

하지만 신입 직원을 채용하는 회사의 입장에서는 또 다르다. 다른 인재 채용의 기회를 버리고 채용한 사람이 쉽게 이직을 하려고 한다면 손실이 크다. 지원자들이 면접 상황에서 오랫동안 회사에서 근무할 것이라는 확신을 주어야 하는 이유다.

그래서 입사지원동기나 경력계발 기대 사항에 관한 질문이 나오게 되면 당연히 그 답변의 초점은 회사의 발전, 성장을 위한 기여와 희생, 동료와의 팀워크, 적극성과 참여정신, 우수한 경쟁력을 갖추기 위한 부단한 노력 같은 답변들로서 회사가 원하는 한 계속해서 근무할 것이라는 의지를 보인다.

반면에 "능력 발휘를 위하여 회사가 공정한 처우를 해 줄 수 있는가? 복지후생의 차별적인 모습이 앞으로도 유지될까? 인재를 아끼고 성장시키는 데 얼마나 관심이 있을까?"라는 점이 부각되면 면접관은 "이 지원자가 혹시 경력사원 지원자는 아닌지? 혹시 이미 다른 회사에 합격한 지원자는 아닌지?"와 같은 인상을 받을 수 있다.

공정한 처우에 대한 명확한 논점을 제시하자.

특별히 여성 지원자의 경우는 남성들과의 상대적인 역량(지식, 기술, 태도)의 비교선상에 놓이게 되는 경우, 결혼이나 육아와 같은 다양한 개인적인 인생 과정의 단계들과 생산성 또는 업무에 대한 기여라는 측면의 복합적인 문제에 대해 불리한 입지에 놓일 때가 많다. 이런 경우, "전 당분간 결혼할 생각이 없습니다."라든지, "전 과장 승진 전까지는 아이를 가질 생각이 없습니다."라는 답변으로 면접관들을 당황스럽게 하는 경우도 많이 볼 수 있다.

이런 경우 다른 남성 지원자들의 상대적인 비교우위를 확보하는 데 그리 차별적인 경쟁 요소로 보여지지 않는 이유는 무엇일까를 생각하여야 한다. 그것은 바로 여성의 입장에서 사회적 약자와 같은 느낌을 주는 것은 평가 부작용을 일으키기 때문이다. 결혼이나 육아는 면접관이 따질 문제가 아니며 이런 질문에는 객관적이고 성과 위주로 답하는 것이 평생직장의 개념에 부합된다고 할 수 있다.

6. 대인 공포를 넘어서는 면접 초이스

"사람이 두려운 것이 아니라 제대로 말하지 못하는 '내'가 두려운 곳이 면접이다."

사람들이 느끼는 여러 가지 공포 중에서 사람들과의 만남과 소통 과정에서 느끼는 감정을 대인공포라고 한다. 물론 상대가 가지고 있는 위협적인 외모나 물리적인 요인에 의해 발생할 수도 있으나, 여기서는 의사소통을 하는 과정에서의 보이지 않는 '면접공포'에 한정하여 말하고자 한다.

그리고 특별히 개인이나 소수의 친분 있는 집단의 사람들 앞에서는 떨지 않지만 대중 앞에서 긴장하는 경우의 사람들도 있는데, 면접 과정에서 꼭 실수하는 지원자들을 위해 각별히 초점을 맞추어 그 해결 방안을 제안해 주고 싶다.

기업이나 회사의 면접 평가자에 대한 시각은 스피치학원 강사와 다르다.

시중에 나와 있는 일부 면접 관련 서적에는 일반적인 대중연설과 면접의 발표 면접의 상황을 유사하게 서술하고 있는 책도 있는데, 사실 면접관은 근본적으로 다른 관점에서 지원자들을 평가한다는 점을 기억해야 한다. 말솜씨로 평가를 한다고 하면, 스피치학원에서 좋은 결과와 평가를 받은 사람이 채용면접 현장에서 최고 성적으로 합격해야 하는 것이 논리적으로 당연하겠지만 실은 대중 스피치와 채용면접은 다르다. 면접 평가자, 평가항목, 지원자의 요건 등에 따라 확연한 차이와 상이한 결과가 나타나는 것이다.

채용면접의 공포는 스피치학원에서 배우는 스피치 연습으로 극복되지 않는다.

바로 대중 공포보다는 기업 면접관의 공포에서 빨리 극복되는 것이 스피치학원에서 배우는 단순한 공포 극복 훈련과는 차이가 있다는 점이다. 비싼 스피치학원이나 이미지 메이킹 학원에서의 공포 숙달 학습은 단순한 언어 습관적 교정인 반면, 기업에서의 면접 공포는 직무와 책임 그리고 지원자가 가지고 있지 않은 업무 역량에서 드러난 실력 때문인 것이다.

스피치 학원에서의 학습이 사실 큰 도움이 안 된다는 점에서 "왜 잘 극복이 안 되지?" 하는 궁금증을 가질 수밖에 없지만 대중 앞에 서는 것이 아니라 면접관에게 느끼는 공포는 '면접관의 인재평가'라는 잣대 때문에 대중보다 더 겁먹기 마련인 것이다. 또는 업무 현장 공포라고 할 수 있다.

기업의 취업 면접관들이 주는 공포는 채용면접이라는 특수한 상황 가운데 더 특이하고 강하게 나타나는 관계로 취업을 해야 하는 자리에서는 더더욱 극복해야 하는 숙제일 수밖에 없다.

기업 채용 면접관이 제시한 면접문제는 그냥 만들어 지지 않는다.

단어 하나하나에서 오는 질문의 요지도 있을 수 있으나, 전체 문맥과 맥락을 통해 질문하는 의도를 지원자가 아닌 회사의 입장에서 바라볼 수 있어야 한다는 뜻이다. 어떤 사회문제에 대해 지원자의 발표 의견을 묻는 상황에서도 그 사회 문제가 지원한 기업과 그 산업군에 끼치는 영향에 초점을 맞추고, 면접관의 평가 추이가 어떤 방향으로 향하는지가 키워드인 것이다. 그런 배경을 이해하지 못하는 지원자는 이것을 단지 공포가 지배하는 분위기로 느끼고 떨게 되는 것이다. 면접관이 두려워 대인공포라고 부르고 면접 문제가 두려워 면접공포라고 부르게 되는 것이다.

면접 문제의 배경은 아주 간단하다. 지원자의 인성과 적성에 대한 것이 하나이고, 지원한 직무와 역량에 대한 것이 두 번째이며, 지원자가 다른 지원자에 비해 경쟁력으로 내세울 수 있는 것이 무엇인지가 마지막 세 번째이다. 이 세 가지가 단순하면서도 명확한 배경이다. 이 세 가지를 모르는 지원자가 공포를 느끼고 그 상황을 두려워하는 것이다.

공포를 이기기 위해서는 담력과 자신감이 아니라 전문성과 논리가 필요하다.

면접이 두려워서 일부러 말을 돌려 대답하는 '우회적인 답변 전략'은 면접관에게 설득력도 없고, 좋은 인상을 주기도 어렵다. 이런 식으로 면접관과 소통이 잘 되지 않으면, 일반적인 판단력이나 말솜씨만으로는 최종 합격을 기대하기 어렵고, 결국 탈락할 가능성이 높아지게 된다. 오히려 면접관이 답답해 하는 표정을 짓게 되고, 그 모습 때문에 지원자는 더 큰 면접 공포를 느끼게 되기 때문이다.

면접 공포는 면접관이 낯설게 느껴지거나, 질문이 익숙하지 않을 때 더 심해지기 마련이다. 이럴 때일수록 '공포를 즐거움으로', '거리감을 친숙함으로' 바꾸고자 하는 노력이 필요하다. 자, 면접이 두렵다면 오히려 지금이 기회다. 자신의 전문성과 강점을 바탕으로 솔직하고 자신 있게 답해 보라. 여러분이라면 충분히 잘 해낼 수 있다.

예를 들어, 해외영업팀에 지원한 지원자에게 이런 면접 문제가 나왔다고 해보자.

"내년에 환율 급등과 유가 불안, 원자재파동 사태가 예상될 때 우리 국제상사가 지금부터 취해야 할 준비는 무엇이 있을까요?"

효과적인 답변 : 문제 해결에 접근할 때, 경제 상황에 대한 이론이나 개념 같은 추상적인 이야기보다는 실제 경영자나 주주의 입장에서 어떤 문제를 해결해야 하는지에 중심을 두는 것이 중요하다.

예를 들어, 시장 상황, 제품 소비자, 경영 전략과 같은 현실적인 전문성에 초점을 맞추는 것이 더 효과적이다. 또한 지원자로서 조직의 구성원이 할 수 있는 역할-예를 들면, 원가절감 의식, 업무 프로세스 개선, 팀워크 강화, 고객중심 사고, 창의적인 문제 해결, 조직적인 사고 등-을 함께 언급하면, 더 실질적이고 설득력 있는 답변이 될 수 있다. 경제 안정, 국력 배양, 국가신인도, 주가 안정, 소비심리 통제 같은 추상적인 조치보다는, 구체적인 현장 중심의 대응이 훨씬 현실적인 답변이 된다.

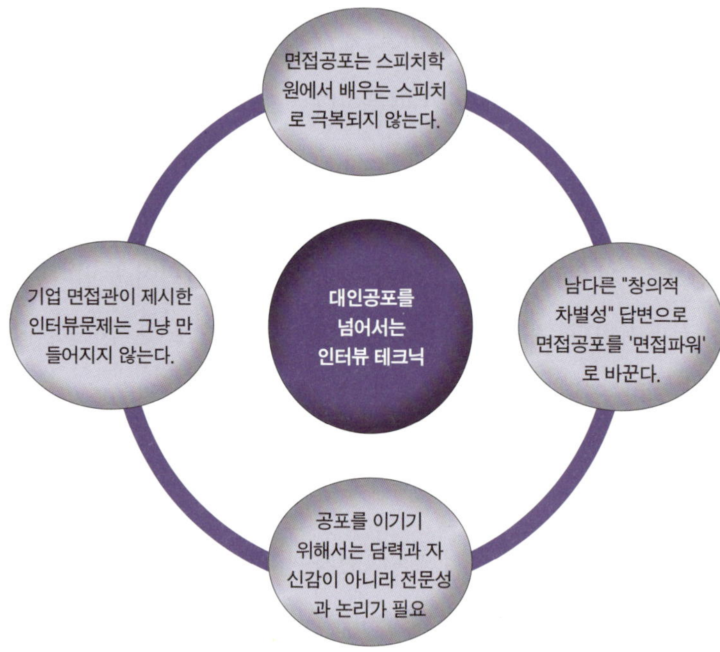

기억하면 좋을 대인공포를 넘어서는 인터뷰 테크닉 4가지

7. 100퍼센트 오해를 받게 될 면접 금기어

"면접 금기어를 기억하면 의외의 편안함 찾아온다. 실수를 미리 막았기 때문이다."

면접은 말만 잘한다고 합격할 수 있는 것이 아니다. 우리의 선배 또는 경험이 풍부하신 어른들께서 "면접, 뭐 있어? 말만 잘하면 합격이지!"라는 말로 면접의 중요성을 조금은 왜곡할 때도 있긴 하지만 실제로는 그렇지 않다. 요즘의 면접 스타일을 잘 분석하여 지원자 나름대로 말을 잘하는 것을 기본으로 하되, 거기에 전문적인 경험과 역량을 심는 면접을 준비해야 한다.

실제 신문 지상에서 나오는 '요즘 기업들의 취업현황'이라는 기사에서 '적극성, 책임감, 팀워크, 주인의식, 열정, 주도적 사고, 창의성'을 주로 평가한다는 한 구절에 고민하는 지원자들을 많이 보았다. 어떻게 미사여구를 자연스럽게 꾸며대며 어려운 면접 질문에 답할 것인지 면접 전략을 준비하면서 인터넷의 '취업 족보'를 찾아보거나 좋아 보이는 문장들을 찾아 외우는 현 세태가 채용 담당자의 입장에서는 걱정스럽기도 하다.

기업 현장에서는 실제 면접관들을 훈련시키고 교육시키는 과정에서 '거짓말 탐지기' 또는 '외우고 베낀 답변 내용을 골라내기'와 같은 내용으로 진위판별 기법 교육에 반나절 정도의 이론과 실습 시간을 갖고, 그래서 이렇게 외운 내용을 앵무새처럼 반복하다가 거짓말 탐지기를 발동하는 면접관들에게 드러나는 경우도 많다.

- 저는 다른 회사에는 지원하지 않고 '오로지' 이 회사만 지원할 것입니다.
- 만약 떨어지더라도 이 회사를 '기필코' 다시금 지원할 것입니다.
- 저는 '절대' 거짓말은 못합니다.
- '저는 이런 것을 저의 종교적인 신념 앞에 '맹세'합니다.

강하게 어필하는 모습일지는 모르나 면접관은 이런 지원자를 평가하는 데 부담감을 느끼게 된다. 거짓말과 종교적 신념과 이런 개인적인 성향들은 '채용'이라는 절차에서는 오히려 오해와 잘못된 편견을 낳게 되는 경우가 많기 때문이다. 괜히 오해를 불러 일으켜 자신뿐만 아니라 면접관들도 불쾌한 평가를 내리게 되는 우를 범하지 말자. 다짐과 생각보다는 경험과 실적, 결과를 가지고 면접관의 가슴을 적시도록 하자.

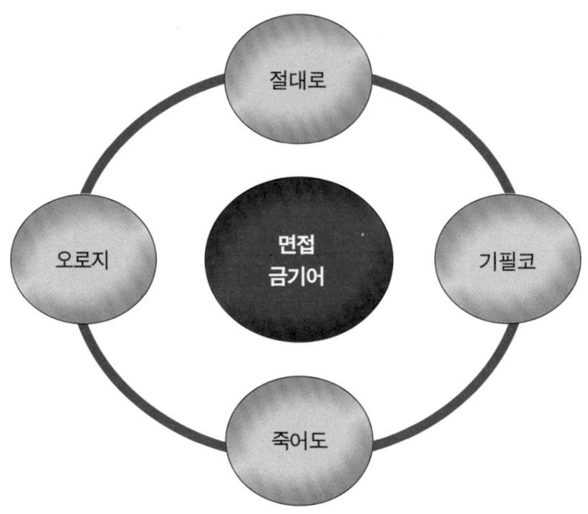

면접에 쓰지 말아야 할 금기어

8. 조심해야 할 면접 표현

"면접 장소는 지원자의 직장생활의 성공을 결정짓는 중요한 모멘텀이 되는 공간이다."

　면접관은 일반 대학에서나 자유로운 모임에서의 편안하고 부담 없는 분위기로서 나타나는 커뮤니케이션 특성이 면접에서 나타나는 것에 대해 조심해야 할 부문 중의 하나로 본다. 즉 실력 발휘를 위해서는 사용하지 말아야 할 유의사항이 적용된다는 것이다. 만약 그런 자유방임적인 의사소통의 기법들이 사용되던 학교나 학창시절의 언어습관과 태도를 조심하지 않으면 바로 결격사유를 가진 지원자의 한 사람으로 낙인이 찍히고, 기업에는 적합하지 않은 지원자로 불합격 될 수 있는 상황이 도래하게 되기도 한다.

　특별히 대인관계에 대한 질문이 나올 때 답변하는 과정에서 사람들에 대한 표현 방식이 무시하거나 비난하거나 하는 태도는 절대 금물이다. 즉 어쨌든 ‘존경하는 마음의 표현’이 필요하다는 것이다. 특히 면접 질문으로 사용되는 압박 질문의 유형 중에서 “지원자가 같이 일하기 어려운 상대나 다루기 곤란했던 친구들과의 경험을 소개해 볼 수 있나요?”라는 질문을 받게 되는 경우가 있다. 의도적인 대인관계의 불편함을 나타내 보라는 뜻으로, 편안한 마음 상태와 부드러운 표현이 잘 안 나오기 마련이다.

　실은 이 질문의 본질은 ‘면접 3대 산맥’ 중 ‘조직 부합성’에 대한 질문으로서, 조직문화와 조직 내 인간관계에 대해 어떤 경험을 이해하고 있는지를 답변 초반 몇 마디에 금방 알 수 있는 질문이기도 해서 면접관들이 애용하는 ‘불합격 꼬투리 질문’으로 사용되기도 한다.

　여기서 면접 때 조심해야 할 표현들 두세 가지를 소개하고자 한다. 그래서 면접 장소는 첫 직장생활 중의 커뮤니케이션 성공과 실패를 어느 정도 가름할 수 있는 것으로 활용된다.

첫째, 용모, 태도, 말하는 습관, 대하는 스타일, 의사소통의 방식에 대해서는 부정적인 표현을 쓰지 않도록 하자.

불합격 답변 : "제가 인턴을 할 때 제 선배 사원 한 분이 처음 일주일 동안은 잘 대해 주시더니, 그 다음 주부터는 돌봐 주지도 않고, 무시하고, 개인적인 심부름도 시키고 주말에도 나와서 자기 일을 대신 하라고 해서 힘들었습니다. 생각하기도 싫은 상황이었던 것 같습니다."

합격 답변 : "제가 인턴을 할 때 저에게 선배님이 코치로 배정이 되었습니다. 굉장히 인상적이었습니다. 처음 일주일 동안은 전체적인 업무에 대해 잘 지도해 주시더니, 그 다음 주부터는 직장생활 본연의 모습에 충실하도록 친히 지도해 주셨습니다.

저의 일에 대해 일일이 간섭하지 않고 독립적으로 일도 맡겨 주시고, 업무적인 냉정함도 유지하시면서, 여러 업무 상황도 보여 주시고, 중요한 프로젝트에 저의 주말 근무태도의 결과도 검토해 주시고 해서 저에게는 진짜 조직의 참맛을 경험하게 해 주신 분이었습니다."

둘째, 상황에 대한 불평불만, 부정적인 표현은 면접장에서 절대 금해야 하는 표현들이다.

불합격 답변 : "잘 모르겠습니다. 그건 안 해 봐서 잘 이해가 안 되었습

니다. 아주 힘들어 고생했습니다. 다시는 그 회사 근처에도 안 갈 생각입니다."

합격 답변 : "저의 경험 부족으로 인해 면접관님의 질문에 효과적으로 답변드릴 수 없을 것 같긴 합니다만 아는 부분까지 말씀드리자면 "시도해 보긴 하였고, 저의 다양한 동아리 조직 활동을 통틀어 이해할 수 있는 범위였습니다. 힘든 만큼 배움의 양도 엄청 큰 경험이었습니다. 그 회사의 경험은 돈을 주고도 못 살 겁니다. 귀중한 경험이었습니다. 저의 성공의 토대가 분명히 될 것 같습니다."

셋째, 좌절과 후회 그리고 원망의 표현들은 피해야 한다. 인간적인 측면에 있어서 긍정적인 측면이 부정적인 측면보다 많다는 것은 승리를 담보하는 열쇠이다.

불합격 답변 : "그때 그 동아리는 괜히 가입해서 후회가 많이 됩니다. 그런 조직 생활은 안 하느니만 못 한 느낌입니다. 다시는 그런 조직원과 안 만나는 것이 제 소원입니다."

합격 답변 : "여러 조직의 문화를 경험하는 것이 저의 남다른 장점이라 생각됩니다. 힘든 일, 모진 일이 저의 문제해결의 풍년작豐年作을 위한 좋은 모판입니다. 이 회사에서 빠른 적응에 도움이 될 것 같습니다. 그 동료는 여러모로 조직생활을 힘들게 했지만 갈등관리 같은 것도 배울 수 있는 저의 성장 기간이었다고 할 수 있었습니다."

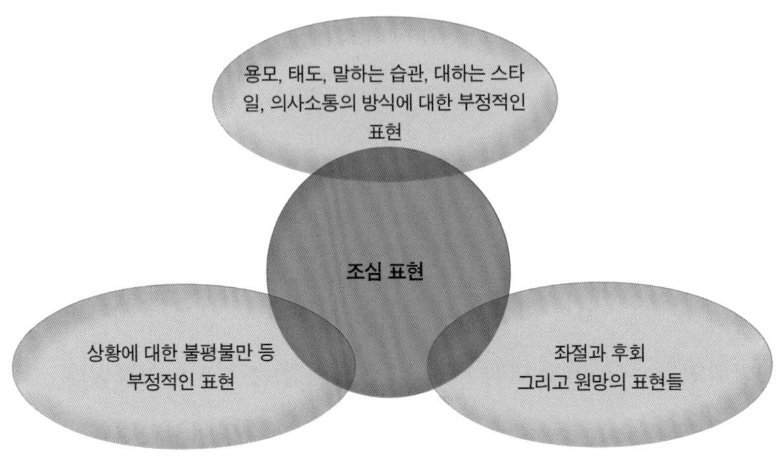

무의식 중에 튀어 나오는 조심해야 할 표현 3가지

❖ 내가 면접관이라면 불합격시키고 싶은 언어 표현은 어떤 것들이 있을까?

----

9. 질문하기조차 싫은 지원자

"면접관이 빨리 끝내고 싶은 지원자 유형이 있다면 바로 이런 지원자!"

대인관계에서는 꼴불견스러운 모습이 꼭 포함되기 마련이다. 그 꼴불견을 꼴불견이라 말하지 않고 '우리 회사에 적절하지 않은 면접 지원자 유형'이라고 점잖게 표현한다. 많은 면접관들은 이런 지원자들에게는 질문조차 하기 싫다고 말한다. 즉 기본적인 면접 태도에 부응하지 않을 뿐만 아니라 입사를 한다고 하더라도 "저 신입사원은 누가 면접했지?"라는 말을 듣게 되는 경우도 있기 때문에 면접위원들은 꼴불견 지원자의 요인을 가진 지원자들을 세밀히 관찰하여 골라내기 마련이다.

언어적 표현에 있어 다듬어지지 않은 자아가 강한 지원자들이 꼴불견 일 순위

표현이 거친 것은 두 말할 나위 없이 어떤 상황을 설명할 때 개인 중심적이고 감정적인 경우는 질문도 하지 않고 넘어가고 싶은 마음을 느끼게 된다. 대학생 신분의 느낌과 정서가 채 벗어나지 않는 모습은 어쩔 수 없다 할지라도, 과연 입사 후 독립된 개인으로서 의사결정과 문제해결을 해나갈 수 있을까 하는 우려를 자아내는 말투는 조심해야 할 첫 관문인 셈이다.

자신의 가족들과 친한 친구들에게 자신의 언어생활과 발표하는 수준에 대한 평가를 경청해 볼 필요가 있다. 말투, 표현, 어휘, 절제, 배려, 설명, 설득, 충고 등의 여러 기법들을 종합하다 보면 지원자 개개인이 지조 있는 언어적 성숙도와 정서적 완숙미가 상호 연관되어 있음을 알 수 있다.

주위 환경에 대한 변화 관리 태도가 유치하거나 자아 중심적인 지원자

말을 가로채거나 성격이 급해 면접관의 질문 도중에 답변하거나, 너무 성급하여 말이 너무 빠르고 스스로 답답해 하는 경우이거나, 변화된 직장 환경 가운데 잘 적응하지 할 것 같은 지원자들의 모습은 꼴불견으로서의 자질을 충분히 가지고 있다고 할 수 있다. 한 걸음 더 나가면 '안쓰럽기까지 하다'고 표현된다. 학창생활 때 향유하던 자유분방함이 개개인의 변화관리의 자질에 맞춰 조절되고 통제되는 모습은 우선 '타인에 대한 존중과 선한 영향력'으로 강하게 표출될 수 있는 토대를 마련해 준다. 혹시 일기를 쓰고 있다면 가끔 들추어 보기 바란다.

2년 전의 지원자의 삶을 대하는 태도와 1년 전, 그리고 지난주의 지원자의 삶의 변화된 모습을 볼 때, 면접관과 인사부장의 관점에서 합격자로서 '필요충분조건'의 자질을 가지고 있는지 스스로 판단할 수 있어야한다.

성과와 결과에 대한 무책임한 방종이 면접관을 슬프게 하는 꼴불견 지원자

기업과 조직은 구체적으로 만져질 수 있는 결과를 원한다. 시장에서 점유율이 늘어나고 이윤이 증가하고 공익성이 보장되며, 여러 사람들의 편의행정이 구현되는 등의 실질적이고 긍정적인 변화들이 지금 면접을 보고 있는 이 지원자가 입사를 함으로써 일어나야 하는 변화들이어야한다는 기대를 들어야 한다.

그렇지 않다면 채용하지 않을 것이기 때문이다. 그런데 그러한 결과에 대한 무지와 불식이 있는 지원자에게는 면접 과정에서 오로지 합격, 취직, 첫 직장, 백수 탈출의 논리로 무장되어 있기 때문에 기업이 무엇을 원하는지에 대한 성찰과 깊이 있는 자신과의 대화가 없는 '깡통계좌'의 모습을 연상케 한다. 그래서 면접관들은 실질적인 성공 사례를 원하고,

외우거나 베끼지 않은 신뢰감이 충분한 자기소개와 입사동기를 원하는 것이다.

자! 과연 나는 지원자의 언어적 태도와 변화 관리에 대한 성숙된 삶의 자세와 성과 중심의 실질적인 지원요건을 가지고 있는지를 TV와 오디오를 끄고 하루 정도 충분한 시간을 내어 조용히 묵상하고 정리해 보자. 면접을 위해 달라진 모습이 보이기 시작할 것이다.

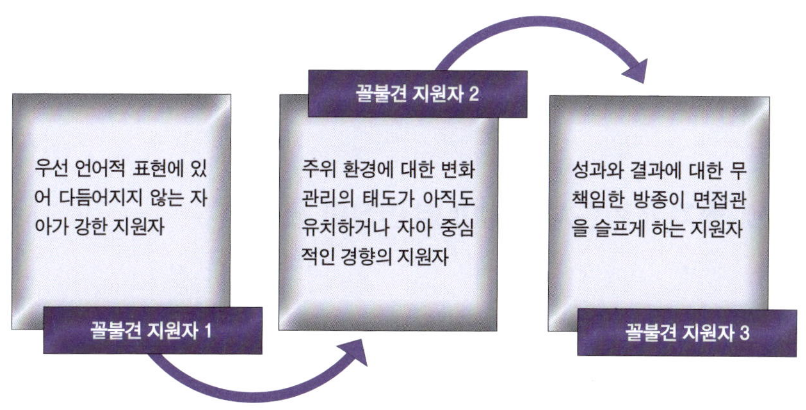

면접관이 만나고 싶지 않은 꼴불견 지원자 베스트 3

합격의 DNA를
파악하라

1. 지원자가 반드시 넘어야 할 면접의 세 산맥

"반드시 준비해야 할 면접 필수품 세 가지"

면접에서 앞을 가로막는 '3대 산맥 넘기' 프로젝트는 동네 편의점에서 근무할 파트타임 아르바이트 직원을 선발할 때에도 활용할 수 있고, 대학교 교과목의 프로젝트를 수행하는 데 참여할 팀원을 찾는 데도 적용할 수 있는 기법이다. 그렇기 때문에 그 유용성과 범용성을 조금만 이해한다면 면접 현장이 그리 부담스럽지 않을 것이다.

취업 지원자들의 관점에서 벗어나 인사부장이나 채용관리자의 관점에서 보면 어떤 지원자가 눈길을 끌고 실제 사례를 잘 활용하면서 경험을 말하고 업무 효율성을 높여가면서 좋은 성과를 낼 것인지 보이게 된다. 그것이 바로 면접 때 넘어야 할 3개의 산맥을 잘 넘고 있는 우수한 지원자의 모습인 것이다.

첫 번째 산맥은 인성과 적성, 즉 '사람됨의 산맥'이다.

면접관으로서 지원자를 보는 시각 이전에 사람 대 사람으로의 관점에서 보는 인성과 적성의 산맥이다. 다양한 언어로 표현될 수 있다. 이 산맥을 잘 넘으면, 즉 인성과 적성에 관한 면접관의 질문에 효과적으로 정직히 잘 응답하면 성과가 탁월할 것이라는 가정치(predictor)와 기준치(criterion)의 연관성을 가진다고 전문가들은 말한다. 즉 지원자의 진실됨(가정치)이 뛰어날수록 업무를 잘할 것(기준치)이라는 판단이다.

사람됨의 산맥에서 기업 면접관들이 가장 많이 검토하고 중요하게 여기는 것들만 모아 정리해 보면 다음과 같은 단어들이 나온다.

진실, 성실, 책임감, 도덕성, 신뢰성, 건강, 계획 능력, 신념, 공동체 의식, 근면성, 긍정성, 끈기, 대인관계력, 독자성, 리더십, 목표의식, 몰입 능력, 문제 해결력, 사교력, 사명감, 사회성, 설득력, 섭외력, 성실성, 성장환경, 성취력, 솔직성, 스트레스 유무, 신뢰성, 심리적 안정성, 양보심, 업무 욕구, 업무 적응성, 육체적 이해, 인내력, 자신감, 주성, 적극성, 정서안정성, 정신적, 준법성, 지구력, 지도력, 집중력, 창의성, 책임감, 추진력, 친화력, 패기, 포용력, 협동성, 협상력, 환경 적응성, 희생정신 등.

이 중에 5개~10개 정도 눈에 확 들어오면 그것이 인성과 적성의 산맥을 잘 넘을 수 있는 품질 좋은 등산화가 되는 셈이다.

둘째, 업무에 필요한 직무 전문성의 산맥이다.

"회사나 조직의 업무를 실제 수행하는 데 필요한 지식과 기술, 태도와 같은 것들을 가지고 있는가?"라는 면접관의 질문에서 넘어야 할 산맥이다.

맡겨진 직무를 수행하기 위해 되돌아 갈 수 없는, 정말 꼭 넘어야 할 산맥이다. 예전 같으면 인·적성의 산맥만 넘으면 목적지에 도달하기에 어려움이 없었지만, 요즈음의 취업 시장은 인·적성보다는 직무에 대한 전문성과 남다른 수행 능력을 더욱 필요로 하는 상황이 되었다.

이 산맥도 보통의 장비로는 넘기 어렵다. 지원하고자 하는 회사와 담당하고자 하는 직무의 성격과 특성, 업무의 결과 같은 것들을 꿰뚫고 있어야 한다. 그리고 그 업무를 통해 회사에 어떤 결실을 가져올 수 있는지를 업무적인 지식과 기술 그리고 필요한 태도로서 증명해야 한다.

이 직무 전문성 산맥은 'KSA(Knowledge, Skill, Attitude)'라는 차원에서의 3요소를 삼위일체로 보아 3개를 별개의 사안으로 질문하는 경우도 있고, 역량과 묶어 질문하는 경우도 있다. 역량으로 묶어 질문할 때를 가리켜 '역량 면접(competency base interview)'이라 부르고, 개별적으로 질문할 경우를 '심층면접(funneling interview)'이라 부른다.

세 번째 산맥은 조직 부합성이다.

조직 특유의 문화와 조직 구성원들과 협력적으로 잘 지내는 것이 바로 '조직 부합성'이라는 산맥을 넘는 기본자세라 할 수 있다. 공부하는 학생 신분이 아닌 조직인 또는 기업인으로서 조직 부합성이라는 산맥을 넘는 것은 그리 만만한 여행이 아니다. 그렇지만 직장인으로서의 삶이 시작되는 것은 바로 문화에 대한 동화(assimilation)와 참여의 모습인 것이다.

조직 부합성이 최근 들어 많이 강조되는 이유는 입사한 후 중도에 그만 두는 비율에 있어서 약 30퍼센트가 조직에 대해 잘 적응하지 못하고 조직 부합성의 산맥을 잘 넘지 못하기 때문이다. 이에 대해 너무도 잘 알고 있는 면접관들은 채용면접이 시작되는 시점부터 일종의 퇴직 우려를 가지고 조직에 부합되는 지원자인지 조목조목 따져 평가해 보는 것이다.

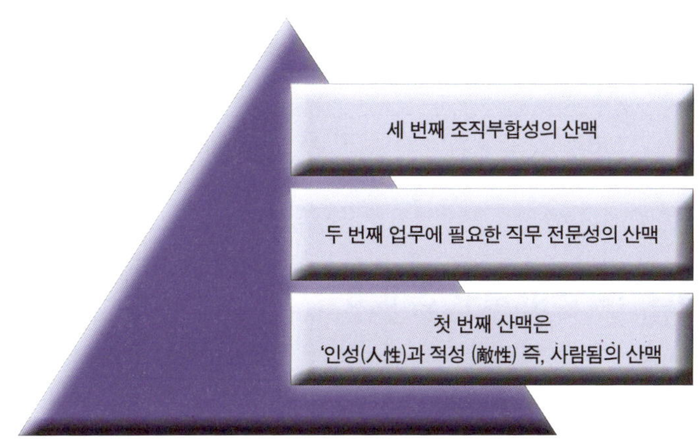

지원자가 반드시 넘어야 할 면접 3대 산맥

친구가 면접을 치를 준비가 되었는지를 알고 싶다면 3대 산맥에 대해 알고 있는지를 물어 보면 된다. 만약 제대로 알고 있다면 합격의 가능성이 80퍼센트 이상의 위치에 오른 지원자라 할 수 있다.

만약 모른다면 처음부터 다시 시작해야 할 수도 있다. 왜냐하면 면접관의 면접 문제 출제 의도에 대해 전혀 모른 채, 넘어야 할 산맥의 지도도 모른 채 헤매게 될 것이기 때문이다.

'사람됨'을 판별하는 '인·적성 산맥', 업무 지식·기술·태도의 '업무 전문성 산맥', 그리고 조직에 부합한 지원자인지를 보는 '조직 부합성의 산맥'을 어떻게 넘을 것인지가 '합격 면접'보다 더 중요한 '핵심 인재 면접'으로의 멋진 출발을 약속하는 보물지도인 셈이다.

❖ **면접관의 입장에서 나에게 필요한 면접 필수품 3가지를 모두 가지고 있는가?**

----

2. 취업면접 준비 점수 '3, 6, 9'

"대학에서 열리는 채용설명회나 취업설명회에서 만나는 다양한 지원자들의 유형 3, 6, 9 모델."

필자는 대학신문에 채용설명회 행사 공고가 나간 시점부터 그 행사를 마음에 두고 참가한 학생, 잠시 빈 강의시간을 이용해 방문한 학생들, 친한 친구의 부탁에 마지못해 참여한 것 같은 느낌의 불편해 하는 학생, 그리고 취업 실패의 뼈저림과 고배를 다시는 마시지 않으리라 다짐하며 참가한 학생들 등 이런 저런 유형의 학생들을 통해 취업준비 상황에 대한 단편을 엿볼 수 있었다. 구직 현장에 있어 취업설명회나 채용박람회 같은 행사는 그런 뜻에서 인사부장으로서 귀중한 시간임에 틀림없다.

취업을 준비하는 학생들을 바라보면서, 그리고 취업설명회에 참석하는 지원자들을 만나 보면서 몇 가지 특색을 발견하게 된다. 그것은 바로 취업설명회 참여도와 열의, 관심도로 이어지고 몇 단계로 계층화 되는 그 특색이 바로 취업이 되느냐 안 되느냐를 결정하는 중요한 모티브가 될 수 있음을 알게 된다는 것이다. 그래서 4가지 등급으로 '준비성(readiness)과 참여성(participation) 그리고 열의(eagerness)'를 구분 짓게 되고 그 구분이 실제 취업 결과와 일정한 상관관계가 있음을 발견하게 된다. 참 이상하고 신기한 일이 아닐 수 없다.

쉽게 구분하기 위해 "영문이력서(또는 자기소개서나 지원동기 서류 등)를 가지고 왔는지?"를 물어 보면 금방 알 수 있다. 그 점수를 취업 확률로 비교하여 나누자면 4가지로 나눌 수 있다.

30점에 해당되는 참가자

30점에 해당되는 지원자는 대체로 준비가 없이 들어온 참가자들이다. 대표적으로 개인의 이력서나 지원서 특히, 요즘 같은 때는 외국어로 된 영문이력서나 지원 에세이 같은 것에 대한 준비도 지참할 필요를 못 느끼는 사람들이다. 진행되는 채용설명회의 한두 시간이 의미 없고, 또 의미를 찾고 싶어도 무슨 말인지 이해할 수 없다는 표정들인 경우가 많다.

60점에 해당되는 참가자

60점에 해당되는 참가자들은 국·영문이력서나 개인적으로 필요한 지원서를 가지고 온 경우이다. 특히 영문이력서를 가지고 온 경우이다. 귀한 인재로서의 싹이 보인다고 할 수 있다.

그런데 그 참가자는 사실 채용설명회의 본질을 모르고 참가한 경우가 많다. 그래서 손을 들어 보라고 하면 "뭐 굳이 손을 들어 표시해야 돼?"라고 스스로 자문하여 설명회 강사를 흘겨보는 경우를 본다. 대개 귀차니스트들이 많고, 시키면 억지로 하는 경우의 '피동형 참가자'들이다. 이런 분들은 취업 확률이 60퍼센트라고 말하면 깜짝 놀라고 당황해 하는 경우가 많다.

대개 이런 부류의 지원자들은 꿈은 많으나 실현이 잘 안 되는 경우라고 할 수 있다.

90점에 해당되는 참가자

90점에 해당되는 참가자는 지원서나 영문이력서를 잘 지참한 사람들로 손을 들어보라고 하면 마지못해 들고, 답변도 주저하는 마음은 있지만 대충은 응답하는 경우이다. 90퍼센트에 가깝게 합격률이 예상되는 참가자들이다. 그런데 문제는 적극적인 태도에 못 미치는 주도적인 태도가 없는 경우이다. 지원자가 적은 회사의 채용 상황에는 좋은 합격의 결과를 가져오지만 요즘처럼 10퍼센트에 해당되는 지원자가 많은 경우는 고학력 실업자의 경우로 남는 경우가 많다는 것이 서글픈 현실이 되고 있다.

100점에 해당되는 참가자

100점에 해당되는 참가자는 여러모로 다르다. 대개는 앉는 좌석에서부터 다르다. 채용설명회장의 좌석에서 중간 이하 특히, 양쪽 사이드의 숨은 좌석에 절대 숨어 앉지 않는다. 참여한 강사의 시선의 대부분을 가져가려고 하며, 발표 내용을 잘 습득하고 이해하고자 중심에 앉는다. 그리고 "이력서나 지원서를 지참했느냐?"는 강사의 질문에 강하게 어필하는 태도로 손을 들고, 강의 내내 집중하며 듣는다. 강의 후에도 강의장에서 그냥 빠져나가지 않고 5분이라도 시간을 내어 참가한 강사나 강사와 동반한 동료 직원들에게 본인이 지참한 이력서나 지원서를 간단히 보여주면서 수정할 필요가 있는지 조언을 듣는 등 다양한 인터액션 interaction을 가지려고 한다.

이런 상황에서 취업을 하게 되는 경우가 많고, 외적인 인상이나 이미지가 주는 인사관리의 신비로움 때문에 나중에 입사지원자로 면접장에 들어설 때 남다른 낯익음과 편안함으로 인한 점수를 획득할 수 있다는 것이다. 이처럼 30에서 100에 이르는 4단계로 요약되는 등급에서 냉정한 정신과 마음가짐으로 스스로의 취업 열의의 온도를 재어볼 필요가 있다. 여러분은 어느 정도인가?

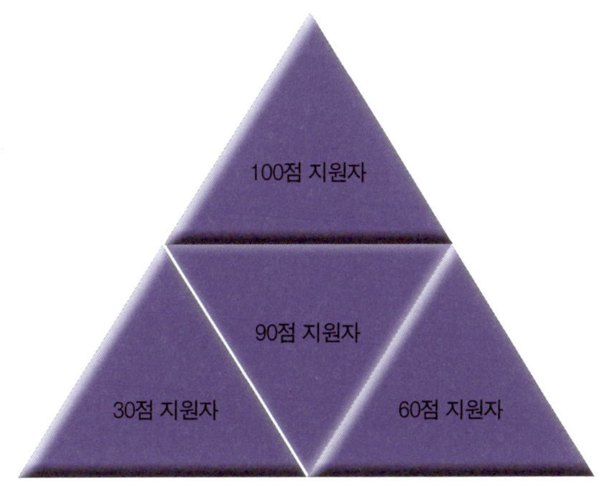

면접관이 보는 지원자의 수준 4가지

❖ 면접관의 입장에서 나의 면접 준비 수준은 몇 점으로 평가될지를 스스로 평
가해 본다면?

----

3. 면접문항 키워드 '핵심 역량'

"핵심 역량(core Competency)을 모르고 면접에 들어가면 어떻게 될까?"

기업에서 면접이 진행되기에 앞서 실시하는 채용담당자 교육 과정에서 수 없이 언급되고 강조되는 개념이 바로 '핵심 역량'이다. 영어로는 'Core Competency'라 불리며, 기업마다 고유의 성장 토대가 되고 있는 차별적인 능력을 가리킨다.

1980년대 중반부터 대학을 비롯한 학계와 언론계, 그리고 경영학을 연구하는 학자들 사이에서 채용선발의 차별적인 요건으로 많이 인식되며, 요즈음의 면접 추세가 바로 핵심 역량을 화두로 역량 기반 면접(competency based interview)이 진행되고 있다.

여기서 이 핵심 역량이 중요한 이유는 우수인재 채용을 원하는 채용담당자들이나 입사를 희망하는 지원자들 사이에 일종의 의사소통의 공감대를 이룰 수 있는 중요한 가교 역할을 하기 때문이다. 그래서 면접에

참가하는 지원자들은 면접관의 질문 중 하나 정도는 이런 문제의 유형을 받을 수 있고, 또 이런 개념을 알고 답변을 하는 것이 훨씬 효과적인 의사소통을 할 수 있다는 것을 알아둘 필요가 있다. 쉽게 말해서, 핵심 역량에 대한 질문을 받는다면 이는 곧 "당신의 중요한 장점이 무엇이고, 그 장점을 통해 우리 회사에 어떻게 기여할 수 있습니까?"라는 질문으로 이해하면 된다.

표현은 다르지만 핵심 역량을 묻는 질문

- 당신의 장점은 무엇입니까?
- 당신의 차별화된 자질은 무엇입니까?
- 당신에게서만 발견할 수 있는 입사동기는 무엇인가요?
- 당신의 장단점 분석이 되어 있다고 보시나요?
- 당신의 핵심 역량이 무엇입니까?
- 당신이 합격한다면 무엇 때문일 것 같습니까?

위의 질문 모두가 다 핵심 역량에 대한 질문이다. 이 질문에 지원자의 장점으로 초, 중, 고 12년 동안 지각, 조퇴, 결석 한 번 하지 않은 개근상을 받았다고 답변하면 불합격 답변이다. 개근한 사실은 입사지원자의 반 이상이 가지고 있는 것이 사실이고 역량 측면에서 특별한 차별적 변별력(distinctive competitiveness)이 없기 때문이다.

여기서 참고로 우리나라 기업들에 대한 핵심 역량을 조사한 결과가 참고할 만하다고 본다.

1980년대 초반의 핵심 역량 답변

1980년 초반부터 여러 연구기관에서 실시한 '우수 인재의 핵심 역량'을 조사한 결과를 보면 10여 년이 지난 지금의 중견사원들이 지니고 있는 현재의 위치를 어느 정도 짐작할 수 있다. 사실 그 조사 결과가 어떤 것인지 관심 있는 사람은 그리 많지 않다. 그렇지만 십여 년 전의 국제 정세와 경제 상황의 변화의 양상을 생각해 본다면 짐작이 가능할 수도 있다.

그것은 다름 아닌 국제사회의 다변화로 인해 생긴 '글로벌화', '글로벌 인재', '국제적 경영감각', '탁월한 어학 실력' 등이 핵심 역량의 대세를 이루었고, 회사마다 외국어시험과 외국어 면접과 외국어능력 평가가 대세를 이루었다. 외국어만 잘하면 적성검사든 면접이든 그 결과의 가부를 묻지 않고 채용이 이루어지던 때였다. 그래서 지금의 기업의 국제화 양상이 그때 뿌려진 핵심 인재의 씨앗의 열매라 할 수 있는 것이다.

2020년대, 요즈음의 핵심 역량 답변

그렇다면 지원자 입장에서 1점이라도 더 얻기 위해 대세를 놓치지 않고 파악해야 할 지금의 핵심 역량은 무엇일까? 요즘의 핵심 역량은 다소 막연해진 경향이 있긴 하지만 10여 년 전의 흐름과는 다른 양상으로 도전정신과 성취 의식, 적극성과 창의성, 변화 관리와 위기 극복 같은 항목들이 모든 기업의 인재상과 핵심 가치에 올라와 있다. 대부분 기업의 핵심 역량 평가 1위로 자리 잡고 있고, 이를 분별해 내기 위한 다양한 채용 기법들이 '역량 중심의 질문 기법'이라는 이름으로 채용담당자들을 훈련시키고 있는 상황이다.

이런 핵심 역량을 분석해 보면 지원한 기업이 중요하게 여기는 기업 측면의 역량도 있고, 각 직무가 원하는 직무 역량도 있다. 또 각 개인별 특성을 살려 개인별 역량도 있어서 이런 기업, 직무, 개인의 영역에서의 역량을 잘 이해하고 면접 때 한두 마디만 써먹어도 훌륭한 면접 합격의 요소가 될 수 있다. NSC(National Standard Competecmy)라고 불리는 국가표준 역량이 여기서 도출되었고 개인과 직무, 기업 측면의 역량을 총 망라하여 한 국가의 총체적인 측면을 다루고자 한다는 개념에서 확대된 것임을 면접 때 인식하면 역량 면접이 멀리 느껴지지는 않을 것이다.

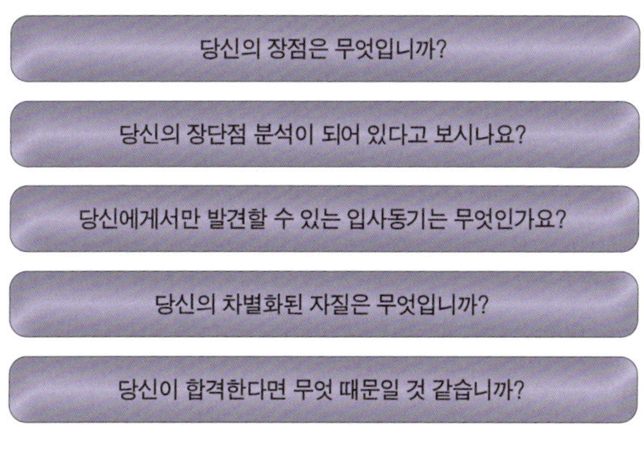

자주 나오는 핵심역량 질문들

❖ **내가 제일 두려워하는 역량에 대한 질문에 있다면 무엇일까?**

----

4. 신입사원 미래모습 '셋둘셋둘'

신입사원 10명을 뽑는데, 정작 필요한 수는 3명이라면 나머지 7은?

신입사원 '3·2·3·2' 또는 '셋둘셋둘' 이론은 인사담당자뿐만 아니라 대학에서 취업지원업무를 담당하고 있는 책임자들에게 새롭게 채용된 직원들의 경력개발 과정에 있어 다소 심각한 문제점으로 인식되고 있는 현안 중의 현안이다. 즉 입사한 열 명의 신입 직원에 대한 미래 모습을 통해 우리 인재의 현실을 보게 된다는 것이다.

신입사원 10명을 채용했다고 한다면, 처음 세 명은?

3명은 1년 내에 회사를 그만둔다. 한 명은 인성과 적성에 문제가 생겨 퇴직을 하고, 다른 한 명은 직무나 업무능력이 떨어지기 때문에 그만두고, 나머지 한 명은 조직과 부합해야 하는 조직 적합성이 맞지 않아서 퇴사를 결심하고 회사를 떠나게 된다. 회사로서도 개인으로도 모두 손해가 되는 셈이다.

그 다음 두 명은?

남은 일곱 명의 신입사원 중에서 그 다음 두 명은 앞서 말한 세 명과 같이 처음 1년 안에 퇴사하지는 않지만 조직 내에서 약간의 개인적인 문제를 보이면서 고민을 하게 된다. 즉 회사의 새로운 업무와 환경에 잘 적응을 못하면서 학업이나 자기계발을 더하기 위해 유학이나 대학원 또는 상급 교육 과정과 같은 또 다른 경력을 찾아 떠난다는 것이다. 그렇게나 어려운 면접의 문을 통과하고도 그만두는 이유가 개인의 교육적 필요에 충족하지 못하는 직장 환경으로, 이는 직접적으로 개인의 선택의 문제이기도 하고 또 기업에서 이들을 제대로 환영하고 육성, 교육하지 못한 이유도 있을 것이다. 즉 10명의 신입사원 중 다섯 명이 1년 또는 2년 내에 퇴사하는 안타까운 현상이 발생하고 있다는 것은 참으로 슬픈 일임에 틀림없다.

남은 5명 중에서 3명과 나머지 2명은?

그럼 이제 남아 있는 5명에 대해서도 기업은 잘 관리하고 안정되게 근무를 잘 할 것으로 생각되지만 실은 여기에 또 다른 중요한 부분이 있어 우려의 빛을 감추지 못한다. 왜냐하면 5명 모두가 회사에서 흔히 말하는 '꼭 필요한 사람'이 아니라는 점이 슬슬 나타나기 때문이다. 그것은 남은 5명 중 3명은 열심히 일만 하는 '보통 사원 또는 평범한 사원'이 되어가는 것이다. 그리고 진짜 회사를 위해 열심히, 그리고 '잘' 할 수 있는 직원이 마지막으로 최종 2명 정도로 압축이 된다. 그래서 2명이 남아 처음 입사한 10명의 몫을 하게 되는 셈이라고 할 수 있다.

파레토 법칙, 즉 조직에서 20퍼센트가 80퍼센트를 먹여 살린다는 말이 입증이 되는 셈이다.

일을 잘하고 못하고의 큰 차이는 아주 간단하다. 열심히 일하는 사람들의 머릿속에는 '마당쇠 정신'이 꽉 들어차 있어서 이들은 규정과 직무 기술서와 상사의 지시에 의해서 움직이는 사람들이 되어버린 것이다.

사실 가장 중요한 것은 정작 필요한 'work smart'가 없는 데 문제가 있고, 이것이 바로 work smart, 즉 현명하고 야무지게 일하는 '주인정신'이 있는 직원들이라고 할 수 있다는 것이다.

이렇게 일을 잘하는 직원과 못하는 직원의 차이는 '열심히만 하는 직원'과 '열심히도 하지만 잘하는 직원'의 차이이다. 한 걸음 더 나아가서는 잘하는 직원도 'Well-done'의 1차 수준과 'Good-job'의 2차 수준, 그리고 'Excellent'의 3차 수준으로 3단계로 나뉘는 추세에 있다.

일을 잘하는 최고의 수준은 탁월한 업무능력을 발휘하는 것이다. 일을 못하는 최저의 수준은 위의 3가지의 이직 여건(인 · 적성, 직무, 조직)에 부합하여 일 년 내에 그만두는 30퍼센트의 조기 탈락자 유형이 있음을 기억해야 한다. 이것으로 봐서 입사하는 시점에서 과연 지원자 스스로가 업무를 부여받고 일하는 것보다 더 중요한 것이 있다는 것을 안다면 합격이 문제가 아닐 것이다.

면접에서 고득점을 획득하는 신입사원은 최고의 탁월한 결과를 맺고 있음을 알아야 한다. 입사지원자들은 과연 대학교에서 4년간, 또는 대학원을 포함하여 6년 이상 동안 공부할 때, 졸업 후 어떤 진로를 선택할지를 생각해 볼 것이다. 과연 3, 2, 3, 2 중에서 어디에 내가 설 것인지를 스스로 자문해 볼 수 있다는 점을 면접을 진행하는 과정에서 견주어 가면서 답변을 한다면 답변의 품질과 우수성이 남다를 것이다.

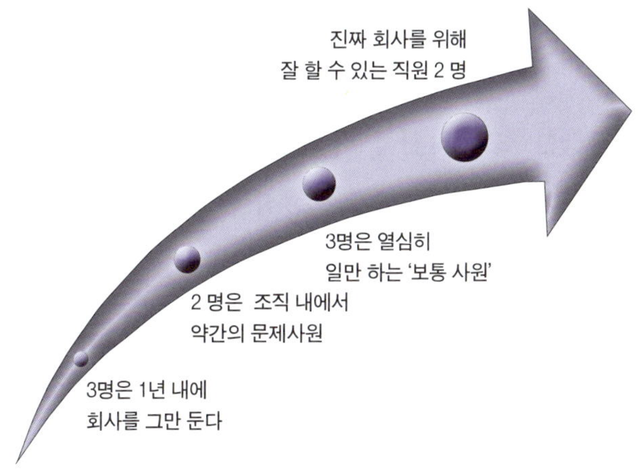

신입사원 10명 중 나타나는 셋둘셋둘 현상

5. 면접 족보를 참고하는 지원자

"면접 족보를 즐겨 보시나요? 아니면 그냥 참고만 하시나요?"

'족보'라고 하는 전통적인 문서는 선조와 조상들이 대대손손 후손들이 그 계보의 전통을 잇기 위해 만든 특별한 목적의 문서를 말한다. 그런데 이런 귀한 문서가 면접시험을 준비하는 취업준비생에게도 유용한 자료가 되고 있는 때가 매년 취업시즌 무렵이다.

면접을 본 지원자들이나 선배들이 후배들의 면접 준비에 보다 효과적인 도움을 주기 위해 기출문제집을 정리하고, 이 기출문제집을 '면접 족보'라는 이름으로 다양한 인터넷 취업사이트에 등록한다.

채용시즌이 다가올수록 각 기업의 취업정보가 홍수처럼 취업을 준비하는 지원자와 취업동아리 등에게 배포되어 활용되고 있다.

면접 족보에 대한 평가관의 관점

소위 면접 족보는 취업지원자들이 면접을 준비하기 위한 사전정보를 파악하는 데 효과가 있기는 하지만 채용 면접관들도 그 사실을 파악하고 문제를 더 어렵게 내거나 다른 문제를 출제하기도 한다. 즉 면접지원자들이 보다 새로운 관점에서 취업 정보에 대한 다른 시각을 가지고 다른 지원자들에게서 찾아볼 수 없는 차별화된 답변과 자기 마케팅 포인트를 가지고 면접장에 들어와야 한다는 것을 의미하기도 한다.

면접 족보를 자세히 살펴보면 기업이 중요하게 여기는 채용의 경향과 면접 문항의 성격, 면접관이 출제하는 문제 유형 등 다양한 면접 형태들을 미리 볼 수 있다. 그런 이유로 지원자들은 직원을 채용하는 회사의 입장을 객관적인 입장에서 미리 이해하고 대비할 수 있다고 볼 수 있다. 그래서 취업면접에서 어떤 질문이 나올까 고민하는 지원자들에게는 생명 줄과 같은 구원의 돌파구가 되기도 한다.

면접 족보에 대한 지원자의 관점

여기서 엿볼 수 있는 것은 취업지원자들이 가지고 있는 불안심리가 풀리기보다는 오히려 더 어려워지는 것을 알아야 한다는 점이다. 면접 문제 파악의 다양한 방법 중의 하나로 타인의 경험에 의지하고 미리 면접을 본 지원자의 경험을 바탕으로 새로운 경험을 구축하고자 한다는 측면에서 색다른 의미가 있을 수도 있겠지만 사실은 실패로 가는 지름길을 택한 것이라 할 수 있다.

채용 전문가들은 면접 족보를 달달 외우고 면접실에 입장하는 지원자들의 숨겨진 긴장과 다른 문제 출제에 대한 두려움의 공존을 쉽게 간파할 수 있다. 혹 족보 문제를 다 외워 자신감이 넘치는 지원자에게 족보에 나오지 않은 예상 밖의 질문을 던져보면 면접 족보의 효능은 온데간데없이 사라지고, 우주와 내가 하나 되는 무아지경에 이르기도 한다. 외운 문제를 답하기 위해 만들어진 정형적 답변의 한정된 생각이 다른 면접 문제를 만나면 100퍼센트 실패하게 하는 전제를 갖고 있기 때문이다.

면접 족보에 의존하여 모든 문항을 섭렵하고, 다른 업종의 질문과 모범답안까지 외우고 지원한 지원자의 네 가지 특징을 면접관은 쉽게 간파할 수 있다.

생명력 없는 답변

규격화된 질문에 대한 정해진 논리에 갇혀 있기 때문에 지원자의 소신과 답변에 대한 철학이 없으며, 소신이 있다 하더라도 각본에 나온 지문과 대사를 그대로 외워야 하는 배우처럼 창의성과 생명력 없는 답변이 저절로 묻어 나온다. 퇴장시키는 면접관도 있다.

허겁지겁 답변

압박질문을 통하여 원래 한 가지의 질문에 대한 심화적인 질문을 한층 강화하여 답변의 진위와 암기 여부, 지원자의 창의성과 진실성을 평가하게 된다. 그러한 사실을 잘 모르는 상태에서 지원자는 면접문제에 허겁지겁 대처하는 모습이 역력하다.

엉뚱 논리 답변

회사의 인재상이나 기업의 가치관, 비전 같은 것에 대한 피상적인 이해로 인해, "어떻게 적용하시겠습니까?"라는 질문에 답이 없거나, 머뭇거리거나, 논리가 맞지 않는 엉뚱한 논리로 답변을 하는 것을 쉽게 발견할 수 있다.

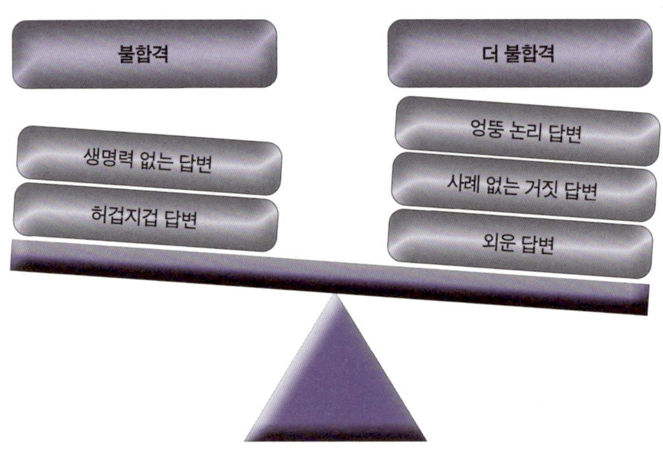

면접관이 보는 불합격 답변의 2가지 분류

사례 없는 거짓 답변

"과업 중심의 리더십과 인간중심의 리더십을 어떻게 생각합니까?"라는 질문에는 정제된 논리로 답할 수 있는 반면, "그러한 비슷한 경험이 있습니까?"라는 실제의 사실과 경험을 묻는 질문에는 급조할 수도 없을 뿐만 아니라 급조한다 하더라도 표정, 논조, 어휘, 결론 등에서 이미 중심을 잃은 상태에서 출발하여 보는 이를 안타깝게 하는 경우가 많다. 면접 족보를 믿다가 발등 찍힌 사람들은 면접장에 들어올 때부터 그 발등이 반짝이기 시작한다.

6. 베끼고 외우기 : "베어지고 외면당하기"

"무작정 외우고 베끼는 면접 준비가 오히려 실패를 부른다는 사실!"

면접관들이 파악하기에 지원자들이 입사서류 작성 과정에서 제일 중점을 둘 것으로 생각되는 것은 다름 아닌 입사지원서와 자기소개서일 것이다. 왜냐하면 기업에 입사하기 위한 첫 관문이 되기 때문이며, 이를 통해 지원자의 우수한 자질이 파악되기 때문이다. 즉 면접관들은 이 두 서류를 통해 3C를 파악하게 된다.

① Character : 지원자의 개성과 인성, 품성, 사람됨, 기본 인품 등

② Competency : 업무를 수행할 수 있는 역량(전문적 지식, 기술, 태도) 등

③ Competitiveness : 남다른 차별적인 특기와 베낄 수 없는 자질

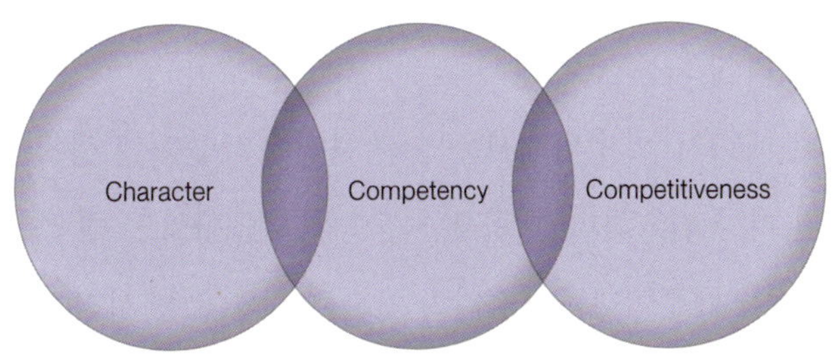

그런데 인터넷에 흘러 다니는 다양한 정보 등의 영향으로, 다양한 입사지원 정보와 자기소개 내용이 넘쳐나고 있는 상황을 인생역전의 기회로 삼는 지원자가 요즘 많이 늘어나고 있다. 기업의 채용담당관들도 이 사실에 주목하여 지원자의 거짓 입사지원 정보나 허위 면접정보 탐지 훈련을 한다. 그래서 지원자들이 자기소개나 입사지원서를 작성할 때 베끼거나 외우지 않아야 한다는 것이다.

7. 자기소개서, 버려지거나 외면당하지 않기

"읽히는 자소서, 버려지는 자소서"

차별적인 자기 마케팅 아이템의 개발이다.

외운 면접 내용들은 다른 문맥이나 표현을 쓴다 해도 감지되기 마련이다. 면접관이 느끼는 지원자의 부자연스러움은 면접 처음부터 서서히 느껴지다가 면접이 진행되는 과정을 통해 계속 누적되면서 면접 막판에 실수가 터지기 마련이다. 그래서 압박질문 또는 심층질문을 계속 받게 되고, 끝내는 "잘 모르겠습니다." 또는 "준비가 덜 된 것 같습니다."라고 스스로 고백하게 되는 것이다.

외우거나 베끼지 않기 위해서는 우선 자신을 차근차근 성찰할 시간이 최소 6개월 이상 필요하다. 대학 4년 동안을 되돌아보는 데 한두 달로는 충분하지 않기 때문이다. 잘 정리하는 요령은 중요한 시점을 기준으로

남들에게는 없는 차별적인 아이템들을 중심을 이야기의 축으로 삼으면
된다. 면접관은 학업, 학점, 동아리, 교환연수와 같은 나만의 베낄 수 없
는 경험들이 전공 프로젝트나 인턴십, 아르바이트, 해외 테마여행 같은
독특한 아이템과 연관된 사례를 좋아한다.

'성실 스토리북'의 준비이다.

그동안의 정리된 자신만의 인생기록 노트를 유심히 보고 장점을 드러
내어 놓을 수 있어야 한다. 경험이 담대함을 만들고, 그 담대함이 탁월한
답변을 만들기 때문이다. 즉 어떠한 압박질문도 퇴치할 수 있는 믿음의
방패가 된다는 것이다.

사실 지원자들과 만나 이야기를 들어 보면 인생기록 노트 또는 일기
같은 것을 쓰지 않은 지가 10년은 된다고 자랑스럽게 고백한다. 그러나
여기서 말하는 인생기록 노트는 단순한 일기가 아니라 인생을 살면서
구체적으로 성공한 경험과 실패한 경험들을 일목요연하게 정리하여 깨
달음을 가져오게 할 수 있는 '성공과 실패의 스토리 북'을 말하는 것이
다. 이것만이라도 1년 정도의 분량이 준비되어 있다면 어떠한 압박질문
에도 베끼지 않고 외우지 않은 상태에서라도 자신 있게 답할 수 있을 것
이다.

예를 들어, "최근 어려운 학교 과제나 학과 프로젝트를 완수한 적이
있다면 어떤 것이 있었나요?"라는 질문에 성공스토리 북에 작성된 '프
로젝트라고 판단되는 사항'을 기재한 순서대로 답변하면 된다. 별도의
암기 내용이 아닌 단순 사실의 나열도 때로는 좋은 답변이 되기도 한다.

면접관을 능가하는 행간의 핵심 심기와 적절한 활용이다.

여러 면접 문항의 구조화된 특성을 일일이 이해하고 답변하는 경우는 드물지만 면접관이 정말 알고싶어 하는 행간의 필요한 지식을 말해 준다면 그것은 면접 답변 이상의 가치가 있는 셈이다. 바로 신뢰와 탁월성이 그 지원자를 합격의 영광으로 안내해 줄 것이기 때문이다. 면접관이 질문하는 요지의 흐름을 읽고, 어떤 질문 후에 연관성을 가지고 출제되는지를 잘 파악하여 그 이전 답변과의 일관성(consistency)을 유지하고 또 다른 지원자와의 차별성을 유지한다면 면접관이 요구하는 행간을 읽고 있다는 뜻이다. 절대 실패하지 않는 입사지원서와 자기소개서 그리고 면접의 흐름의 성공 선상에 있다는 뜻이다.

자기소개서, 버려지거나 외면당하지 않는 전략 3가지

❖ **나의 자기소개서가 '베스트 자소서'로 뽑히기 위한 나만의 전략이 있다면 무엇일까?**

----

8. 면접관을 파악하여 '탁월한 답변' 만들기

"면접 답변의 공식 : 면접관 파악의 최소의 면접 노력으로 최선의 합격 결과."

면접이라고 하는 특별한 상황에서 지원자들은 대개 답변의 '내용'만을 중요시 하는 면접 답변을 해왔다. 그래서 오로지 콘텐츠에만 그 목표를 맞추고 전력투구하는 지원자를 많이 목격할 수 있게 된다.

그러나 탁월한 답변 내용을 가지고 승부한 지원자들은 아래에 보여주는 특별한 장점으로 면접관들을 요리한다. 3가지 요소로 구분 짓고 또 각각의 평가 요소를 연습하면 보통의 수준에서 우수함의 수준으로, 우수함의 수준에서 탁월함의 수준으로 업그레이드 하게 된다.

내용 경쟁력의 측면(다른 지원자와 가장 비교하기 쉬운 항목)

요지 : 자격증(certificate)이나 전문 역량(professional expertise)의 활용 방법.

질문 : "저희 금융권에 지원하시면서 자격증에 대한 관심이 많았습니까? 3개나 되는 자격증을 가지고 계신데, 실제로 그 자격증이 어떻게 활용하시겠습니까?"

- **답변 내용의 흡수력** : 상호 연관성을 논리 정연하게 요약설명 할 것.
- **답변 가치의 효용성** : 얼마나 쓸 만한 가치인지에 대한 업무 연관성을 설명할 것.
- **답변 논리의 흥미성** : 타인에게 취업 준비성과 금융권의 관심에 대한

소신을 말할 것.

맥락 경쟁력의 측면(면접관이 찾는 우수인재의 특성)

요지 : 다른 이에 못지않은 차별화 전략.

질문 : "미국에서 유학하신 분들과 같은 면접 조에 편성되어서 부담이 되실 텐데, 이분들보다 뛰어난 경쟁력이 있다면 무엇이라고 생각하시는지요?"

- **주제와 결과** : 학문적 목표와 차별적인 인생 경험과 실제적인 결과를 드러낼 것.
- **최종 골 결정력** : 회사가 원하는 조직 적응과 창의성의 결정판을 예로 들어 설명 할 것.
- **논리 투명성** : 전달 흐름이 투명하여 다른 이가 설명해도 될 정도의 핵심에 근접할 것.

발표력 경쟁력의 측면(면접을 많이 볼수록 숙련되는 기술)

요지 : 논리성과 발표력.

질문 : "최근 발생한 어떤 이슈에 대한 사회적인 찬반논리에 대해 어떤 생각을 하고 있나요? 해결책이 있다면 제안해 보실까요?"

- **전달 커뮤니케이션** : 정보 전달오해 (배달사고)가 없이 잘 전달되는가?
- **시청자 사로잡기** : 한 시도 놓치지 않고 주의 집중을 하는가?
- **설득력 120퍼센트 올리기** : 탁월한 전략과 창의성으로 100퍼센트 이상

으로 설득하고 논조가 유지되는가?

9. 면접 달인 초이스 : 관점 전환

"세상에는 달인이 많다. 그런 달인의 모습을 면접장에서도 찾아 볼 수 있다."

해박한 기출문제와 여러 기업의 인재상을 꿰뚫고 있는 기출문제의 달인, 면접관의 인상착의와 어조로 다음 문제를 예상하는 관상의 달인, 노숙한 표정과 숙련된 자세로 면접 긴장을 요리조리 다루는 긴장 관리의 달인 등 두꺼운 면접 기출, 예상문제와 기업별 취업 질문 목록, 그리고 다양한 기업의 면접 경험이 과연 그런 지원자의 취업 여정을 단축하고 있는지 면접관들은 궁금해 하기도 한다.

면접 상황에서 지원자들에게 필요한 관점 전환과 면접관의 압박질문에 동요되지 않을 좋은 방법들을 짚어 보고자 한다. 이로써 새로이 입사한 회사의 '사원증'으로 '달인'의 경지는 막을 내려 보는 것이 어떨까?

면접에 대한 관점 : 심문에서 초대의 컨셉으로

면접을 일종의 심문 과정으로 여기지 말고 '아주 멋진 특별한 저녁식사 초대'의 시간이자 기회로 생각해 보자. 입사를 위한 심문이나 통과의례로 여기는 지원자는 일단 인터넷의 면접 사이트에 들어가 다양한 문제를 베끼고 관련된 채용정보를 외우는 데 급급할 것이 뻔하다.

그러나 특별한 초대에 임한 지원자는 그 만남의 '의미'를 생각하며 어떤 대화가 오고 갈 것인지, 어떻게 대화를 이끌어가는 것이 좋을지를 생각하며, 자신이 이야기할 경험들과 재미있고 흥분되는 소중한 경험들을 나누려고 할 것이기 때문이다.

답변에 대한 관점 : 응대의 과정에서 내 경험을 함께 즐기는 장으로

면접관에 대한 지식도 중요하지만 그 면접관이 가지고 있는 회사의 대표성과 인재 관리자의 상징으로서 기업 특성에 맞는 지원자로서의 자기 마케팅 실력을 발휘한다는 생각을 실천해 보자. 이를 통해 면접 문제와 답변 중심의 메마르고 무더운 여름 건초乾草의 만남이 아니라 초대받은 이에 대한 다양한 정보를 나누며 서로의 경험과 정보를 그 초대자에게 선물하고 싶어 하는 은근한 봄날의 만남이 되도록 해야 한다는 것이다.

결과에 대한 관점 : 시험의 개념에서 기여의 관점으로

우리나라 정서에서 느끼는 다소 경직된 수능고사 성격의 선발 과정으로 생각하는 것보다 기업의 우수한 전문가를 선정하는 신중함이 있는 만남이 되도록 해보자. 면접의 달인은 이런 신중함과 즐거움보다는 면접관이 내놓는 문제는 '어느 회사, 어느 직종에서 몇 년도에 나온 기출문제'라는 생각을 가질 것이 분명하다. 이에 대해 달인으로서가 아닌 우수 지원자, 이번 면접이 마지막 면접이라고 느끼고 어떤 결과로 이 회사에 기여할 수 있는지를 생각해낼 수 있도록 면접 과정에 참여해 보자. 그것이 '면접 달인'이 아닌 '조직 구성원'으로서 최종적인 목표가 될 필요가 있기 때문이다.

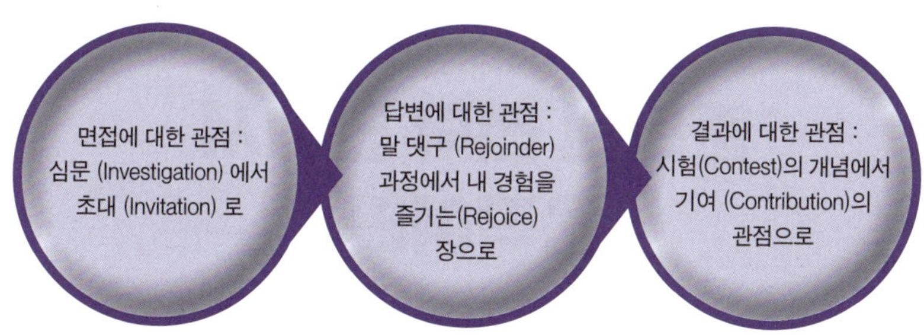

면접에 들어가기 하루 전, 관점을 전환하는 노력만 잠시 해도 취업합격이 시작된다.

❖ 나에게 필요한 관점 전환은 어디 없을까? 혹 잘못 생각하는 게 있다면?

준비된 전략 안에서 움직여라

1. 객관적 '장점'과 '단점' 이용 전략

"오히려 불합격을 부르는 장점, 합격을 부르는 단점"

면접을 위해 입사지원서를 10군데 이상 제출하고 그 결과를 기다리다가 모처럼의 면접 기회를 만나게 되면, 그 면접이 진행되는 동안 자신이 인식하지 못하고 있던 장점과 단점이 드러나서 스스로 놀라기도 한다.

예상치도 못하게 진땀이 나거나, 입에 침이 마르거나, 벌벌 떨거나, 말이 빨라지거나, 우왕좌왕하며 시선을 어디에 두어야 할지 모르거나 등등의 경험들은 면접 상황에서 한두 번 정도는 겪어 보아야 하는 긍정적인 경험(positive experience)들이다. 실제로 이런 경험이 없는 것이 오히려 좋다고 할 수 없다는 점을 알아두자. 특히 자신의 장단점을 말하는 과정에서 독특하게 나타나는 감정을 잘 조절하는 것이 면접 승리의 관건이 되기 때문이다.

"절대 떨리지 않는다."라고 말하는 지원자는 스스로를 속이는 경우가 많고, 솔직하지 못한 지원자이기 쉽다. 따라서 면접 현장에서도 속이거나 자신도 모르게 과장해서 설명하고 꾸미는 답변을 만들어 내게 된다.

면접에 꼭 필요한 '장점 요소(strength factor)'로 지원자 스스로도 잘 모르게 나타날 수 있는 '단점 요소(weakness factor)'를 극복할 수 있도록 지원자만의 비법과 기술력을 배양하는 것이 면접 일주일 전부터 연마해야 할 중요한 스킬 중의 하나이다. 이를 예상해 보는 방법을 적용해 보자.

첫째, 첫인상 주도권 싸움 이기기 : 표정과 이미지로 승리하라.

표정과 이미지가 지원자를 과도하게 또는 너무 미흡하게 표현하고 있지는 않는지 살펴보아야 한다. 면접 전날 또는 당일의 면접 문항에 대한 기대와 걱정은 지원자의 이미지에 대한 자신감에 의하여 지원자도 인지하지 못하는 사이에 술술 풀리는 경우가 많다.

어려운 면접문제라고 생각되는 경우는 문제 자체의 난이도보다는 면접 준비를 위한 과정에서의 성공 사례 같은 것들이 잘 포함되지 않아 잘 표현되지 못하거나, 아예 실제 경험한 일들이 정교하게 디자인 되어 있지 않는 경우가 많기 때문이다.

거기에 다 자신감이 담겨 있는 표정과 이미지를 나타낼 수 있는 언어 구사, 사례의 표현력, 복장의 자연스러움, 동작에 자신감이 배어 있는지를 확인해 보자. 의외의 득점 전략을 확실히 확보할 수 있다.

둘째, 단점을 장점으로 역이용하기 : 뒤집기 전략으로 판세를 전환하라.

단점은 개인적인 것이긴 하지만 지원자의 입장에서는 치명적일 수 있으므로 보완 대책을 잘 수립하여야 한다. 그런데 문제는 어떤 장점으로 단점을 커버하는가이다. 일 처리에서 '덤벙대는 자세'는 '인간적인' 유대 관계를 통해 여유로운 분위기로 전환할 수 있고, '급한 성격'은 세심한 교우 관계를 통해 '추진력'으로 바꿀 수 있다는 것을 아는 지원자는 드물다. 오로지 면접 때에는 '곧이곧대로' 말해야 정직한 지원자로 인정받을 수 있다는 판단을 하기 때문이다. 실패가 보이는 답변들이다.

정직하지 말라는 것이 아니라 자신을 객관적으로 투영하고 좀 더 적극적으로 상황을 바꾸어 보고, 스스로의 다짐과 변화의 촉구하는 것이다. 이로써 스스로의 색다른 모습에 도전하는 경쟁심을 자극하는 것이다.

셋째, 면접관의 DNA 질문 파악하기 : 실제 '극복사례'로 솔직성을 부각하라.

가족들이나 친한 친구들에게 솔직히 자신의 단점이 무엇이냐고 물어봐서 3가지 내지 5가지 정도를 선별한 다음 이를 보완하는 장점과 연결하여 극복한 사례를 꼭 만들어야 한다. 그래야 장단점에 대한 질문에서 탁월한 결과를 얻을 수 있다.

장단점 분석은 면접 질문 문항 하나하나에 지원자의 숨겨진 장점을 최대화하고 단점은 최적화(최소화가 아닌)하는 데 필수적인 과정이다. 피상적인 장단점 답변 준비로 면접관을 실망시키지 않는 것이 좋은 면접 결과를 긍정적으로 이끄는 DNA이다.

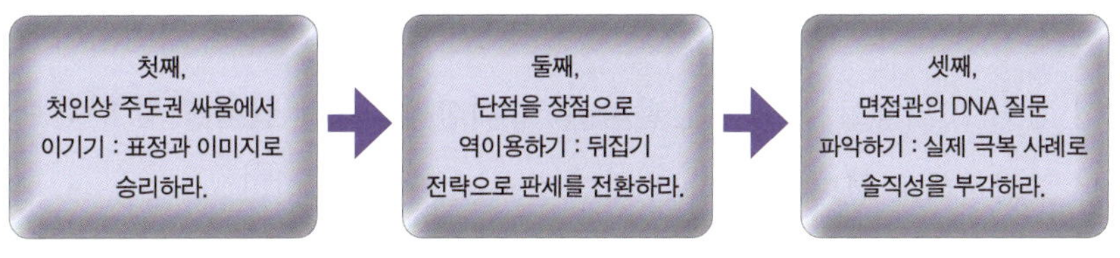

다른 경쟁 지원자에게서 볼 수 없는 뛰어난 객관적 '장점'과 '단점' 이용 전략

2. 적성검사와 면접 100퍼센트 활용 전략

"서구에서는 드문 한국의 인·적성 검사, 성공적인 면접 재료로 써먹는 자가 제일 먼저 합격한다."

인·적성검사라고 불리는 인성(personality), 적성(aptitude)평가 검사는 지원자의 가장 중요한 자질검사(qualification review)의 일부분으로 사용되고 있다. 연구기관의 권위와 신뢰도에 따라 믿을 만한 것도 있고, 그렇지 않는 것도 많다. 그럼에도 인·적성검사만 가지고 채용 여부를 결정하는 회사가 있다는 데 문제가 있다.

과학적으로 검증되었다는 인·적성검사 회사의 홍보를 100퍼센트 믿고 신입사원 채용 도구로 사용을 결정한 것이다. 최근에는 그 결정 비중이 50퍼센트 이하로 줄이는 것이 대체적인 채용 동향이기도 하다.

사실 문제는 그 결정으로 인해 우수한 인재를 놓치는 경우가 있기 때문에 문제가 되는데, 인·적성검사의 일부에 해당되는 평가항목을 보고, 면접 접수와 연관 지어 분석해 보면 상관계수는 0.15~0.2퍼센트 정도로 그리 높지 않게 나타난다. 일부 연구기관의 결과에 따르면 적성검사에서 상위 20퍼센트 정도만 선발하여 그 대상자들로만 실제 면접 인원으로 구성한다고 한다. 그렇다고 해도 결과는 마찬가지이다.

인적성검사에서 면접 문제를 뽑아내는 항목들

여기서 지적하고 싶은 것은 면접을 위한 질문을 채용 심사위원들이 선별하는 과정에서 적성검사 회사의 경영 상황과 직무의 특수성 그리고 지원자의 경쟁력에 대한 구비조건 등 여러 의사결정 요인(decision-making factors)들을 종합, 고려하여 출제하는 회사들이 많아지고 있다는 것이다. 즉 적성검사의 항목들 중 적극성, 성실성, 책임감, 도덕성, 주도성, 회피성, 조정 능력, 인내심, 신중성, 기획, 문제해결, 대인관계 등의 수많은 지표들을 고려하고, 입사지원서에 지원자가 밝히고 있는 세세한 항목들과 서로 비교 분석하여 그 진위와의 연관성, 일관성과 타당성을 주도면밀하게 관찰한다는 것이다. 다시 말해, 적성검사의 과학적 변별력과 면접 과정의 인·적성, 정서적 판별 요인들을 복합적으로 평가하여 채용의 상관관계를 높이는 것이다.

지원자들은 이런 복잡한 얘기에까지 귀를 기울일 필요는 없으나 적성검사와 채용, 둘 중에서 한 쪽 점수가 낮으면 어떡하나 고민되는 지원자를 위해 그 비법을 알려주고자 한다.

인적성검사에서 변별력, 일관성, 타당성의 90퍼센트 이상을 확보하는 방법

첫째, 최대한 천천히 진행하고 검사 시간(Maximize Time)을 벌라.

일단, 적성검사에 임하여서는 최대한 시간을 두고 천천히 볼 필요가 있다. 물론 적성검사를 설명하는 설명문에는 '심사숙고하지 말라"고 지시하지만 그 적성검사의 문안이 내포하고 있는 문제는 단숨에 지원자를 표현하고 답할 수 있는 사안들이 아니다. 지원자의 복잡 미묘한 상황이 10여 초 안에 결정되지 않기 때문에 지원자 입장보다는 출제자 입장에서 그 시간관리를 최대한의 제한시간 안으로만 맞춰서 진행하는 것이 제일 중요한 키포인트이다.

적성검사 대응의 예 : 흔히 식당에서 음식 메뉴를 고를 때도 30초 이상 생각하는 지원자 자신을 생각해 볼 때, "당신이 문제 해결을 어떻게 하는지?"를 10초 안에 답하라고 하는 것은 간혹 착오나 잘못된 판단의 결과를 유발할 수가 있다.

그런데도 대개의 사람들은 적성검사의 결과가 지원자 자신을 잘 표현하고 있다고 생각하는 것은 일종의 비과학적인 행동 예측가들이 노리고 있는 '현혹 효과' 또는 '최근화 경향'이라는 점에 주의할 필요가 있다. 그런 적성검사에서 만약 좋은 성적을 거두려고 하는 성급하고 과도한 노력이 일관성 없고 타당성이 부족한 결과를 낳을 가능성이 굉장히 높다.

둘째, 이미 출제된 인·적성 문제와 면접 문제의 중복질문에 유의하라.
질문들 중 '두 번째로 반복해서 나오는 문항'들이 있는데 특히, 유의하여야 한다. 거짓말을 하고 있는지 묻고 있는 것이기 때문이다. 그래서 적성검사 때에는 최대한 단기 메모리 기능을 활용하여 일관성과 지속성을 유지하여 '지원자의 참된 모습'을 100퍼센트 나타낼 필요가 있다.

적성검사 대응의 예 : 예를 들어, 책임감이 강한 지원자는 만약 팀장 직무가 주어진다면 팀원들의 여행 스케줄과 비용관리를 함에 있어 갈등 상황(예, 제한된 비용으로 정해진 일정 이상의 여행을 가고자 하는 경우)을 어떻게 처리할 것인지 묻는 경우가 있다. 이에 대한 답은 절대 즉흥적으로 대응하지 말아야 한다는 것이 주요한 평가 요소이다. 즉 팀원들 간의 다양한 또 인간관계를 꼼꼼히 관리하는 지원자 입장에서도, 실제로 교우관계에 있어서도 여행일정과 경비관리계획에 대해서는 일관성과 타당성, 합리성이라는 세 가지 요소가 유지되어야 한다는 것을 인·적성검사에서 신중하게 보여줄 수 있어야 한다.

만약의 급하게 결정을 하는 경우 문제가 발생한다. 만약 이런 유사한 상황이나 문항이 실제 구술면접 상황에서 다른 결정을 내리는 것으로 답변하는 경우 제시된 동일한 인·적성 문항과 실제 면접 문항에서 일관성이 깨어질 수 있다는 것이다. 즉 거짓말 또는 상반된 의견을 주장하고 있는 것으로 평가된다. 가끔 현장에서 면접관이 고개를 갸우뚱하면서 유사한 질문을 계속 하는 이유는 바로 적성검사 결과와 면접 답변에서 지원자의 말이 다르기 때문이다.

셋째, 면접 질문으로 이어질 때 일관성을 보이라.

마지막으로, 면접관의 질문 중 일부는 적성검사 결과를 토대로 나오는 경우가 있다. 이때 적성검사의 결과를 알 수 없는 상황에서 또 다른 나를 보여 주는 것은 대단히 이중적인 모습으로 보여지게 된다. 이럴 때는 최대한 중립적인 상태를 유지하여 자신의 컬러를 처음부터 예리하게 드러내지 않도록 하자.

적성검사 대응의 예 : 예를 들어 면접관이 인·적성검사에서 "리더로서 조직관리에서 감정에 치우치는 면이 있을 수 있다."라는 결과를 보고, 그 면접관은 지원자의 리더로서의 경험을 물을 것이다. 이때는 "저는 강력한 리더십을 발휘하고 완벽하게 맡겨진 일을 처리하는 데 저의 리더십의 목표를 두고 있습니다."라고 말하는 것은 설득력이 없다.

오히려 "저는 의사결정을 할 때 여러 팀원들이 보다 많이 참여하는 것이 중요하다고 생각하고 이를 통해 화합을 통한 완벽성 추구를 중요한 목표로 보고 있습니."라고 지원자의 특성을 나타내도록 하는 것이 좋다.

적성검사는 기계에 의해 나온 결과이기 때문에 그것에 따른 지원자의 의사결정 성향의 일관성을 가지면 좋은 결과를 가져올 수 있다. 그리고 그 일관성이 인성과 적성 관련 문항에 있어서는 아주 중요한 판가름의 요소가 된다는 것을 잊지 말아야 한다.

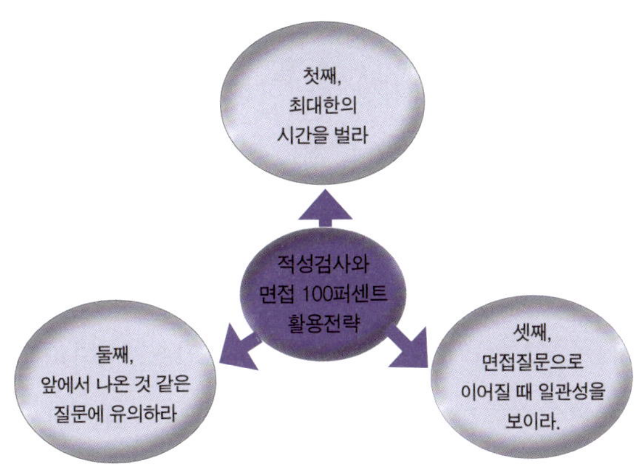

적성검사와 면접을 연계하는 100퍼센트 일관성 활용 전략

3. 여러 단계의 복수 면접을 치를 때 일관성을 유지하는 비법

"한 번도 버거운 면접, 두세 번 치를 때 지치지 않는 3가지 방법이 있다."

2회 또는 3회 이상 연속으로 진행되는 복수 면접의 터널을 지날 때 가뜩이나 보이지 않는 터널 끝을 기대하며 당당히 걸어왔던 지원자는 불합격의 허망한 결과가 나오면 더 큰 실망감과 좌절감에 다음의 재도전 기회를 포기하기 마련이다. "차라리 중간에 다른 회사에 지원을 했더라면 합격했을 텐데." 또는 "지금까지 해온 노력의 반만 투자했어도 그 회사에 합격했을 텐데."라는 생각을 하기 마련이다.

채용 결정 지연의 이유

전에 치른 면접 결과가 부정적이라고 머릿속에 남아 있으면 의기소침해 지고 힘이 빠지기 마련이다.

요즘에는 1차 면접 이후 결과를 바로 알려 주지 않은 채로 2, 3, 4차까지의 다양한 전형을 통과한 후 합격통보를 하게 된다. 이는 채용 결정을 '의도적으로 지연'시킴으로써 회사가 원하는 인재를 마지막까지 보유하고자 하는 전략의 일환이다. 그만큼 유능한 인재를 신중하게 채용하고자 하는 것이다.

요즘의 채용시장 변화는 핵심인재에 대한 채용 관점이 명확해지고, 다양한 평가기관들이 선별적인 채용기준을 요리 조리 다각도로 적용되는 경향으로 바뀌어 가고 있기 때문에 지원자들은 최대한 자기평가를 통해 면접 결과를 예상하며 시간관리를 할 필요가 있다.

채용 결정 예상해 보기

한마디로 지원자들이 여러 차례 참가한 면접에서 긍정적인 결과를 기다리느라 고달픈 면접 망부석望夫石이 되고 있는 셈이다. 여기서 보다 효과적인 예상 점수 관리와 사후 대책을 수립해 보도록 하자. 쓸데없이 에너지가 과도하게 소비되는 것을 막고, 지원자 자신이 스스로를 컨트롤할 수 있는 여유와 시간관리가 가능해질 수 있다. 만약 합격통지가 없을 때 곧 다른 회사에 대한 면접을 준비하고 면접 실패의 아픔을 긍정적인 에너지로 삼아 합격의 기회를 잡아야 하기 때문이다.

질문지 회고하기 : 1차 면접 후에 지원자가 받은 질문들에 대해 조용히 되돌아보면서 리스트를 작성해 본다. 늘 유념해 오던 3대 면접 산맥(인성과 적성, 직무에 대한 전문성, 남들에게 없는 차별성)을 중심으로 착석에서부터 퇴장 시점에 이르기까지 어떤 맥락에서 어떤 분류의 질문들이 어떤 면접관들로부터 나왔는지, 그리고 나는 어떤 대답을 했는지를 구분하여 적어보는 것이다. 자신의 답변이 명확하게 생각난다는 것은 그만큼 신념과 열정을 가지고 합리성이 담긴 답변을 한 것이고, 무슨 답변을 했는지 기억이 나지 않는다면 다소 불리한 결과를 예측할 수 있다.

인사부장 되어 보기 : 인사부장 또는 채용 담당관의 입장에서 객관적인 평가 척도를 가지고 엄정히 평가를 해본다. 대표적인 평가 양식은 아래와 같이 심플하게 간추려지는 추세이다. 개별면접을 위한 8~10가지의 평가항목과 토론과 발표 면접의 평가항목 4가지씩을 정리하면 대개 12~15가지의 최종 평가 척도를 가지고 평가하게 된다.

토론면접	평가	발표면접	평가	개별면접	평가
협력성		논리성		회사가치 부합	
경청		고객 지향성		조직 적응성	
논제 유지		발표력		의사 소통 능력	
탁월성		실천 의지		고객 지향성	
평가자 의견				조직 부합성	
				업무 수행 능력	
				팀 성과에 기여	
				비전과 가치의 주도성	

합격선 결정하기 : 가장 취약하다고 판단되는 부분과 최선의 결과를 거두었다고 판단되는 점수 영역을 지원자 스스로 분석해 본 뒤 다른 지원자들의 평가 관점에서 월등히 탁월한 부분을 따져 본다. 만약 월등히 탁월한 부분이 3가지 내지 5가지 이상 평가되면 합격을 자신해도 된다. 그렇지 않다면 다른 회사의 면접 일정을 빨리 찾아보도록 하자.

평가하기 : 중요한 점은 이때부터다. 드러난 자신의 약점과 다른 지원자에 비해 상대적으로 취약한 점은 계속 반복되기 마련이지만 지원자의 장점과 상대 지원자의 다양한 장단점의 요건들이 아래와 같이 정리된다면 합격 가능성에 플러스 또는 마이너스가 된다.

합격 가능성에 플러스 포인트

- 최신의 고급 성공 사례를 주제에 맞게 들었다면 합격 가능성에 +1
- '결과'를 먼저 말하고 '과정'은 면접관의 초점을 중심으로 한 경우,

합격 가능성에 +1

- 성공의 경우를 친구들과 나눈 경우, 합격 가능성에 +1
- 겸손과 세련미 넘치는 사례로 인간과 과업의 두 마리 토끼를 잡은 경우, 합격 가능성에 +1

합격 가능성에 마이너스 포인트

- 사례를 잘못 든 경우, 합격 가능성에 -1
- '과정' 중심으로 '결과'를 잘못 이끌어낸 경우, 합격 가능성에 -1
- 성공한 경우의 예로서 '무리한 추진력의 경험'을 들었다면 합격 가능성에 -1
- 타 지원자에 대한 상대적 우월성을 위해 무례한 사례를 든 경우, 합격 가능성에 -1

이러한 사전연습을 세밀히 판단하여 시도해 보는 자기평가(self evaluation)의 연습 단계가 주어진다면 전체적인 취업준비 기간이 2배는 절약되는 셈이 된다.

면접관의 입장이란 상대적으로 객관적이라 판단되기 때문에 회사에 지원한 수많은 지원자들의 평균적인 면접 답안과 평가의 신뢰성과 설득력이 부족하다는 판단이 되면 면접평가표에 '불합격' 표시를 하기 마련이다. 불합격한 면접 상황에서는 지원자가 어필을 하고 불합격 이유에 대해 이의신청을 한다고 하더라도 다시금 면접 기회가 제공되지 않는다. 따라서 최선의 면접 상황을 미리 준비하고 대비할 필요가 있다는 것을 알아야 한다.

❖ 합격 가능성에 플러스, 마이너스가 되는 요소를 각각 3개씩 진술하게 찾아
보자.

----

4. 집중도가 높은 면접 답변, 흐리멍덩한 답변

"면접 질문 하나에 3가지 요소를 넣어서 '1석3조'를 거두는 합격 결과를 얻
어 보자."

면접 질문 집중도(intensity of the interview question)라고 하는 것이 있다. 취업
에 대한 전문용어로서, 'numbers of interviewer question'이라고도 하고,
면접 질문이 집중된 지원자에게 대한 합격 비율을 분석한 연구를 의미
한다.

그런데 중요한 사실은 면접의 질문 개수가 아닌 질문의 '난이도와 집
중도'가 어떤 지원자에게 많이 적용되었는지를 평가해 보는 것이 지원
자 측면에서 중요한 채용 결정의 열쇠라 할 수 있다. 즉 '면접 질문의 집
중도'는 지원자가 면접 현장에서 받은 질문의 개수와 난이도에 대한 다

방면의 분석을 통해 면접합격의 당락을 결정할 수 있기 때문에, 실제로 면접 질문을 많이 받은 경우가 그렇지 않은 경우보다 대체로 합격률이 높다고 할 수 있다는 것이다.

왜냐하면 채용하고자 하는 회사의 직무 요건이나 인성, 적성에 부합되는지 평가하기 위해서는 다양한 질의응답과 면접관과 면접자와의 상호 의견 교환이 있어야 하기 때문이다.

집중답변 면접이 효과적인 이유

2000년대 초반까지는 이러한 논리와 경향이 유효하였으나 지금은 심화 면접 또는 심층면접(압박면접이라고도 함)이라고 하는 새로운 면접 기법을 통해 질문 1개에 3~5개의 종합적 질문 문항 구성을 포함하여 연관성과 논리성, 문제 해결 그리고 실제 사례까지 연계하여 질문하게 된다. 그러한 이유로 질문의 양과 합격률의 상관관계는 어느 정도 영향이 있다고 할 수 있다.

실제 면접 현장에서 면접 문항 5개로 대개의 성과 연관성(답변 내용이 우수한 사람이 업무를 잘한다는 결과)을 파악할 수 있을 정도로 면접관의 면접 스킬과 안목이 크게 발전하고 있다는 것이다. 다양한 면접 답변을 유도할 정도의 면접관의 질문 기술이 향상된 경우를 요즘 많이 볼 수 있기 때문에, 지원자에 따라 다양한 경험과 그 경험의 결과에 대해 면접관은 두세 개의 심층 면접으로 지원자의 업무 적성과 직무 성공 여부를 신속하게 평가할 수 있게 된 것이다. 면접관과 지원자의 상호 의사소통 과정이 활성화 되어 심층 면접의 활용도가 더 증가되었다고 볼 수 있다.

집중도 높은 면접 답변의 기법(Action-Application-Arabic)

생각이 아닌 행동 결과를 말하라.

무엇보다 먼저, 면접관의 질문 핵심에 대해서는 "라고 생각합니다."가
아닌 '100퍼센트 부합한 실제 참여 사례'를 먼저 말한다. 생생하게 살아
있는 사례가 없다면 죽은 답변이나 다름없다. 면접장에서는 말해 주지
않지만 그 기록을 면접 평가서에 남기게 되는 것이다.

"마케팅의 중요성은 고객만족이라고 생각합니다."가 아니라 "4학년
인턴 실습 때 마케팅 프로젝트에 직접 참여하여 고객안내 창구에서 신
상품 광고와 안내를 담당했습니다. 고객들의 니즈를 조사, 분석하고 그
원인과 그 방향을 경쟁사와 비교하여 좋은 아이디어를 만들어 제시한
것입니다. 그때의 경험을 통해서 고객님들의 다양한 니즈를 충족시킨다
는 것이 어려운 일이라는 것을 직접 경험할 수 있었습니다."와 같이 답
변하여야 한다.

적용(Application) 방법을 제시하라.

학교 전공과목을 통해 얻는 경험들이 회사의 실제 업무에 어떻게 도
움이 될 것인지를 '구체적으로' 말한다. 실제적인 것은 반드시 구체적으
로 나타나기 때문이다. 그렇지 않으면 뜬구름 잡기 식으로 마감할 수밖
에 없게 된다.

"신제품의 시장 도입에 대한 경쟁 제품의 반응 및 대응 전략 조사를 했는데, 보시다시피 ○○○ 측면에서 ○○○한 결과를 얻어냈습니다. 이 결과를 이끌기 위해 ○○○기법을 이용하였고 그 결과로 추론되는 시뮬레이션 모델은 ○○○프로세스를 참조하였습니다. 이 결과로 마켓 세어 2.5퍼센트 향상이라는 초기시장 도입 효과가 있었습니다."

숫자(Arabic)로 각인시켜라.

보다 '현실적'인 결과와 그 결과에 기여한 지원자의 '살아 있는' 경험, 느낌, 각오 등을 결론지어 말한다. 결론을 갖고 말하기 시작하면 절대 초점을 흐리지 않게 된다.

"경쟁사 제품의 마켓 세어 7퍼센트 잠식, 매출 140퍼센트 초과 달성, 제품 인지도 또한 30퍼센트 이상 향상되고, 경쟁사 제품이 판매 1순위에서 3위 이하로 떨어졌습니다. 최초 목표한 시장 성장률에 비해 20퍼센트의 특별한 향상과 매출 향상을 가져오게 되었습니다."

위와 같이 3개의 종합적인 안목과 질의응답의 수준이 보여지면 특히, 영업, 마케팅, 기획, 금융 재무, 리스크 등의 직무 분야에서 유능한 지원자로 합격할 수 있다. 3개의 질문인데도 불구하고 10개의 효용성 없는 인성 · 적성(학점, 학교 전공, 성장, 취미, 강점, 단점, 동아리, 교환 학생 등등)에 대한 답변의 양이나 수(Quantity)보다 훨씬 우수한 지원자로서의 자질을 선보일 수 있기 때문이다.

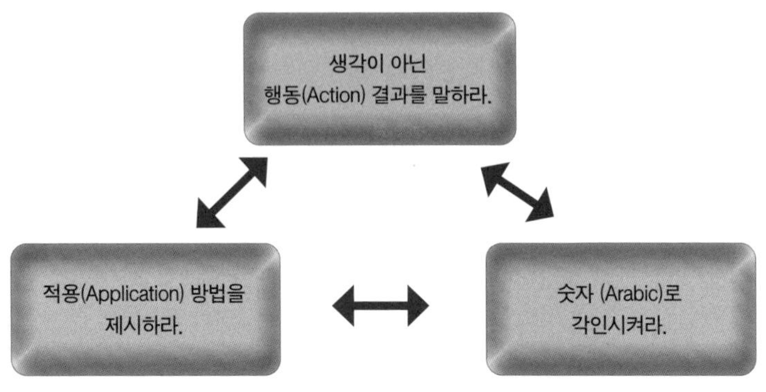

집중도 높은 면접 답변의 기법 (Action-Application-Arabic)

❖ 집중도를 높이기 위한 답변 스킬을 위해 나의 답변에 어떤 핵심 포인트를
더 추가할 수 있을까?

____

____

____

5. 면접의 주도권 잡기 전략

"면접의 주도권은 면접관에게만 있는 것일까? 실은 그 반대다."

다양한 면접 상황에서의 '면접 주도권을 잡는 것'이 면접 성공 또는
합격의 중요한 실마리를 잡는 것이라 할 수 있다. 왜냐하면 면접이 진행

되는 동안 면접관 질문과 면접 상황에 따라 면접의 진행 주체가 달라질 수도 있긴 하지만, 실질적으로 지원자의 답변을 위한 이해와 수용, 심리적 긴장과 대응 상태가 수십 가지의 모양으로 다양하게 변화하게 되기 때문이다.

면접관이나 지원자의 보이지 않는 주도권에 싸움에 따라 효과적인 질문과 답변의 상호 작용이 이루어지고, 그 결과로 합격과 불합격의 결과가 나올 수도 있다. 합격 또는 불합격의 중요한 판가름으로 이어지는 면접에서의 의사결정 상황은 면접관의 질문에 대하여 지원자가 하는 답변이 "주도권이 있는 답변이냐, 아니냐."의 문제로 귀결되는 것임을 아는 지원자에게는 면접 실패가 절대 허락되지 않는다.

면접에서 두세 번 정도 실패한 경험자일수록 처절하게 느끼는 것이 바로 '주도권 쟁탈전'이다. 그만큼 이 면접의 주도권은 면접 질문의 난이도, 면접 답변의 정확성과 지원자의 신뢰성 같은 요소를 망라한 가장 핵심이 되는 요소라고 할 수 있다. 몇 차례의 채용 과정과 단계에서 이루어지고 있는 다양한 형태의 주도권 익히기를 이해하면 면접 노하우가 생기게 마련이다.

만약 면접에서 끌려가는 느낌을 받았다면 불합격이라는 결과를 감지할 수 있다. 그리고 면접관의 질문에 내가 주도적으로 끌려가지 않고 면접관을 지원자가 오히려 질문하고 면접하는 것처럼 느꼈다면 그것은 합격을 넘어 이미 핵심인재로 인정받는 초석을 놓은 셈이라 할 수 있다.

지원자가 선점하는 면접 상황 주도권

면접의 다양한 형태 중 일 대 일 또는 다 대 일, 다 대 다 등 상호 얼굴을 맞대고 보는 면접이 진행될 때.

면접 인식(Capture the Face) : 면접 주도권을 위해서는 면접관과의 상호작용을 위한 '면접 인식(interview acknowledgement)'이 제일 중요하다. 얼굴을 마주보고 있는 상황은 주도권 다툼에 있어서 채용인과 피채용인의 관계 이전에 기본적인 인간 대 인간의 관계이기 때문에 과도한 긴장을 하는 경우나, 주종主從 관계, 상하 관계, 갑을 관계, 계약 관계, 사제 관계, 채권자-채무자의 관계 등과 같이 인식하는 것은 면접 주도권 잡기에 있어 아주 치명적이고도 복구가 불가능한 상황이 되어 버린다.

핵심 파악(Capture the DNA) : 주도권을 넘겨주지 않기 위해서는 상호작용에 있어서 면접관이 준비한 다양한 면접 질문의 핵심을 우선 잘 파악하는 것이다. 질문 중에 사용하는 핵심 어휘가 무엇인지, 그 맥락에서 왜 그 질문을 했는지를 파악하고 대응하면 주도권의 첫 단추는 잘 꿰진 셈이다. '면접관은 지원자가 더욱 뚜렷하게 면접 질문의 핵심, 본질을 간파했다고 느낄 때 주도권을 자연스럽게 지원자에게 넘긴다'는 사실을 면접 중에 인식시켜 주고 싶어 하기도 한다.

경험 포함시키기(Capture the Experience) : 질문에서 요구하는 초점을 이해가 완벽하다고 한다면 그 다음의 중요한 순서는 내가 평소 갈고 닦던 '성공 경험과 성취 경력'을 효과적으로 그 질문의 핵심과 잘 혼합하는 것이다. 주도권은 질문자의 의도에 지원자의 경험이 묻어난 진솔한 스토리가 나올 때 주도권을 면접관에서 지원자에게로 신뢰를 가지고 인계할 수 있는 것이다.

사례를 제시하고 그 사례에 따른 토론이나 결실을 자연스럽게 이끌어낼 면접이 진행될 때.

논리적인 설득력(Show me the Logic) : 논리적인 설득력을 배가하여 주도권을 잡는 것이 바로 면접 주도권 싸움의 키워드이다. 자기주장이 많아도 그 주장에 설득력이 떨어지면 중언부언할 수밖에 없다. 동료나 친한 친구 사이에 적용되고 사용될 법한 개인적 친분 개념의 무절제하고 다소 방임적인 의사소통의 방식이 가끔 사회적, 기업적 맥락에서도 필요하다고 믿는 것은 잘못된 것이다. 그런 이유로 논리적인 설득력이 담긴 커뮤니케이션 기법과 타당성이 가장 유효하다는 것을 인지하고 제대로 사용할 줄 알아야 한다는 점을 지원자들은 명확히 이해해야 한다. 그것이 바로 면접에서의 주도권을 확보하는 첫 단추가 되는 것이다.

근거 있는 설득력(Show me the Money) : 주도권은 논리와 설득력의 매듭으로 시작하여 상대를 능가하는 '한마디 요약 문장'으로 마무리 된다. 주도권은 면접 문제의 핵심에 대한 출제자의 의도와 답변 내용을 구성하는 타당성 있는 근거 두세 가지, 그리고 실무적인 경험을 토대로 한 지원자의 정서적이고 살아 있는 경험이 건강한 근육을 만든다고 할 수 있다. 요약하면 '논리와 근거와 사례'의 삼위일체 전법이 토론 면접의 생명인 셈이다. 최종 평가자의 관점에서 지원자가 과연 정통 논리에 익숙한지, 근거 제공이 명확한지 그리고 실제적인 사례에 있는지를 파악하는 것이 면접 교사(interview coach)의 시발점이 된다.

특정 상황에 대한 시뮬레이션적인 답변을 요구하는 사례 면접이 진행될 때.

면접 실전 의식 : '생각'으로 구성되어 '언변(eloquence)'으로 마감하는 90년대의 면접 방식은 이미 저물었다. 그럼에도 이와 같은 상황을 인식하지 못하고 유창한 답변에 방점을 찍고, 기존에 써 먹은 면접 표현들을 '암기'하는 수준에 머무르게 된다는 것이다. 우수한 인재를 뽑는 글로벌 기업의 채용 면접 방식은 특정한 비즈니스 상황을 제시하고 "만약 당신이 프로젝트 매니저 또는 팀장이라면 그런 상황에서 어떻게 문제 해결을 하시겠습니까?"라는 상황과 권한과 책임을 부여하고, 실제 해결책을 제시해 보라고 한다. 팀으로 주어질 수도 있고, 개인으로 주어질 수도 있다. 이때 비로소 면접의 실전 의식이 있는지를 평가하고 면접의 주도권을 부여할 만한지를 평가, 확인할 수 있게 된다.

주도권 쟁탈 우승은 최종 합격을 의미 : 주도권은 나중에 상황이 끝난 후 판단되는 것이 아니라 '면접 문제를 받는 순간'부터 주어진다. 실무 경험을 바탕으로 학교시절 배운 이론적 구성으로 제대로 된 실력을 발휘할 때라는 것이다.

만일, 면접 상황에서 주어진 문제의 실제 배경이 현재 경제 상황을 배경으로 하고 있는 경우, 시사적인 이슈 파악이 주도권을 갖는 첫 걸음이다. 만약 팀으로 구성되어 있다면 제시된 문제의 상황과 지원자들의 채용 요건을 평가해 보고 그 연관성을 처음부터 꿰뚫어 보고 있어야 한다. 그 역할을 잘 하는 사람이 팀장으로 임명되어 의사 결정의 핵심에 있어야 하고, 그 기회를 놓치지 않는 것이 중요하다.

다양한 문제해결의 가능성들을 두세 가지 정도의 옵션으로 구성하여 그 취사선택의 가능성을 피력할 커뮤니케이션 능력과 근력이 필요하다. 이런 의사소통의 통제적인 리더십(controlled leadership)을 통해 주도권은 다음에 이어지는 일 대 일 면접, 발표 면접, 임원 면접 등에서도 그대로 유지되는 것임을 알 수 있다. 즉 팀장 한 번 잘못 뽑은 팀은 어떤 평가에서도 다른 우수한 팀장과 함께 하는 팀원에 비해 합격할 확률이 현저히 떨어진다는 뜻이다. 그래서 그룹 면접 때 역량(인성과 적성, 전문적인 업무지식, 남다른 차별화된 능력) 있는 팀장을 만나기 위해 혈안이 되는 것이다.

발표와 커뮤니케이션 능력을 평가하기 위한 프레젠테이션 면접할 때.

한 발 앞선 대중 포용력 발휘 : 발표는 면접에서 그리 중요한 부분이 아니었으나 대인 의사소통에서는 뛰어난 사람이 대중 의사소통에서는 부족할 수 있음을 고려해 실무적으로 확대하는 차원에서 보완적으로 실시해 오고 있다. 실은 그 영향력이 보조적인 입장이 아니라 중요한 사회적 필수 기술로 인식되고 있으며 이를 통해 대인 면접의 승패를 오히려 대중 발표에서 대체하여 판가름하는 경향으로 바뀐 상태라 할 수 있다. 전적으로 주도권이 청자聽者가 아닌 화자話者에게 있는 발표 면접은 주어진 주제에 대한 '평소의 깊이 있는 인식과 전개 방향'이 그 주도권 잡기의 핵심이 된다.

주제를 명확히 파악하고 주도권 행사 : 전개해야 할 내용을 내비게이션이 주요 도로를 가르쳐 주듯이 메인 루트main route를 즉시 파악하고 관통해 있어야 한다. 그리고 목적지에 다다르면 서로에게 격려와 환영의 축하(예를 들면, 질문에 대한 명쾌한 답변, 시청자들에게 선사하는 감동과 명언, 마지막 서프라이즈) 등의 주도권을 소유한 자로서의 비즈니스 쇼맨십이 필요하다는 점이다.

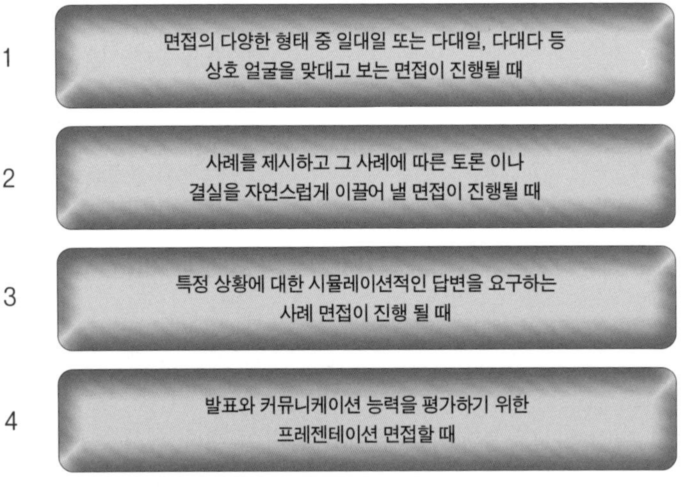

면접 주도권 (이니셔티브 initiatives)을 꼭 잡아야 할 때

❖ 면접 주도권을 반드시 잡기 위해 주로 사용해야 할 핵심 면접 답변 표현이
   있다면?

----

6. 면접 분위기 조절 3박자 전략

"쿵짝 쿵짝 쿵짜작 쿵짝, 면접 네 박자 : 합격의 지름길"

면접은 음악처럼 흐르기 마련이다. 면접장 입장에서부터 시작해 자기소개, 인·적성의 분석, 지원자 개인별 장단점 파악, 직무 전문성에 대한 확인, 조직에 부합하는지에 대한 다양한 사례 질문 등. 이러한 흐름이 매끄러우면 매끄러울수록 합격 확률이 높다고 할 수 있다.

만약 그렇지 못한 흐름이 이어지는 경우, 예를 들어 면접관이 원하지 않는 답변이 불쑥 나오거나, 자신의 장단점에 대한 완벽한 분석도 없거나, 자신이 지망하는 회사가 어떤 제품과 서비스를 고객에게 새롭게 출시했는지도 설명하지 못하거나, 동종업계의 시장 상황이 어떤지도 파악이 안 되어 있거나, 조직이 원하는 진취적인 면이 없이 미리 외운 답변으로도 자신의 가능성을 잘 표현하지 못한 경우 등 매끄럽지 못한 면접의 흐름을 많이 볼 수 있다.

연습이 부족한 오케스트라 단원의 연주처럼 면접관의 리듬감을 거슬리는 다소 미흡한 입사지원자의 연주 실력은 면접을 진행하는 인사부 관계자로 하여금 서류전형 자체의 신뢰성에 의문을 갖도록 하는 경우도 발생한다. 우호적인 단답형 문제를 내도 이해를 잘 못하거나 엉뚱한 서술형 답변으로 리드미컬한 면접 드라마 한 편을 망치는 것을 보기도 하기 때문이다.

면접을 '즐기는' 지원자는 일단 면접의 리듬과 드라마틱한 분위기를 즐길 줄 아는 사람들이다. 그런 지원자들과는 1시간의 면접이 10분밖에 지나지 않은 것처럼 흥분되고 그러면서도 상호 정보 교류의 장으로서 마치 훌륭한 행진곡을 연주하여, 그 행진곡에 발 맞춰 걷는 것을 연상하게 된다.

첫째, 면접은 박자를 생명으로 여긴다. 질문의 '요지(key point) 파악'이 첫 박자이다.

질문의 요지를 파악해 알아차리는 것이 '첫 박자'이다. ①지원자의 인성과 적성을 묻고 있은 것인지? ②업무를 수행하는 데 필요한 직무 전문성을 묻는 것인지? ③조직과의 부합성(Organizational Fit)을 확인하고자 하는 것인지만 파악하면 어깨를 들썩이며 흥겨운 박자를 맞출 수 있게 되어 있는 것이다.

둘째, 첫 박자에 맞장구를 치는 '지원자의 연주'가 리드미컬한 흐름을 이어준다.

두 번째 중요한 박자이다. 내가 연주를 해야 할 독주 부분에 과감히, 부드러우면서도 아름다운 답변을 연주해 주어야 한다. ①인성과 적성 질문에는 일관성과 탁월성(Consistency and differentiation) 있는 답변으로, ② 직무에 관한 전문성을 궁금해 하는 면접관에게는 그 동안 이룩한 성과와 결과를 토대로, 그리고 ③조직 적응에 관한 질문이나 팀워크에 관한 질문은 변화 관리자로서 준비된 비전과 통찰과 철학(VIP: Vision, Insight and Philosophy)이 담긴 모습을 보여 주는 것이 바로 지원자의 연주의 핵심이다.

셋째, 합격이 확보된 상태의 즐기는 여유로움의 박자이다.

마지막 세 번째 박자인 '면접관의 총평'을 듣거나 지원자의 질문 차례에 '창의성 있는 질문'을 하는 것이다. 면접관의 답변은 지원자의 탁월한 질문에 대한 예우 차원으로 일종의 합격 여부를 알아볼 수 있는 리트머스 페이퍼의 역할을 한다.

지원자에 대한 평가를 겸허히 듣고, 다음 면접 세션을 준비하는 것이다. 혹 지원자에 대한 부정적인 평가나 피드백이 있더라도 이것은 더 좋은 연주를 위한 준비임을 기억하고 적극적으로 그 부분을 만회할 수 있는 환경을 만드는 것이 전화위복의 계기가 된다.

면접의 세 박자를 아는 지원자에게는 더 좋은 회사에서의 탁월한 연주회가 기다리고 있는 경우가 많을 것이다.

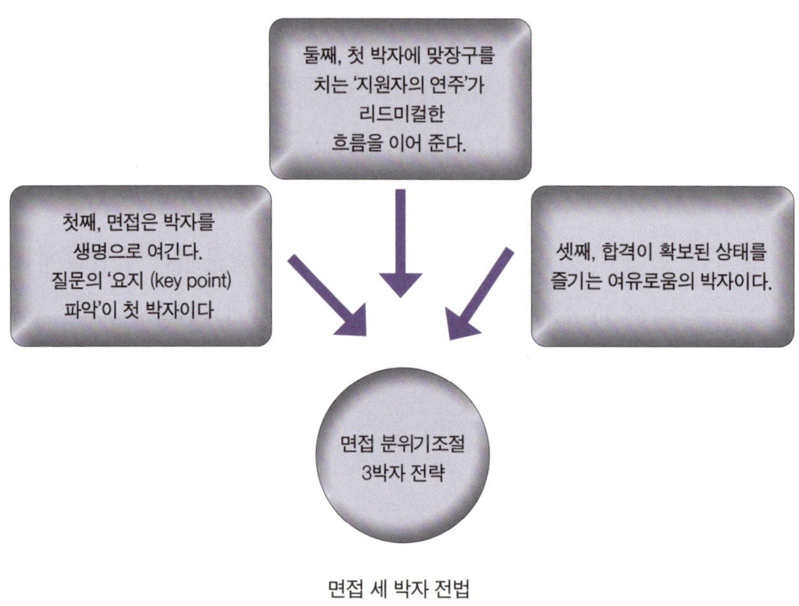

면접 세 박자 전법

7. 대학 1학년부터 시작하는 합격 확신 취업준비 전략

"면접장을 나오면서 느껴지는 취업 합격의 쾌감. 그 맛에 면접을 즐기는 것."

몇 해 전까지만 해도 취업설명회는 4학년 학생들만의 잔치라고 해도 과언이 아니었다. 그런데 요즈음에는 졸업을 몇 개월 앞둔 4학년 졸업반 학생들뿐만 아니라 3학년, 아니 1, 2학년 학생들까지 참석하는 경우가 많아지고 있다. 미리 기업의 취업설명회를 통해 취업 전략을 준비하고, 선배들의 다양한 면접 성공과 실패담을 들어보기 위해서다.

가끔은 4학년 선배들보다 취업에 대한 관심과 기업 그리고 구직 분야에 대한 연구를 많이 한 학생들도 드물지 않게 보게 된다. 이러한 학생들은 모두 채용설명회를 위해 방문한 기업의 인사부장이나 선배사원을 통해 지원자가 생각하는 기업의 장래성과 희망하는 직무에의 적용 가능성을 충분히 확신하고, 우수한 인재로서의 사전 준비를 하는 셈이다.

이런 취업설명회의 또 다른 분위기의 일면은 대학교 특유의 취업 준비 분위기와 경력개발실의 관심과 지원 정도도 파악될 수 있고, 학교마다 그 상대적인 차이들을 느낄 수도 있어 인사책임자로서는 의미 있는 방문이라는 생각이 들기도 한다.

기업 인사책임자로서는 많은 구직 프로그램으로 학생들의 취업활동을 지원하고 있는 학교 측에 더 큰 관심과 배려를 하기 마련이기 때문이다. 따라서 취업을 위한 구직 활동은 학생들의 구직 노력과 학교 측의 지원과 기업의 채용 노력이라는 3박자가 잘 맞아 떨어져야 그 학교의 취업률이 높아진다는 것을 알 수 있다. 즉 합격 확신을 위한 취업 전략은 구직활동을 하는 지원자들의 한계를 뛰어 넘어, 학교 측의 다양한 구직 마케팅 지원 활동과 거기에 부응한 기업 측의 채용 관행이 맞물려 시너지 효과를 내는 결과를 가져온다는 것이다.

여기서 성공적인 취업을 원하는 예비 지원자들을 위한 중요한 메시지를 두 가지 정도 발견할 수 있다.

첫째, 취업 준비는 빠를수록 좋다. 그러나 늦었다 생각되면 남다른 기여와 성과에 주목하라.

대학에서 전공을 선택할 때부터 장래 직업의 비전에 대한 고민이 있었다면 취업 면접자리에서 전공 선택에 관해 묻는 면접관에게 일관성 있는 인생의 큰 그림을 그려 보여 줄 수 있다.

대개 4학년부터 시작된 취업 준비는 현재 대학 전공 선택의 이유를 막연한 사회 직업군에 맞춰 급조된 느낌을 너무 많이 받게 되기 때문에 차별화된 인·적성을 보여주는 면접 질문에서 그렇게 높은 점수를 얻을 수 없다는 점을 기억하여야 한다.

만일 지금 이 시간부터 취업 준비를 위해 밤을 새워야 하는 경우가 있다면 우선 전공 학과가 사회와 기업에 기여하는 점과 배운 전공과목들 중 앞으로 지원할 회사에서 꼭 필요할 것이라 생각되는 과목들을 통해 남다른 성과들을 정리해서 발표해 보는 것이 필요하다.

예를 들어 사회학과 출신의 전공자가 광고회사의 마케팅 부문에 지원하는 경우, 반드시 광고의 사회성에 대해 이해하고 소비자의 수요를 자극할 수 있는 제품의 특성을 만들어내는 것과 제품의 매출 증진에 직·간접적으로 기여하고, 경쟁사 제품의 구매자들의 소비 패턴을 사회학적 관점에서 연구하여 남다른 경쟁력을 만들어내는 데 기여할 수 있는 것이 필요하다고 답변할 수 있어야 한다. 이런 기여와 성과를 보여 줄 필요가 있는 것이 기업의 면접이다.

둘째, 중요한 것은 합격을 위한 첫 단계, 즉 서류전형의 통과의례 요건에 과민하게 생각지 말라는 것이다.

대학 4년 동안 또는 대학원까지 6년 동안의 전공 학문 연마를 통해 우리 사회와 기업이 요구하는 역할을 수행하기 위해 노력한다. 토익과 학점, 자격증, 동아리 활동, 교환연수, 아르바이트 경험 등은 그다지 중요한 평가항목에는 들어 있지 않다. 단지 서류전형을 통과하기에 부족할 정도로 학창생활을 보냈다면 다양한 실전경험을 통해 문무(전공 이론과 실제 경험)를 겸비한 역량을 보여 주면 면접관은 감동하게 되어 있다.

실제로 기업은 평균 이상의 지원자들에게 근거 없는 불합격 통보는 하지 않는다. 취업 3종 세트라 불리는 대표 아이템(학점, 외국어, 자격증)이나 학교에서의 성실성을 알아볼 수 있는 평가항목(출석률, 장학금이나 성적 우수상 수상, 반장이나 학회장, 연합동아리 회장 등의 경험) 같은 것에 신경 쓰기보다는 면접 상황에서 예상되는 기업 특유의 구조화된 채용 질문들과 직무능력을 보여 줄 수 있는 성공 사례들을 더욱 깊이 개발하고 발표 준비를 하는 것이 최근 합격한 신입사원들의 공통점이라 할 수 있다.

셋째, 학교 동료로부터 찾을 수 없는 우수 역량을 만들고, 면접장에서 과감히 꺼내 놓을 수 있도록 준비하자

많은 인사책임자들이 꿈꾸고 기대하는 효과적인 경력계발의 열의를 가진 우수한 합격예정 지원자의 모습은, 대학 1학년 때부터 자신의 전공과목과 취업 진로에 대해 진지한 관심을 가지고 성실히 취업설명회에 참가하는 그 모습에서 발견된다고 할 수 있다.

사실 대학입학 초기, 학교 분위기를 익히는 1학년 때부터는 아니더라도, 최소한 2학년 전공필수과목을 들을 때부터라면, 직장 구직(예정)자로서 반드시 경력 목표와 인생의 방향에 대해 깊이 생각을 해보아야 한다고 취업에서 쓴 잔을 마신 선배들은 충고해 주기도 한다. 그 충고는 졸업 후 지원자의 삶과 인생에 대해 진지한 고민과 리서치를 시작할 수 있는 기회가 많지 않음을 구직현장에서 뼈저리게 느껴지기 때문이다.

기업에서 원하는 성공적인 우수 인재가 되기 위해 미리 시작해야 하는 것들 중 하나는 구직 현장에서 면접에 임하는 자신의 성실한 태도와 도전적인 자세란 점을 기억하자. 그것은 바로 기업의 면접관의 관점에서 스스로 자극하고 분발하는 자신만의 인생준비 과정이라고 할 수 있다.

- 최소한 2학년 때부터 구체적인 구직 활동과 정보 수집 노력을 시작해야 한다. 그래야만 3년 여 시간을 가지고 기업이나 산업체의 흐름과 조직의 특성, 그리고 조직원으로서 준비된 열정을 키울 수 있다.
- 학문의 세계에서 나오는 실제 사례들과 그 사례들의 핵심을 지원자의 고유의 창의성과 잘 버무려 독자적인 문제해결 방법을 만들도록 하자.
- 적어도 중간고사와 기말고사는 면접시험의 예비 과정으로 여기고 교재에 나온 사례의 두세 배에 해당되는 성공과 실패 사례를 메모해 두어라. 그리고 그 실력을 마케팅 하라. 지도교수의 눈에 띄어 특별 추천 대상에 오를 수 있다. 기업은 그런 지원자를 너무나도 환영하기 때문이다.
- 인터넷은 정보의 보고寶庫일 뿐만 아니라 면접 문제의 공장이다. 직접 기업의 영업 마케팅 부장 입장에서 문제를 내보고 면접 상황처럼 말로 답변하는 훈련을 하라.

좋은 답변의 사례

면접관 : "S전자의 요즘 새로운 TV 매체를 활용한 마케팅이 L전자의 블루오션 전략에 대비해 한층 뛰어난 마케팅 믹스를 이룰 수 있다고 보시나요?"

3개월 준비한 답변의 내용 : "마케팅은 고객이 원하는 물건을 알리는 것이라 생각합니다. 소비자는 좋은 제품을 싼 값에 구매하기를 원합니다. 그래서 좋은 가격전략과 품질을 유지하는 것이 필요합니다."

3년 준비한 답변의 내용 : "제가 학과 과정에서 배운 마케팅의 최근 이론에 나온 것처럼 블루오션이라고 하는 상품 소비자 전략은 첫째, 기업의 고객에 대한 품질 전략과 타 기업이 벤치마킹할 수 없는 정도의 광고 및 브랜드 기법 등이 여러모로 중요한 가격 요소와 더불어 잘 믹스되어야 합니다. 실제 레드오션적인 타 기업과의 경쟁 개념보다는 상호 시너지를 생각하고 고객의 새로운 가치를 전달할 수 있는 실전 경험을 지난해 4개월 동안 L기업의 인턴십을 통해 많은 것을 배우고 체험했습니다. 그런 경험이 앞으로 제가 일하게 될 새로운 팀에 활력과 아이디어를 제공할 수 있을 것으로 믿고 있습니다."

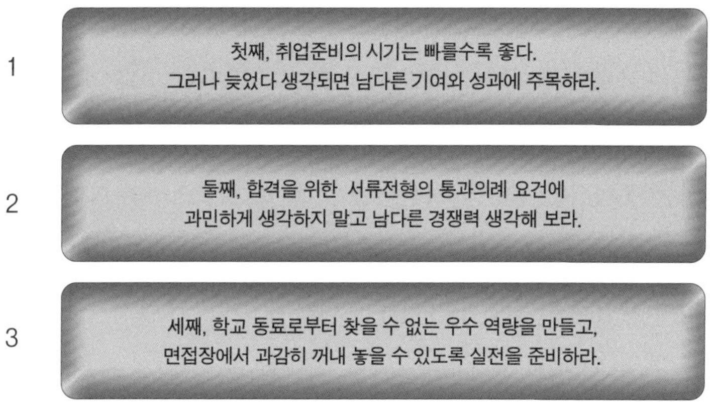

대학 1학년 때부터 시작하는 합격 확신 취업준비 전략

❖ 면접관에게 어필할 수 있는 나만의 독특한 면접 준비 프로세스를 어떻게 소
   개할 수 있을까?

----

8. 불합격 회피 취업준비 전략

"불합격이 피해가는 취업면접 전략을 미리미리 준비할 수는 없을까?"

대학 4학년 때부터 1년간 열심히 준비한 그 짧지만 힘겨운 취업준비
는 몇 가지 관점에서 지원자 자신과 가족, 친구들에게 다소 실망스런 불
합격 소식을 안겨 줄 수도 있다. 1년여 동안의 취업 준비도 안타까운데,
그 결과마저 불합격이라고 하면 여러모로 후회가 될 수도 있을 것이다.

하지만 기업은 충분히 실력을 발휘할 준비된 인재를 찾는 시장논리가
지배하는 곳이라는 점을 인정한다면 그 불합격은 오히려 의미가 있다고
도 할 수 있다.

기업이 불합격을 통보하는 이유는 다음과 같다.

취업준비 기간

1년 동안의 겉핥기 수준의 취업 준비로 기업이 어떤 인재를 구하는지

파악하고 면접 족보와 같은 단순 정보에만 집중하게 되면, 지원한 기업은 딱 1년간 유효한 정보만 얻을 수밖에 없다. 면접관의 입장에서 지원자의 1년 미만의 구직 준비는 '입사 후 유효기한 1년' 정도로 끝마치고 만다. 2020년 구직자 취업 통계분석 자료에 의하면 입사 후 1년 내 퇴사가 30퍼센트에 육박하기 때문이다. 즉 10명의 신입사원 중 3명이 1년 내에 퇴사하는 실정이다. 이들의 공통점은 취업준비 기간이 1년 미만인 신입사원들이다.

질문 준비기간

1년 동안의 준비기간은 면접관이 출제한 다양한 면접 질문들 가운데 1년여 이상의 다양하고 장기적인 경험(예, 지속적인 학교프로젝트 수행이나 참여 동아리의 꾸준한 대내외 성과, 장기간의 교우관계나 학회 참여 등)을 묻는 질문에 대해 벙어리가 되게 한다. 적어도 모든 평가 요소의 장기적인 경험과 그 자유로운 비교우위의 설명이 면접관으로 하여금 신뢰를 더해 주기 때문이다. 즉 면접관의 실제 답변을 원하는 면접에서의 성공 관건은 면접 예상 질문에 대한 지원자 스스로의 '준비기간'이 있느냐 없느냐에 달려 있다고 봐도 과언은 아니다.

경력 준비기간

간혹 1년 이상의 '경력 스토리'를 인위적인 상황으로 만든다면, 영원히 그 회사 지원자의 면접 기록부에 "신뢰성에 다소 의심이 가는 지원자"이라는 코멘트를 받게 된다. 면접관의 예리한 평가기준은 지원자가 준비가 '속전속결 형 짜깁기 1년'인지 '비전과 성찰 그리고 철학(VIP:

Vision, Insight, Philosophy)이 담긴 1년'인지를 반드시 구분해 내기 때문이다. 짜깁기 지원자는 1년 내에 회사에 적응하지 못한 채 곧바로 퇴사하는 사례가 확연히 높다.

성공 준비기간

1년 동안의 대학에서의 성공 실적이 과연 어느 정도의 수준일지 면접관은 면접에 들어온 지원자의 표현과 어휘와 동작과 눈빛과 자세와 태도와 이 모든 외형적인 평가 요소를 통해 파악하게 되어 있고, 이를 재차 검증하고 확신하기 위해 '압박질문'의 수위를 높이게 된다. 더불어 성공 준비기간에 필요한 3가지의 기본적인 자질(인성과 적성, 업무에 대한 직무지식과 활용 경험, 다른 경쟁자에게서 찾아볼 수 없는 경쟁우위의 역량)을 선보일 수 있어야 한다. 이것이 바로 내적인 평가요소로서 작용하는 것이라 면접관은 판단하는 것이다. 이것이 바로 성공을 위한 올바른 준비기간이 되는 것이다.

면접 품질 연마기간

1년 미만을 준비한 지원자는 '다른 기업 기웃거리기', '면접 벼락치기', '자기소개 베끼기', '적성검사 사전연습', '시사상식 문항 외우기' 등의 전형적인 저 품질 지원 태도를 나타내는 경우가 많다.

이런 양상은 자기소개를 외워서 답하는 지원자들에게서 흔히 드러나게 되어 있다. 그래서 이런 지원자들은 면접관들의 신뢰를 얻지 못한다. 이런 과정에서의 실패 경험을 막기 위해서는 면접에도 품질이 있다는 사실을 주지하고 면접 품질 연마기간 또는 면접 품질 향상 기간의 특별한 노력이 필요하다. 실전 면접을 위한 모의 면접과 가상 면접 테스트, 제3자의 참여를 통한 면접 실전과 같은 품질 향상과 역량 계발의 시간들을 반드시 가져야 한다.

경쟁 준비기간

1년 이상 준비한 우수한 지원자들과 만약 같은 면접 조로 편성되면 그 압도적인 동료 지원자들의 분위기와 그 지원 역량에 비교되는 상대적인 답변의 차이로 인해 고품질 지원자들을 더욱 우수하게 빛나게만 할 뿐이다. 그것이 곧바로 지원자의 나쁜 기억으로 남아 다른 회사의 면접 상황에서도 계속 열등감의 형태로 남게 될 수도 있다.

최소 2학년 때부터 취업과 면접을 준비한 학생들에 대해서 담당 교수님으로부터 기업의 우수 지원자 예비추천을 받는 경우도 보아왔다. 그것은 실제로 대학의 취업지원실이나 경력개발실의 일반적인 추천 경향이라고 본다. 취업 준비는 4학년 한 해 동안의 준비만으로는 턱 없이 부족하다는 사실은 앞으로 대학 교과 운영이나 학사정책들에 상당한 변화를 줄 것으로 기업 채용관들은 긍정적인 방향으로 희망하고 있다. 그 변화에 앞장 서는 것이 기업과 사회에 대한 불만이 아닌 선견지명이 있는 역량을 가진 지원자라고 생각한다.

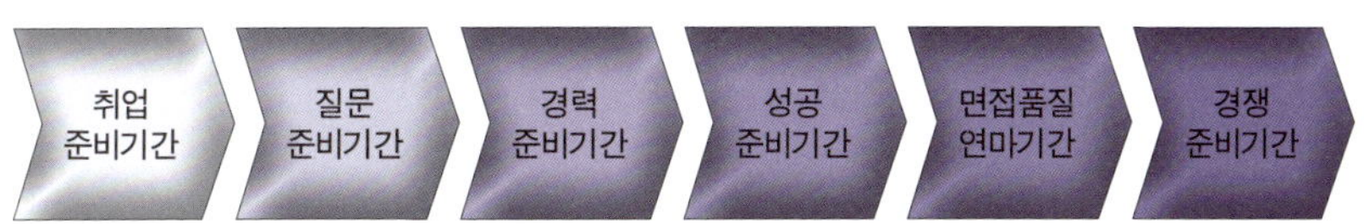

면접준비 6단계 세분화, 최소한 3군데 이상의 부분에 집중하라.

❖ 면접 준비기간과 합격 가능성이 정비례한다고 가정할 때, 더 추가하고 싶은
  준비 부분이 있다면?

----

9. 면접 긴장을 에너지로 이용하는 전략

"긴장하면 그게 면접을 위한 에너지가 될까? 긴장 에너지=면접합격 에너지."

누구나 긴장하기 마련이다. 아카데미 영화상 시상식에서 사회를 보는
진행자들도 떨리는 순간이 있다고 말한다. 그래서 프롬프터를 이용해
대본을 읽기도 한다.

면접관도 마찬가지다. 면접이 있는 날 아침이면 입맛을 잃기도 한다.
'어떤 지원자들이 올까? 어떤 질문으로 우수한 지원자들을 골라낼까?'
등등의 고민이 머릿속에서 휘돌고 있기 때문이다.

면접관과 지원자들의 긴장은 양상이 다소 다르지만 그 긴장에 대해
활용법을 알려주는 면접 책은 많이 보지 못한 것 같다.

지원자가 자신의 긴장의 정도를 미리 알고 그 긴장 상태를 이용하여
긴장의 정도를 조절할 수 있는 스킬을 미리 알아 두는 것도 도움이 될

법 하지 않을까? 일 대 일 면접과 같은 작은 긴장에는 거기에 맞는 소규모 긴장 대비 전략과 에너지 전환 기법을, 대중 앞에서 보는 발표 면접 같은 대규모 긴장에는 대규모 대비 전략을 구사해 보면 어떨까?

긴장은 일종의 '면접을 잘 치르고자 하는 마음의 소리'이며 강렬한 동기 요인이 되기 때문에 이로 인해 오히려 말문이 막히거나, 입에 침이 마르거나, 떨리거나, 땀이 나거나 하는 상황을 잘 조절할 전략적 필요가 있다. 그리고 그 긴장 관리 비법을 더 긴장하고 있는 동료를 위해 한 수 가르쳐 준다면 같은 면접 동기에게 훌륭한 동기애의 발휘의 순간이 아닐까? 경쟁의 관계에서 동료 관계로의 전환이 의외의 축복祝福으로 다가오는 경우도 많다.

첫째, 긴장에 대해 인지하고 객관적인 시각(Not-Me prospective)**으로 즐기는 것이다. 거울이 도움이 된다.**

면접할 회사에 도착하면 로비에 있는 화장실 거울 앞에서 잠시 자신의 몸과 얼굴 표정을 살펴본다. 자신의 외모, 피부, 동작, 눈빛이 조금이라도 평소와 다르게 보인다면 이는 긴장하고 있다는 뜻이다. 주먹을 쥐고 '권투를 하듯이' 10번 정도 펀치를 뻗어 보자. 여자 지원자든 남자 지원자든 주먹을 휘두르는 모습은 폭력적이기보다는 넘치는 자신감의 표현이 될 수 있다. 엄지손가락을 들어올려 스스로 자신감의 상징성을 높이는 것도 좋은 방법이다.

자신의 모습을 제3자의 객관적인 눈으로 전환하고 강렬한 시각을 만드는 데 의외로 큰 도움을 준다.

둘째, 긴장 퇴치용 안면체조(Tension-free face exercise)를 활용하라. 얼굴 이미지 전환에 즉각적인 효과를 발휘한다.

지원자의 얼굴 표정을 자세히 보면 최고의 긴장감에 휩싸인 사람(입술이나 손을 떨고 있는 경우)과 덜 긴장되어 있는 사람(특히, 입에 침이 마르고, 시선을 집중할 수 없는 경우), 그리고 아예 긴장하지 않는 경우(면접관을 보고 싶고, 준비한 자기소개와 지원동기의 스토리가 질서정연하게 짜여 있는 경우) 등이 있다.

최고의 긴장은 얼굴에서부터 표현되므로 얼굴 근육을 30가지 정도의 포즈로 다양하게 변화시켜 본다. 턱을 늘였다 비틀었다가, 입을 쫙 벌렸다가 오므렸다가, 눈을 여러 가지 우스꽝스러운 모습으로 변화시켜 평소의 자신과 다른 표정을 지어봄으로써 긴장된 상황에서도 실제 근육의 경직이 없도록 한다.

이것이 유명한 긴장 퇴치용 안면체조이다. 10분 정도 피곤을 느낄 정로로 움직이면 어느새 긴장감은 사라지고 볼에 자연스런 힘이 생기고 부드러운 미소 에너지(smiling energy)가 형성된다.

마지막으로 발성 연습과 몸 체조를 통해 초기 긴장의 열기를 언어 에너지로 변환한다.

긴장은 신체적으로 상황을 인식한 뇌에서부터 심장으로 이어져 파동 효과를 통해 점차 확대되지만 목 부위의 근육을 통해서는 신체 전반으로 나타나기 마련이다. 특히, 면접과 같은 상황에서는 목으로부터 뒷머리 부위의 긴장만 잘 풀어도 의외로 머릿속이 맑아지고 자연스럽고 부드러운 화술 구사가 이루어진다.

목이나 어깨근육까지 이어지는 상위 신체의 긴장을 충분히 풀어주는 몸 체조를 강하게 해보고, 동시에 발성 및 표현 연습을 해보면 의외의 긴장 퇴치 효과가 나타난다.

예를 들어 "안녕하세요, 기획 파트에 지원한 한솔대학 경영학과 4학년 김형우입니다. 뵙게 되어서 반갑습니다. 저는….”라는 서두의 자기소개 부분을 몸 체조를 하면서 큰 목소리로 높은 음, 낮은 음의 다양한 톤으로의 발성해 본다. 바로 아나운서들이 방송 직전 긴장을 풀기 위해 사용하는 잘 알려진 방법 중 하나다.

위에 소개한 세 가지 외에도 개인적으로 터득한 긴장완화 방법을 사용하여 유리한 고지를 점령하기 위한 에너지 전환을 최우선으로 삼고 면접장에 들어가는 것이 지원자로서 면접 성공의 첫 단추이다. 줄줄 외우는 자기소개보다 편안해 보이면서 자신감 넘치는 에너지를 가진 지원자 모습은 100퍼센트 면접 준비가 된 지원자라는 걸 면접관들은 말하지 않아도 인식할 수 있다.

면접 긴장을 에너지로 이용하는 화학적 면접반응 전략

당신을 뽑을 수밖에 없는

면접의 법칙

지은이 하워드 정(Howard Chung)

발행일 2025년 6월 15일

펴낸이 양근모

펴낸곳 도서출판 청년정신

출판등록 1997년 12월 26일 제 10-1531호

주 소 경기도 파주시 경의로 1068, 602호

전 화 031) 957-1313 팩스 031) 624-6928

이메일 pricker@empas.com

ISBN 978-89-5861-251-3 (13320)